D1688654

rowohlt

Stefanie Schramm
Claudia Wüstenhagen

Das Alphabet des Denkens

Wie Sprache unsere Gedanken
und Gefühle prägt

Rowohlt

2. Auflage Januar 2015
Copyright © 2015 by Rowohlt Verlag GmbH,
Reinbek bei Hamburg
Satz aus der DTL Documenta
bei Pinkuin Satz und Datentechnik, Berlin
Druck und Bindung CPI books GmbH,
Leck, Germany
ISBN 978 3 498 06062 6

*Für die, deren Worte wir als Erstes hörten –
für unsere Mütter*

In Erinnerung an Regina Weihrauch-Wüstenhagen
und für Liane Schramm

Inhalt

Vorwort 9

Wie Wörter wirken

1 Die Macht der Laute
Wie der Klang der Buchstaben
uns beeinflusst 15

2 Die Macht der Bilder
Wie Metaphern einen Kosmos von
Assoziationen wecken 50

3 Die Macht der Gefühle
Wie emotionale Sprache und Schimpfwörter
auf uns wirken 83

Was Wörter über uns verraten

4 Worte als Denkwerkzeug
Welche Rolle spielt Sprache
für das Denken? 106

5 Worte als Fenster zur Welt
Denken wir in verschiedenen Sprachen
unterschiedlich? 139

6 Worte als Schlüssel zum Selbst
Was verrät Sprache über uns? 179

Wie wir Wörter für uns nutzen können

7 Die Worte der Macht
Wie Politiker mit Sprache manipulieren 209

8 Die Heilkraft der Worte
Warum Reden und Schreiben der Seele helfen 241

9 Worte als Hirntraining
Wie Fremdsprachen unseren Horizont
erweitern 267

Danksagung 297

Anmerkungen 298

Vorwort

«Große Macht übt das richtige Wort aus.
Immer, wenn wir auf eines dieser eindringlichen,
treffenden Worte stoßen, ist die Wirkung
physisch und geistig – und blitzartig spontan.»
Mark Twain

Hätten Sie gedacht, dass sich Spione für Metaphern interessieren? Tatsächlich haben die US-Geheimdienste Forscher damit beauftragt, ein «Metaphern-Programm» zu schreiben. Es soll Sprachbilder im Internet erkennen und analysieren – und so durchschauen, wie wir ticken.

Als wir davon erfuhren, waren wir verblüfft und fasziniert, und zugleich gruselten wir uns ein bisschen: Was mögen Metaphern über uns preisgeben, dass die amerikanische Regierung bereit ist, Hunderte Millionen Dollar für ihre Entschlüsselung auszugeben?

Das war der Anfang. Der Anfang unserer Entdeckungsreise in die Welt der Worte. Wir fanden heraus, dass Metaphern eng mit unserem Denken verknüpft sind und deshalb tiefe Einblicke in unser Seelenleben erlauben. Das sagten uns jedenfalls einige der Wissenschaftler, mit denen wir sprachen. Andere behaupteten das glatte Gegenteil – und schon waren wir mittendrin im Streit der Sprachforscher. Er dreht sich darum, wie unser Denken eigentlich funktioniert. Brauchen wir Worte lediglich, um unsere Gedanken auszudrücken, oder brauchen wir sie, um Gedanken überhaupt erst zu denken? Und denken Menschen dann in verschiedenen Sprachen unterschiedlich? Hinter diesen Fragen steht die eine, ganz große: Was macht das Wesen des Menschen aus?

Wir wollen uns in diesem Buch der Macht der Worte in drei Schritten nähern. Zunächst erkunden wir die grundlegenden Mechanismen, mit denen Wörter auf uns wirken, über ihren bloßen Inhalt hinaus. Dann versuchen wir herauszufinden, was Sprache über die Natur des Menschen sagt – und über jeden einzelnen von uns. Und schließlich gehen wir dem Einfluss der Worte im Alltag nach. Wie setzen die Mächtigen sie ein, um uns zu lenken? Und wie können wir sie für uns nutzen?

Wie Wörter wirken

Mögen Sie das I?

I – wie in Liebe, Paradies, Frieden.

Es gibt Wissenschaftler, die behaupten, das I mache gute Laune und komme deshalb besonders häufig in Wörtern mit positiver Bedeutung vor. Das ist eine ziemliche Ungeheuerlichkeit. Denn lange galt es unter Sprachforschern als unumstößliches Gesetz, dass die äußere Form von Wörtern rein gar nichts mit ihrer Bedeutung zu tun hat. Wir haben allerdings Psycholinguisten getroffen, die an diesem alten Dogma rütteln – und behaupten, dass selbst einzelne Laute Gedanken und Gefühle, Erwartungen und Entscheidungen lenken können. Wie uns schon die kleinsten Bausteine der Wörter beeinflussen können, werden wir in Kapitel 1 sehen.

Der Klang ist einer der fundamentalen Mechanismen, mit denen Sprache auf uns wirkt. Im ersten Teil dieses Buches betrachten wir noch zwei weitere: die bildlichen Assoziationen, die Wörter wecken, und die emotionalen Bedeutungen, mit denen manche von ihnen im Laufe unseres Lebens aufgeladen werden.

Wörter können einen ganzen Kosmos von Bildern vor unserem inneren Auge entstehen lassen. Besonders vielfältige und starke Assoziationen wecken Metaphern. Sie sind weit mehr als die rhetorische Figur, als die wir sie aus dem Deutschunterricht kennen. Und auch weit mehr als kraftvolle, sinnliche Gehilfen der Poeten. Manche Wissenschaftler behaupten gar, Metaphern seien in der Evolution die Entwicklungshelfer der menschlichen Intelligenz gewesen – und heute unsere wichtigsten Denkwerkzeuge. Welchen Einfluss Metaphern besitzen, ob sie gar töten können, wie manche Forscher glauben, erkunden wir in Kapitel 2.

Die mächtigsten aller Wörter sind jedoch solche, die wir nicht im Schulunterricht lernen: Schimpfwörter. Ihre außergewöhnliche Wucht erhalten sie, indem sie schon früh mit unseren stärksten Gefühlen verknüpft werden. Jedes Wort kann mit Emotionen aufgeladen werden, doch an keinem Beispiel lässt sich dieser Mechanismus so gut beobachten wie an Schimpfwörtern. Deshalb verraten Kraftausdrücke auch einiges über uns. «We swear about what we care about», sagt die Literaturwissenschaftlerin Melissa Mohr: Wir fluchen über das, was uns wichtig ist. Warum also war für die Römer «cunnilingus» das schlimmste aller Schimpfwörter, warum wurde im viktorianischen England selbst über Hosen nur als «unmentionables» geredet, und warum sagen die Deutschen so oft «Scheiße»? Das untersuchen wir in Kapitel 3.

Was Wörter über uns verraten

Unsere Entdeckungsreise in die Welt der Worte wurde im Laufe der Monate persönlicher, als wir geahnt hatten. Sie führte uns auch in ein Schweigeseminar, wo wir tagelang nicht sprechen durften. Auf diese Weise näherten wir uns der größten Streitfrage der Sprachforschung an: Welche Rolle spielt Sprache in unserem Denken? Philosophen zerbrechen sich seit Jahrhunderten ihre Köpfe darüber. Und Linguisten schlagen sich seit Jahrzehnten die ihren darüber ein. Doch jetzt rückt eine neue Generation von Wissenschaftlern dieser Frage zu Leibe. Junge Psychologen und Hirnforscher versuchen, dem Problem mit Experimenten auf den Grund zu gehen.

Schweigen, diese Erfahrung haben wir gemacht, ist gar nicht so schwierig – der Macht der Worte zu entkommen aber sehr wohl. Sprache ist so eng mit unserem Denken verflochten, dass es nicht reicht, einfach für eine Weile den Mund zu halten, um sich von ihr zu lösen. Genau das macht es für Psychologen und Hirnforscher so kompliziert herauszufinden, welche Rolle Sprache für das Denken spielt. In Kapitel 4 werden wir sehen, welche Antworten die Wissenschaftler dennoch gefunden haben – mit der Hilfe von brasilianischen Ureinwohnern, Gehörlosen aus Nicaragua und Babys, die noch nicht sprechen konnten. Und in Kapitel 5 ergründen wir dann, ob Menschen in verschiedenen Sprachen unterschiedlich denken: Nehmen Russen Farben anders wahr als Deutsche oder Briten? Hängt es von der Muttersprache ab, wie gut sich jemand ohne Kompass zurechtfindet? Und könnte die Rose auch männlich sein?

Uns interessierte aber nicht nur, was Sprache über das Wesen des Menschen sagt, sondern auch, was sie über jeden einzelnen verrät. Wir wagten den Selbstversuch: Dem Computer einer deutschen Firma erzählten wir exakt 11 Minuten und 22 Sekunden lang aus unserem Alltag. Der Rechner analysierte unsere Sprache und fertigte ein Persönlichkeitsprofil an. Wir waren ziemlich überrascht – und entdeckten das «geheime Leben der Pronomen». Was gerade die kleinsten Wörter über uns aussagen und wie Geheimdienste mit Hilfe des «Metaphern-Programms» einen Lauschangriff auf unser Innenleben starten wollen, erzählt Kapitel 6.

Wie wir Wörter für uns nutzen können

Wenn Worte so mächtig sind, wie all diese Erkenntnisse zeigen – wie nutzen sie dann eigentlich jene, denen es um Macht geht? Wie setzen Politiker Sprache ein, um uns zu beeinflussen? In Kapitel 7 decken wir ihre Strategien auf. Manchmal reichen schon einzelne Wörter, um ein Netz von Assoziationen wachzurufen: «Steuerflüchtling» etwa, «Rettungsschirm» oder «Sozialtourist». Solche Wortschöpfungen können ganze Argumentationen ersetzen, uns Interpretationen unterschieben und so unsere Entscheidungen lenken. Auf Dauer verändert die Sprache der Politiker die Gesellschaft – und womöglich sogar unser Gehirn.

Können wir die Macht der Worte auch für uns selbst nutzen? Stimmt es, dass Worte wie Medizin wirken und dabei helfen können, psychische Probleme zu überwinden? Einige besonders eindrückliche Zeugnisse davon, wie Menschen versucht haben, sich ihren Kummer von der Seele zu schreiben, haben wir im *Deutschen Tagebucharchiv* gefunden. Dort haben wir bewegende Geschichten erfahren von Menschen, denen wir nie begegnet sind, deren Schicksale uns aber durch ihre Zeilen nahegingen. Von der Heilkraft der Worte erzählen wir in Kapitel 8.

Zum Schluss wollen wir das Tor zur Welt weit aufstoßen. In Kapitel 9 ergründen wir, was die Worte fremder Sprachen mit uns machen, wie sie auf unser Gehirn wirken und wie sie unser Leben verändern können. Viele mehrsprachige Menschen berichten, sie fühlten sich in jeder ihrer Sprachen ein bisschen anders, fast so, als hätten sie mehrere Persönlichkeiten. Erwerben wir tatsächlich mit jeder neuen Sprache eine neue Seele, wie ein tschechisches Sprichwort sagt?

Dieses Buch ist das Ergebnis einer Entdeckungsreise, die bei den kleinsten Bausteinen der Wörter, den Buchstaben, begann und uns in das Universum der beinahe 7000 Sprachen dieser Welt führte. Auf unserem Weg haben wir Forscher befragt und wissenschaftliche Untersuchungen studiert; wir haben die privaten Worte der Traurigen gelesen und die öffentlichen der Mächtigen; wir haben der Magie der Worte in Romanen und Gedichten nachgespürt und unsere eigenen kühl von einem Computer analysieren lassen. Und immer wieder haben wir darüber gestaunt, wie viele Rätsel es der Wissenschaft noch aufgibt – jenes einzigartige Werkzeug des Menschen, das wir Tag für Tag so beiläufig benutzen: die Sprache.

Wie Wörter wirken

1 Die Macht der Laute
Wie der Klang der Buchstaben uns beeinflusst

> «Die Möwen sehen alle aus,
> als ob sie Emma hießen.»
> *Christian Morgenstern,*
> *Möwenlied*

Daniel Tammet wirkt nicht wie einer, der sich gerne in den Medien inszeniert und durch Talkshows tingelt. Eher unscheinbar und schüchtern. Und doch sorgte der junge Mann im Frühjahr 2009 für eine Sensation: In nur einer Woche lernte er Deutsch, und das gewissermaßen vor den Augen der Nation. Während dieser Woche gab er Interviews, berichtete dem *Spiegel*, der *Süddeutschen Zeitung* und anderen Medien von seinen Fortschritten. Am Ende der Woche trat er sogar im Fernsehen auf, sodass sich das ganze Land überzeugen konnte: Tammet sprach fließend Deutsch, nahezu fehlerfrei. Ein Trick? Ein Wunder?

Daniel Tammet ist ein sogenannter Savant, das sind Menschen mit einer Inselbegabung, die oft kognitiv eingeschränkt sind, in einem bestimmten Bereich aber außergewöhnliche Fähigkeiten besitzen. Bei Tammet ist es die besondere Begabung für Wörter und Zahlen. Als «Linguaphilen»[1] bezeichnet er sich selbst – als einen Liebhaber von Worten und Sprache. Vor seinem Selbstversuch hatte er schon Spanisch, Rumänisch, Gälisch, Isländisch und noch ein paar weitere Sprachen gelernt, wenn auch nicht alle innerhalb von nur einer Woche. Nun hatte die deutsche Sprache seine Liebe entfacht. Er schwärmte davon, dass das Deutsche nicht nur poetisch sei, sondern ihm wie ein aufgeräumter «sauberer Raum mit perfekt rechtwinkligen Ecken» erscheine.[2] Er hatte bestimmte Muster ausgemacht und seine ganz persönlichen Sprachregeln daraus abgeleitet, die ihm beim Lernen halfen. So hatte Tammet beispielsweise festgestellt, dass kleine runde Dinge im Deutschen häufig mit den Konsonanten «Kn» anfangen, wie Knoblauch, Knolle, Knoten oder Knospe; lange, dünne Sachen dagegen oft mit «Str», wie Strand, Strecke, Strahlen oder Strumpf.

Für sein Sprachtalent feierten die Medien den sympathischen Briten, für seine skurrile Lerntheorie erntete er von Fachleuten jedoch Kritik. Seine «assoziative Privatlogik» entspreche gerade nicht der Logik der Sprache, schrieb der Sprachphilosoph Philipp Hübl in der *Frankfurter Allgemeinen Zeitung*.[3] Tammets unbedarfte These enthält intellektuellen Sprengstoff, sie rührt an eine jahrtausendealte Frage: Stehen Form und Inhalt der Sprache in einem systematischen Zusammenhang? Lässt die Anatomie eines Wortes auf seine Bedeutung schließen? Können gar einzelne Laute oder Buchstaben Signale senden? Es sind Fragen, die schon die alten Griechen umtrieben. Platon schildert in seinem Dialog *Kratylos* eine Diskussion darüber zwischen Sokrates und Hermogenes. Letzterer meint, dass der Klang eines Wortes in keiner Beziehung zur Bedeutung stehe. Sokrates dagegen besteht auf seiner Sicht, dass gute Wörter solche seien, deren Klang und deren Bedeutung zueinander passten.

Mehr als zweitausend Jahre später beschäftigt die Frage nach der Beziehung zwischen Form und Bedeutung der Worte noch immer die Gelehrten. Und das beginnt schon auf der Ebene der kleinsten Einheiten: bei den Phonemen. Sie sind die kleinen, akustischen Bausteine der Wörter. Genau genommen ist ein Phonem das mentale Abbild eines Lautes: Die Laute eines Wortes sind etwas Physikalisches, Phoneme dagegen das, was der Kopf mit diesen Lauten macht. Ein Phonem ist also eine abstrakte mentale Repräsentation des hörbaren Lautes.

Lange Zeit ging die Linguistik davon aus, dass die äußere Form eines Wortes für dessen Sinngehalt nicht von Bedeutung sei. Vor allem der Sprachwissenschaftler Ferdinand de Saussure prägte vor mehr als hundert Jahren die Lehre der sogenannten Arbitrarität. Ihr zufolge sind die Zeichen, die einen bestimmten Inhalt symbolisieren, willkürlich gewählt, ganz so, wie es Hermogenes in Platons Dialog meint. Erst die erlernte Bedeutung der jeweiligen Phonemfolge verleihe den Wörtern Aussagekraft.

Doch dieses über lange Zeit dominierende sprachliche Weltbild hat Risse bekommen. Seit ein paar Jahrzehnten verdichten sich die Hinweise darauf, dass Menschen Phonemen durchaus bestimmte Bedeutungen zuschreiben – dass wir uns von ihnen zu Assoziationen, Erwartungen, Urteilen und sogar Verhaltensweisen verleiten lassen. Inzwischen beschäftigen sich längst nicht nur Linguisten mit der Wirkung der Phoneme, sondern zunehmend wollen auch Psychologen, Neurowissenschaftler und Marketingforscher ihre Macht ergründen. Sie fördern immer weitere Belege zutage, die das linguistische Weltbild von einst erschüttern. In der Suggestivkraft der kleinsten Wortbausteine verbirgt sich womöglich sogar ein Schlüssel zu einem der größten Rätsel der Menschheit: der Entstehung der Sprache.

Die Geschichte von Bouba und Kiki

Wenn Vilayanur Ramachandran eine Bühne betritt, dann verspricht es unterhaltsam zu werden. Der aus Indien stammende Neurowissenschaftler der *University of California* erforscht das menschliche Gehirn. Er hat es also mit der Zentrale des Denkens zu tun, dem Sitz des menschlichen Geistes – aber er hat kein Problem damit, seinen Forschungsgegenstand lapidar als «drei Pfund schweren Wackelpudding» zu bezeichnen.[4] Vielleicht, weil er bei seiner Arbeit tagtäglich erfährt, wie leicht das menschliche Gehirn – sinnbildlich – aus der Form gerät. Ramachandran untersucht Menschen mit Hirnschäden und Anomalien, um herauszufinden, welche Funktionen die einzelnen Hirnareale besitzen. Er kann von erstaunlichen Fällen berichten, etwa von Patienten, die keine Gesichter erkennen können oder nach einem Unfall ihre Mutter für eine Doppelgängerin halten. Eine ernste Angelegenheit ist das allemal, doch bei Auftritten vor Publikum erlaubt sich der Hirnforscher gern einen Spaß – so auch vor einigen Jahren auf der berühmten TED-Konferenz. Ramachandran präsentierte den verdutzten Zuschauern Zeichnungen zweier Figuren, eine mit rundlichen Ausstülpungen, die andere gezackt.

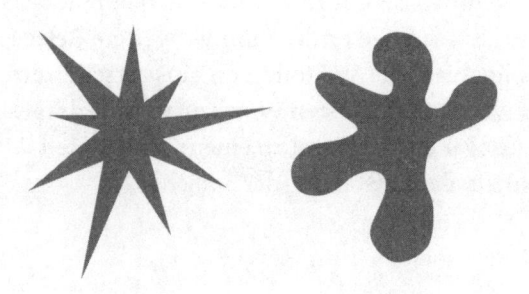

Er wollte ihnen weismachen, es handle sich um Zeichen aus dem Alphabet der Mars-Bewohner. Mit Erwägungen darüber, ob der Mars überhaupt bewohnt ist, hielt er sich nicht auf, er kam gleich zur Sache und wollte vom Publikum wissen, welches Zeichen wohl Kiki heiße und welches Bouba. Die Sache schien absurd. Doch die Zuschauer beteiligten sich amüsiert, und tatsächlich waren unter ihnen offenbar lauter Naturtalente im Marsianischen: Die große Mehrheit entschied, die wolkenartige Figur müsse Bouba heißen und die scharf gezackte Kiki.

Es war ein kalkuliertes kleines Spiel, der Hirnforscher hatte mit diesem Ergebnis gerechnet, denn eine von ihm durchgeführte wissenschaftliche Studie hatte zuvor das Gleiche ergeben. Dabei hatten 95 Prozent der Versuchspersonen entschieden, dass Bouba rundlich sein müsse und Kiki eckig.[5] Mit dem Mars und seinen vermeintlichen Bewohnern, geschweige denn ihrer Sprache hatte das Experiment natürlich nichts zu tun. Vielmehr ging es um eine verblüffende Eigenschaft der Erdbewohner: um die Verknüpfung verschiedener Sinne im menschlichen Gehirn. Ramachandran wollte mit dem Experiment demonstrieren, dass der Klang von Wörtern visuelle Vorstellungen hervorrufen kann. Die weichen Laute des Kunstwortes Bouba harmonieren unserer Empfindung nach mit einer rundlichen Figur, die scharfen, harten Klänge des Wortes Kiki dagegen passen für uns eher zu einer gezackten Form. Studien in verschiedenen Ländern deuten darauf hin, dass viele Menschen sich in dieser Sache einig sind, unabhängig von ihrer Muttersprache.

Ramachandran war jedoch nicht der erste Wissenschaftler, der dieser Eigenart der menschlichen Wahrnehmung auf die Spur kam – wenn auch derjenige, der sie durch die Möglichkeiten des Internets einem Millionenpublikum nahebringen konnte. Mit einem nahezu identischen Experiment hatte nämlich der deutsche Gestalt-Psychologe Wolfgang Köhler schon Jahrzehnte vor Ramachandran Klang-Form-Assoziationen untersucht. Auch er hatte Versuchspersonen eine rundliche und eine gezackte Zeichnung vorgelegt und sie gebeten, den Formen passende Namen zuzuordnen. Bei ihm lauteten diese zwar nicht Bouba und Kiki, sondern Maluma und Takete. Das Ergebnis aber war sehr ähnlich: Die Mehrheit der Probanden war der Ansicht, die zackige Form müsse einen «harten» Namen wie Takete tragen, während sie der rundlichen Form den «weichen» Namen Maluma zuordneten. Köhler war überzeugt, dass manche Wörter für bestimmte Dinge einfach besser passen als andere.

Dichtern und Schriftstellern hat diese Vorstellung intuitiv vermutlich schon seit jeher eingeleuchtet. Köhler zitiert in einer Arbeit etwa Christian Morgenstern, berühmt für seine lautmalerischen Gedichte, mit dessen Feststellung: «Die Möwen sehen alle aus, als ob sie Emma hießen»[6]. Auch Goethe hat sich wirkungsvoller Lautmalerei bedient. Man denke nur an die Zeilen: «Über allen Gipfeln ist Ruh, in allen Wipfeln spürest Du kaum einen Hauch». Wer will bei so eindrucksvoller Poesie bestreiten, dass es, ganz im Sinne Sokrates', besonders gute Wörter gibt, die schon durch ihren Klang eine Bedeutung suggerieren?

Unter Sprachforschern jedoch war es lange Zeit regelrecht verpönt, sich mit Fragen der sogenannten Ikonizität oder Lautsymbolik zu beschäftigen.* Dass Sprache ikonisch ist, also Form und Inhalt einander bedingen, galt als Irrglaube. Einzelne Beispiele wurden als Ausnahmen abgetan. Allen-

---

* Die Wissenschaftler verwenden in diesem Zusammenhang verschiedene Begriffe, einige sprechen von Ikonizität, andere von Laut- oder Klangsymbolik, phonetischem Symbolismus oder – im Englischen – Sound Symbolism.

falls die Existenz lautmalerischer Wörter wie Kuckuck oder Wauwau wurden anerkannt, also Wörter, die schlichtweg Geräusche wie das Bellen eines Hundes oder den Ruf eines Kuckucks nachahmen. Man nennt diese Lautmalerei auch Onomatopoesie. Die Dadaisten schufen einst eine völlig neue Gattung des Gedichts, bestehend aus solchen Geräuschen: das Lautgedicht.

Auch Wörter wie blubbern, klappern, glucksen und grunzen gehören zu den onomatopoetischen Wörtern. Allerdings stellen sie nichts dar, «sondern sind das, was sie sagen», erklärt der Berliner Sprach- und Neuropsychologe Arthur Jacobs. Ihr Klang sei ein «Echo auf Geräusche der Welt».[7]

Das blaue Cis

Die Existenz von sinnvollen Zusammenhängen zwischen Klang und Bedeutung wurde jedoch lange von den Linguisten bestritten. Es sollte noch eine ganze Weile dauern, bis sich das Blatt wendete. Und dazu hat auch Vilayanur Ramachandran mit seiner Forschung am «Wackelpudding» beigetragen. Dabei geht es ihm gar nicht um die Systematik von Sprache und auch nicht um Poesie. Ramachandran will die Mysterien des menschlichen Gehirns aufklären; er will verstehen, welche Hirnareale auf welche Weise unser Handeln lenken. Doch seine Forschung hat ihn auf das Terrain der Sprachwissenschaft geführt. Und weil er als Hirnforscher einen anderen Blick auf die Dinge hat, kann er anscheinend auch gewagtere Thesen formulieren: Hinter dem Bouba-Kiki-Effekt vermutet er eine Art Synästhesie. In ausgeprägter Form ist dieses Phänomen sehr selten, schätzungsweise einer von 2000 Menschen ist davon betroffen. Interessanterweise gehört auch Daniel Tammet dazu, der britische Savant, der in nur einer Woche Deutsch lernte. Bei Synästhetikern wie Tammet sind verschiedene Sinnesempfindungen miteinander verknüpft: Sie sehen etwa Wörter automatisch in Farbe, können Töne schmecken, ordnen Buchstaben Geschlechter zu oder nehmen Zahlen als Wesen mit Charakter wahr. Daniel Tammet etwa mag die Vier besonders gerne – weil sie still und schüchtern sei, wie er selbst.[8]

In den Gehirnen von Synästhetikern können sich offenbar bestimmte, eigentlich für unterschiedliche Sinnesempfindungen zuständige Areale gegenseitig aktivieren, sodass verschiedene sinnliche Erfahrungen miteinander verschwimmen. Ganz genau hat die Wissenschaft das Phänomen noch nicht entschlüsselt. Ramachandran kennt erstaunliche Fälle, etwa eine Frau, die die Farbe Blau sieht, sobald sie den Ton Cis auf einem Klavier hört, oder einen Mann, der einen bitteren Geschmack auf der Zunge wahrnimmt, wenn er mit den Händen Hackfleisch zu Buletten formt.[9] Lange Zeit wurden solche Leute als Spinner, Lügner oder Drogenjunkies abgestempelt, doch Wissenschaftler haben mittlerweile bewiesen, dass die quer-sinnlichen Erfahrungen weder Einbildung noch die Folge gewagter Drogencocktails sind. Nicht nur das: Ramachandran ist sogar überzeugt, dass alle Menschen bis zu einem gewissen Grad synästhetische Fähigkeiten besitzen. Als Indiz dafür sieht er das Bouba-Kiki-Phänomen. Es zeige, dass Menschen von Natur aus Laute mit visuellen Formen assoziierten. Auch bei Nicht-Synästhetikern könnten die Hirnregionen, die visuelle Formen, und jene, die den Klang von Wörtern verarbeiteten, einander aktivieren. Und die wiederum könnten Areale im Gehirn stimulieren, die für das Sprechen eine wichtige Rolle spielen. So ahmten sowohl das scharfe akustische Signal des Wortes Kiki als auch die Sprechbewegungen von Mund und Zunge die scharfen

Kanten der gezackten Kiki-Zeichnung nach. Andersherum spiegelten die weiche Kontur des Bouba-Klangs und die Zungenbewegung am Gaumen die sanften Kurven der wolkenartigen Figur wider.[10]

Ramachandran und sein Kollege Edward Hubbard, ein Psychologe, der gemeinsam mit ihm an diesen Phänomenen forschte, vermuten, dass Synästhesie verwandt ist mit unserer Fähigkeit, in Metaphern zu denken, also einem Bild eine symbolische Bedeutung zu geben. Beide Vorgänge haben gemein, dass Menschen dabei zwei unterschiedliche Erfahrungen verknüpfen. «Es ist der Osten, und Juliet ist die Sonne», schrieb Shakespeare – und meinte dies natürlich im übertragenen Sinne, metaphorisch eben. Vielleicht ist es kein Zufall, dass Synästhesie unter kreativen Menschen wie Malern, Dichtern oder Schriftstellern siebenmal häufiger vorkommt als in der allgemeinen Bevölkerung.[11] (Mehr zu Metaphern und wie sie unser Denken prägen in Kapitel 2.)

Ramachandran und Hubbard gehen noch weiter, sie sehen in unserer synästhetischen Grundveranlagung einen Schlüssel zu einem der größten Rätsel der Menschheit: der Entstehung der Sprache. Die Eigenschaft des Gehirns, Sinneseindrücke zu verknüpfen, könnte ihnen zufolge eine wichtige Grundlage für das Festlegen eines ersten gemeinsamen Vokabulars gewesen sein. Falls schon unsere Vorfahren dazu neigten, bestimmte Formen mit Klängen zu assoziieren (und umgekehrt), wenn also auch für sie eine Lautfolge wie Bouba eher «rund» klang und eine wie Kiki eher «eckig», dann dürfte es ihnen leichter gefallen sein, sich auf passende Begriffe für die Dinge in ihrer Welt zu einigen.

Ramachandran ist, wie gesagt, kein Sprachforscher, und seine Thesen provozieren Widerspruch unter den Experten, aber seine Idee ist durchaus einleuchtend. Zwar gehen Linguisten nach wie vor davon aus, dass Sprache größtenteils arbiträr ist, also in der Regel keinen Zusammenhang von Form und Inhalt aufweist, sie erkennen aber inzwischen an, dass in ihr weit mehr ikonische Spuren existieren, als Ferdinand de Saussure es sich vor hundert Jahren hat vorstellen können.

Von kleinen und großen Lauten

Tatsächlich lassen sich in vielen Sprachen zumindest vereinzelt solche Zusammenhänge finden. Kleine Dinge etwa klingen erstaunlich oft auch klein. Als beliebte Beispiele dienen oft: «petite» im Französischen, «diminuitive» oder «teeny-weeny» im Englischen, «klein» oder «winzig» im Deutschen, «mikros» im Griechischen oder «chico» im Spanischen. Schon die Wörter an sich scheinen dem Klang nach einen Hinweis auf die physische Eigenschaft der bezeichneten Sache zu geben. All diese Wörter haben etwas gemeinsam: den i-Laut. Sie haben dies gemein mit Spitznamen und anderen Verniedlichungsformen, die hierzulande häufig auf i enden, wie Hansi, Claudi oder Steffi, oder in Spanien auf ito/ita wie Señorita. So hat das schmale unscheinbare i offenbar erhebliche Ausdrucksstärke – weil es so gut als Signal für die kleinen Dinge fungiert.

Wörter, die für Größe stehen, enthalten dagegen häufig ein a oder o, so wie das Wort «grand» im Französischen, «makros» im Griechischen, «gordo» oder «grande» im Spanischen und eben «groß» im Deutschen. Sie klingen in unseren Ohren automatisch auch «größer», wie Studien belegen. Wir scheinen diese Zusammenhänge verinnerlicht zu haben und als eine Art Regel zu begreifen. Zumindest wenden wir sie unbewusst an, etwa wenn es darum geht, Dingen passende Namen zu geben. Der amerikanische Linguist Edward Sapir fand schon im Jahre 1929 in einer legendären Studie Hinweise darauf. Er bat Versuchspersonen, Kunstwörter wie Mil und Mal fiktiven Gegenständen, etwa Tischen verschiedener Größe zuzuordnen. Sie sollten intuitiv entscheiden, welcher Name besser zu welchem Objekt passte, ganz ähnlich wie bei den Experimenten zu Maluma und Takete, Bouba und Kiki. Die Tendenz war eindeutig: Etwa 80 Prozent der Probanden waren der Ansicht, der größere Tisch müsse Mal heißen, der kleinere dagegen Mil. Der Effekt war stabil, unabhängig davon, ob Sapir Kinder, Studenten oder Erwachsene, Amerikaner oder Chinesen fragte. «Bestimmte Vokale», so folgerte er, «klingen größer als andere.»[12]

Seit damals haben Forscher in verschiedenen Ländern Hinweise gefunden, die Sapirs These stützen. Eine moderne Version des Experiments stammt etwa von der amerikanischen Psycholinguistin Tina Lowrey: Sie bat Probanden, verschiedenen Auto-Modellen fiktive Namen zuzuordnen. Wie erwartet, wählten sie für ein flottes Zweisitzer-Cabriolet häufiger Bezeichnungen wie Brido oder Prish, für einen wuchtigen SUV dagegen eher Brado oder Prash. Wieder zeigte die Mehrheit der Teilnehmer diese Präferenz, unabhängig davon, ob ihre Muttersprache Englisch, Chinesisch, Spanisch oder Französisch war.[13]

Neueren Untersuchungen zufolge treffen wir anhand der Laute nicht nur eine grobe Einteilung in groß und klein, sondern meinen sogar, feine Abstufungen heraushören zu können. Zwei britische Psychologen unternahmen einen auf den ersten Blick etwas bizarren Versuch, um das zu demonstrieren. Patrick Thompson und Zachary Estes baten Probanden, Kunstwörter danach zu sortieren, wie groß oder klein die bezeichneten Dinge dem Klang nach sein könnten. Sie sollten eine Rangfolge bilden. Das klingt abstrakt, doch Thompson und Estes hatten einen netten Einfall, um die

Sache greifbar zu machen: Sie baten die Versuchspersonen u. a., kleinen Phantasiefiguren Namen zu geben. Entfernt erinnerten diese Figuren an Schneemänner, allerdings hatten sie mehrere Nasen und waren blau. Der Form nach waren sie alle identisch, nur ihre Größe variierte. Um die Größenverhältnisse deutlich zu machen, retuschierten die Forscher die einzelnen Figuren jeweils in ein Landschaftsfoto hinein, sodass sie neben einer Kuh standen, die als Bezugsgröße diente. Manch einer würde so ein Bild vielleicht für moderne Kunst halten.

Aufgabe der Probanden war es nun, für jede Figur einen passenden Namen auszuwählen. Dafür stellten die Forscher eine Reihe von Kunstwörtern zur Auswahl, die sich systematisch danach ordnen ließen, wie viele groß oder klein klingende Vokale und Konsonanten sie enthielten. Dabei wandten Thompson und Estes Erkenntnisse aus vorherigen Studien an, die gezeigt hatten, welche Phoneme für uns groß und welche klein klingen. Die Probanden wussten von alldem jedoch nichts, sie sollten rein intuitiv entscheiden, welcher Name zu welcher Figur passte. Tatsächlich schienen sie dabei aber unbewusst einer Regel zu folgen. Viele von ihnen wählten die Namen exakt so aus, wie die Forscher erwartet hatten: Für die kleinste Figur wählten viele den Namen Titiki, dann folgten – mit wachsender Größe – Tebibi, Kekomo und Wutoli, für die größte Figur wählten die Probanden mehrheitlich den Namen Gobudu.[14]

Vielen Menschen erscheint das einleuchtend. Wir neigen offenbar dazu, Laute zu interpretieren oder zumindest den Klang eines Wortes intuitiv mit einer Bedeutung zu verknüpfen, wenn mögliche Bedeutungen zur Wahl stehen. Bemerkenswert daran ist, dass sich Menschen aus verschiedenen Ländern dabei ähnlich entscheiden – ein Indiz dafür, dass es sich um ein universelles Phänomen handeln könnte.

Was es mit diesem intuitiven Mechanismus auf sich hat, können Wissenschaftler sogar mit recht plausiblen Thesen erklären. Der i-Laut entsteht, wenn die Zunge ihren höchsten Punkt weit vorne im Mund hat. Unter Experten heißen solche Vokale – auch das e gehört dazu – daher Vordervokale. Wenn wir sie aussprechen, verengt sich der Mundraum. Bei einem o, u oder a dagegen liegt der höchste Punkt der Zunge weiter hinten, sodass Mund- und Rachenraum sich weiten. Tendenziell gilt: Je weiter der höchste Punkt der Zunge hinten liegt und je weiter Mund- und Rachenraum werden, desto größer sind die Dinge, die wir mit den Lauten assoziieren. Man könnte sagen: Die Größe des Mundraumes spiegelt die Größe der beschriebenen Sache wider. Tatsächlich vermuten manche Wissenschaftler, dass Wörter zu Beginn der Sprachentwicklung so etwas wie gesprochene Gesten waren, also Gesten, die sich in den Mund verlagert haben. Statt die Größe eines Gegenstandes nur mit den Händen anzudeuten, ahmten unsere Vorfahren sie irgendwann möglicherweise auch mit Mund und Zunge nach und verbanden sie mit Lauten.[15]

Bei einigen heutigen Wörtern scheint das noch so zu sein: etwa wenn wir unsere Lippen nach vorne stülpen und spitzen, um Begriffe wie «Tüpfelchen» oder «un peu» hervorzubringen, oder eben, wenn wir unseren Mund zu Wörtern wie «winzig» oder «teeny weeny» verengen. Andersherum wird der Mundraum weit, wenn wir Wörter wie «Koloss», «enorm» oder «grandios» aussprechen.

Den Unterschied kann man sogar hören – und hier knüpft eine weitere Theorie der Wissenschaftler an. Wenn wir beim Sprechen den Rachen- und Mundraum verengen, also den Klangkörper verkleinern, dann erzeugen wir höhere Töne. Der Laut eines i klingt höher als der eines o. Dieser Zusammenhang könnte ebenfalls erklären, warum Menschen bestimmte Phoneme als klein oder groß empfinden. Denn in der Natur spiegeln Klangfrequenzen tatsächlich häufig physische Eigenschaften wider: Kleine Lebewesen geben eher hohe Töne von sich, große dagegen tiefe, denkt man z. B. an das Trällern eines Wellensittichs im Vergleich zum Brüllen eines Löwen oder Bullen. Manchmal brüllen Tiere sogar extra tief, um einem Rivalen die eigene Übermacht zu demonstrieren – oder sie vorzutäuschen, wie der kalifornische Linguist John Ohala beobachtet hat.[16] Angreifende Hunde etwa knurren bedrohlich tief, während ihre unterlegenen Gegner unterwürfig fiepen. Tonhöhen sind im Tierreich also wichtige Signale. Sie können einen Kampf beenden, bevor er einen zu blutigen Verlauf nimmt. Evolutionär gesehen erscheint es also sinnvoll, sich den Zusammenhang von Tonhöhe und Größe gut einzuprägen. Ohala vermutet, dass auch unsere Vorfahren dies taten und darin der Ursprung ikonischer Sprachphänomene liegt. Vielleicht half die Heuristik unseren Vorfahren, Konflikte oder Gefahren zu vermeiden, sich zum Beispiel vor großen Tieren zu warnen oder auch nur im Gebüsch verborgene Raubtiere an ihren Lauten zu erkennen. Und eine nützliche Faustregel wendet man lieber einmal zu oft als einmal zu wenig an. Möglicherweise übertragen wir sie daher unbewusst auch auf den Klang von Wörtern.

Der Name des Schmetterlings

Die Raubtiere, die unseren Vorfahren nach dem Leben trachteten, sind ein beliebtes Mittel, um menschliche Eigenschaften im Lichte der Evolution zu erklären. Ein Säbelzahntiger ist ohne Zweifel ein starkes Argument dafür, warum der Mensch Verhaltensweisen entwickelt haben könnte, die ihm das Überleben sicherten. Allerdings bewegt sich die Wissenschaft hier auf dem Gebiet der Spekulation. Denn so genau kann niemand wissen, was unsere Vorfahren umtrieb und welche Umstände letztlich zu bestimmten Entwicklungen führten. So sind auch die Hypothesen über das Entstehen der Sprache eben genau dies: Hypothesen.

Doch bleiben wir für einen Moment beim Säbelzahntiger und bei den anderen wilden Tieren, die dem Menschen seit jeher nach dem Leben trachteten. Dann ergeben sich weitere Spekulationsmöglichkeiten. Der Psycholinguist Markus Conrad etwa geht davon aus, dass einzelne Laute Menschen in emotionale Schwingungen versetzen können – dass Wörter positive oder negative Gefühle wecken. Das mag esoterisch klingen, aber Conrad hat versucht, seine Vermutung mit wissenschaftlichen Methoden zu verifizieren. Im Rahmen des Forschungsprojekts *Languages of Emotion** der Freien Universität Berlin hat er gemeinsam mit Kollegen empirisch untersucht, ob bestimmte Laute emotionalen Signalcharakter besitzen. Dafür nahm er den Wortschatz dreier Sprachen – Deutsch, Englisch und Spanisch – unter die Lupe und ermittelte für jeweils 7000 Wörter, ob bestimmte Konsonanten und Vokale mit Bedeutungen korrelieren. Den emotionalen Gehalt einzelner Wörter ließ er von Testpersonen einschätzen. Sie sollten auf zwei Skalen angeben, ob sie einem Wort wie Blume oder Brand eher eine positive oder eher eine negative Bedeutung zuschreiben und ob es Men-

---

* Das interdisziplinäre Forschungszentrum *Languages of Emotion* wurde 2007 im Rahmen der Exzellenzinitiative des Bundes und der Länder als Exzellenz-Cluster an der FU Berlin gegründet. Wissenschaftler aus mehr als zwanzig Disziplinen erforschen dort die Beziehungen zwischen Emotionen, Sprache, Kunst, Kultur und Gesellschaft. Die Exzellenzinitiative fördert herausragende Forschung an deutschen Hochschulen.

schen eher in Aufruhr versetzt oder beruhigt. Um es noch einmal zu betonen: Allein die Idee, dass es einen solchen Zusammenhang geben könnte, widerspricht zutiefst der linguistischen Lehre nach Ferdinand de Saussure, der ja eine beliebige Beziehung von Form und Inhalt unterstellte. Doch Conrad stieß tatsächlich auf bedeutsame Korrelationen. Er fand beispielsweise heraus, dass Wörter, die die Lautverbindungen kr oder br enthalten, überdurchschnittlich häufig eine negative Bedeutung haben: so wie Krieg, Krise, Krampf und Kreuzigung, wie Brand, Verbrecher, brutal und brenzlig. Conrad vermutet, dass krrr und brrr womöglich die Laute von Raubtieren imitieren und deshalb gut geeignet sind, um Warnsignale zu senden: «Achtung! Gefahr!»

Auch Wörter mit zischenden Lauten wie in Gemetzel haben oftmals negative Bedeutungen, ergab die Analyse – vielleicht, so Conrad, weil sie die Laute von Schlangen nachahmen. «Wenn man sich überlegt, welche Informationen für unsere Vorfahren bedeutsam waren, was sie als Erstes über Sprache vermitteln wollten, dann liegt es nahe, anzunehmen, dass es Warnsignale waren: Ist ein Ereignis in meiner Umwelt gut oder schlecht? Sollten wir alle wegrennen, oder können wir das Viech streicheln?»

Diese Herleitung ist wie gesagt spekulativ, aber die schiere Masse von Conrads Belegen lässt kaum Zweifel an einem grundsätzlichen Zusammenhang zwischen bestimmten Phonemen und emotionaler Wirkung zu. Natürlich gibt es immer auch Gegenbeispiele – was sollte etwa an einem Krokus, einer Brise oder Brille gefährlich sein? Ein filigranes Wesen mit zarten Flügeln ausgerechnet Schmetterling zu nennen, ist geradezu ein Frevel, den es dieser These zufolge nicht geben dürfte. Darauf hat schon Michael Ende hingewiesen: In seinem Gedicht *Der Lindwurm und der Schmetterling* schließen die beiden Tiere einen Pakt und tauschen ihre Namen. Am Ende heißen sie «Lindling» und «Schmetterwurm», weil das besser zu ihrem jeweiligen Wesen passt.

An den Befunden von Markus Conrad ändern diese Fälle jedoch nichts. Er hat mehrere tausend Wörter mit Hilfe von Computerprogrammen analysiert und statistisch signifikante Zusammenhänge zwischen Phonemen und Bedeutungen gefunden. Die quantitative Wucht dieser Studie verleiht ihr Gewicht: Wenn stimmt, was Conrad vermutet, lag Ferdinand de Saussure gehörig daneben. Dann spiegelt die Anatomie vieler Wörter durchaus relevante Muster wider, die sublexikalische Signale senden.

Noch ist Conrads Analyse, zumindest in diesem Maßstab, einzigartig – die Forschung steht in dieser Frage noch am Anfang. Doch die Berliner Forscher liefern weitere Befunde, die ihre These stärken. Unser Gehirn ist demnach in der Lage, verborgene Muster in den Wörtern zu erkennen. Sie scheinen fest in unserem Denken verwurzelt zu sein. In Zusammenarbeit mit dem renommierten Berliner Neuropsychologen Arthur Jacobs und dessen wissenschaftlichem Mitarbeiter Arash Aryani untersuchte Markus Conrad, wie bestimmte Lautkombinationen auf das Gehirn wirken. In verschiedenen Experimenten spielten die Forscher Versuchspersonen Wörter vor, die ein Schauspieler zuvor auf Band gesprochen hatte. Bei einigen dieser Wörter waren Phoneme und Bedeutung – der These nach – im Einklang: Diese Wörter klangen böse und waren es auch (Krieg, Terror, Gemetzel, Kreuzzug, Krawall), oder sie klangen zu Recht neutral und/oder harmlos (Moos, Linse oder Name). Bei anderen Begriffen jedoch war das nicht der Fall, da passten Klang und Bedeutung überhaupt nicht zusammen: Lawinen etwa müssten dem Klang nach eine beruhigende Wirkung haben, richten de facto aber Katastrophen an. Platz und Notiz dagegen klingen hart und beunruhigend, sind aber harmlos. Während die Probanden

den Wörtern lauschten, inspizierten die Forscher, was sich währenddessen unter ihrer Schädeldecke tat. Mal maßen sie die Hirnströme, mal überwachten sie die Aktivität einzelner Hirnregionen mit einem Kernspintomographen. Die Bilder, die ein solcher Apparat produziert, zeigen, wie viel Sauerstoff das Blut in verschiedenen Hirnregionen zu einem bestimmten Zeitpunkt enthält. Anhand solcher Aufnahmen schließen Forscher auf die Aktivität von Hirnarealen. Fasst man die Ergebnisse der Berliner Psychologen zusammen, lässt sich sagen: Das menschliche Gehirn scheint zu registrieren, ob Klang und Bedeutung zusammenpassen oder nicht. Auf kongruente Wörter wie Krampf und Libelle reagiert es anders als auf inkongruente wie Platz oder Lawine. Inkongruente Wörter lösen eine verstärkte Aktivität im Gehirn aus. Man könnte dies als Zeichen von Irritation deuten. Die Hirnströme spiegeln dann Verwirrung wider, und die Aktivitätsmuster der Hirnareale deuten auf einen mentalen Konflikt hin.

Über die Entstehung der ersten Wörter sagt das noch nichts aus. Aber es verstärkt den Eindruck, dass viele Paarungen von Klang und Bedeutung womöglich nicht bloß zufällig zustande kamen. Die Berliner Wissenschaftler sind enthusiastisch, aber auch vorsichtig. Sie wissen sehr wohl, dass die These der phonetischen Ikonizität unter Linguisten lange Zeit als «Teufelszeug» galt, wie Arthur Jacobs es ausdrückt. Nur wem seine Karriere nicht am Herzen lag, konnte früher riskieren, solch «obskuren» Theorien nachzugehen. Insofern ist die Forschung der Berliner durchaus ein Wagnis. Markus Conrad wurde sogar heute noch geraten, lieber die Finger von der Sache zu lassen, um seine Zukunft als Wissenschaftler nicht aufs Spiel zu setzen. Doch die Empirie ist auf seiner Seite. Und die Poesie sowieso.

Schon in den sechziger Jahren stellte der ungarische Wissenschaftler Ivan Fónagy fest, dass liebevolle, zärtliche Gedichte häufiger weiche Laute wie l oder m enthalten, plosive Laute wie k oder t dagegen eher in aggressiver Dichtung auftreten.[17] Arthur Jacobs hat gemeinsam mit dem österreichischen Dichter Raoul Schrott das Buch *Gehirn und Gedicht* geschrieben, in dem sie einen weiten Bogen von der Neurowissenschaft zur Dichtung schlagen und den neuronalen Wirkmechanismen von Gedichten nachspüren. Während der Recherche sprach Jacobs mit zahlreichen Dichtern, um ihre Vorgehensweise besser zu verstehen: «Ich habe immer wieder gefragt: Wie macht ihr das? Woher wisst ihr so genau, welche Phoneme welche Wirkung erzeugen? Aber sie sagten immer bloß: Ich mache das intuitiv, ich weiß das einfach.» Für einen Neurowissenschaftler ist das natürlich keine befriedigende Antwort. Jacobs hätte gern eine These destilliert, die sich wissenschaftlich überprüfen lässt. Auch wenn die Gespräche mit den Dichtern ihn in dieser Hinsicht nicht weiterbrachten, sind er und seine Mitarbeiter der Kunst des Dichtens inzwischen dennoch auf die Spur gekommen. Ausgerechnet mit einem Computer.

Aus der umfassenden Wortschatz-Analyse von Markus Conrad lassen sich nämlich konkrete Werte für einzelne Phoneme oder Silben errechnen. Die Forscher sprechen von emotionalen Eigenwerten. Sie sagen quantitativ etwas darüber aus, wie negativ und aufregend etwa ein br im Vergleich zu einem bl klingt. Sie können die emotionale Wirkung, die einzelne Phoneme oder Silben auslösen, also in Zahlen ausdrücken. Der Doktorand Arash Aryani, ein Psychologe, der sich auch aufs Programmieren versteht, hat dazu eigens ein mathematisches Modell erstellt und ein Textanalyse-Tool namens «Emophon» entwickelt. Es kann von der Häufigkeit einzelner Phoneme und deren emotionalen Eigenwerten auf den emotionalen Grundton eines Textes schließen. Mit einem solchen Programm könnte man theoretisch berechnen – ja, berechnen –, welche Gefühle eine Rede, ein Gedicht oder Werbetext auslösen wird. Kein Wunder, dass Unternehmen längst bei Aryani und Jacobs anklingeln und Interesse an dem Programm bekunden. (Wie gern hätten wir ihnen dieses Buch zur Probe vorgelegt!)

Für solche konkreten Anwendungen ist es allerdings noch zu früh, aber der *proof of concept* ist bereits erbracht: Arash Aryani hat seinen Algorithmus an niemand Geringerem als Hans Magnus Enzensberger getestet. Genauer gesagt, an dessen frühem Gedichtband *Die Verteidigung der Wölfe*. Enzensberger hat darin etwas Bemerkenswertes getan, das sich für die Berliner Forscher jetzt als äußerst hilfreich erwies: Er hat seine Gedichte in freundliche, traurige und böse Gedichte unterteilt. Aryani, Conrad und Jacobs haben nun analysiert, ob diese Einteilung nicht nur semantisch, sondern auch phonetisch gerechtfertigt ist. Mit Hilfe des Algorithmus konnten sie nachvollziehen, wie viele negativ oder harmlos, aufregend oder beruhigend klingende Laute die Gedichte enthalten. Tatsächlich stimmten die Ergebnisse dieser Emotionsanalyse mit der Einteilung des Verfassers überein. «Das bestätigt unsere Methode», sagt Arash Aryani, «und auch die große Kunst von Enzensberger als Dichter.»

Der Klang des Lächelns

Es ist bemerkenswert, wie sich die Erkenntnisse in der Wissenschaft immerzu weiterentwickeln, wie einstige Gewissheiten und Dogmen bröckeln. Durch das Universum der kleinen Phoneme rauscht ein Sturm. Zugleich sind Psychologen und Linguisten noch weit davon entfernt, ihre Thesen felsenfest belegen zu können. Wissenschaft ist immer ein Prozess, eine fortwährende und schrittweise Annäherung an die greifbaren Fakten dieser Welt, an den Zustand, den wir Wahrheit nennen. Es gibt Pioniere, die sich mit ihren Thesen vorwagen. Und es gibt Spielraum für verschiedene Thesen, die nebeneinander existieren. Die einen meinen, das Knurren der frühen Raubtiere im Klang der Worte zu vernehmen, die anderen vermuten, es sei das Stülpen und Spitzen, das Spreizen und Flachziehen der Münder, das Worten suggestive Macht verleiht. Eine weitere These schlägt den Bogen vom kleinen i bis zu einem der ganz großen Themen unserer Zeit: der engen Verbindung von Körper und Geist.

Schon seit längerem hegen manche Wissenschaftler den Verdacht, dass der i-Laut nicht nur häufig kleine Dinge kennzeichnet, sondern auch besonders schöne. Liebe zum Beispiel, Frieden oder Paradies. Das o dagegen finde sich vergleichsweise nicht nur oft in Wörtern für große Dinge, sondern auch in negativen Wörtern wie Tod, Not oder Opfer. Aber welchen Sinn sollte das haben? Mit dieser Frage haben sich der Erfurter Psychologe Ralf Rummer und die Kölner Phonetikerin Martine Grice in einem bislang einzigartigen Experiment beschäftigt. Sie versetzten dabei Versuchspersonen gezielt in gute oder schlechte Stimmung. Das ist gar nicht so schwer: Schon kurze Filmausschnitte eignen sich als Instrumente zur Gefühlsmanipulation. So durfte die eine Hälfte der Probanden sich über die ulkigen Urzeittiere aus dem Animationsfilm *Ice Age 3* amüsieren. Die andere Hälfte musste dagegen mit ansehen, wie ein Bärenjunges im Drama *Der Bär* seine Mutter verliert und einsam umherirrt. Mit derart manipulierter Laune sollten sich die Probanden im Anschluss an die Filmausschnitte Kunstwörter ausdenken und diese laut aussprechen. Wie sich zeigte, variierten diese Kreationen erheblich, und zwar je nachdem, welchen Film die Probanden zuvor gesehen hatten: Jene, die über das Eiszeit-Faultier hatten lachen dürfen, kreierten auffällig häufig Wörter, in denen ein i vorkam. Jene hingegen, die bestürzt das Schicksal des Bärenjungen verfolgt hatten, schufen eher Wörter mit o-Lauten. Das i scheint demzufolge besser zu guter Laune zu passen, das o hingegen zu schlechter. Und das hat den Forschern zufolge mit der Mimik zu tun. Um ein i auszusprechen, muss man nämlich dieselben Gesichtsmuskeln anspannen wie beim Lächeln. Beim Artikulieren eines o dagegen wird ein Lächeln regelrecht verhindert. Und das wiederum schlägt sich auf unsere Laune nieder, vermuten die Forscher.[18]

Ende der achtziger Jahre sorgte der deutsche Sozialpsychologe Fritz Strack mit einem Experiment für Aufsehen, das heute unter Psychologen regelrecht Kultstatus besitzt. Strack wies damals mit Kollegen nach, dass Versuchspersonen einen Comic lustiger fanden, wenn sie beim Lesen einen Stift zwischen den Zähnen hielten. Mussten sie den Stift dagegen mit vorgestülpten Lippen und ohne Zähne fassen, wirkte der Comic weitaus weniger komisch auf sie. Strack und seine Kollegen begründeten dies mit der sogenannten Facial-Feedback-Hypothese, die heute sehr bekannt ist. Sie besagt, dass die Mimik nicht bloß Ausdruck von Gefühlen ist, sondern andersherum auch auf die Gefühle zurückwirken kann. Die Wirkung verläuft also in beide Richtungen. Wer lächelt, bekommt demnach auch bessere Laune. Der zwischen den Zähnen steckende Stift brachte die Probanden unweigerlich zum Lächeln. Obwohl sie das gar nicht bewusst wahrnahmen, verbesserte sich ihre Stimmung – im Gegensatz zu den anderen Probanden, deren Lächelmuskeln blockiert waren, weil ihre Lippen den Stift umklammert hielten.[19] Es mag nach inzwischen recht abgedroschenen Coaching-Weisheiten klingen, aber die empirische Psychologieforschung hat zahlreiche Belege für die Macht des Körpers auf die Psyche gefunden: Wer lächelt, aufrecht geht, die Arme hebt oder gar hochhüpft, kann damit tatsächlich seine Stimmung aufhellen. Andersherum verstehen Menschen emotionale Signale anderer Personen weniger gut, wenn ihre eigene Mimik, etwa durch Botox, gelähmt ist. Unsere Gesichtsbewegungen helfen uns demnach, emotionale Stimmungen aufzunehmen und zu verstärken.

Aber zurück zum i: Ralf Rummer und Martine Grice wiederholten das berühmte Experiment von Fritz Strack, allerdings mit einer Abwandlung: Manche Probanden sollten beim Lesen des Comics entweder immer wieder i-i-i-i-i oder o-o-o-o-o sagen. Das Resultat war dasselbe wie bei Stracks Stiftstudie: Die i-Sager fanden den Comic deutlich lustiger als die o-Sager. Das i hatte sie unweigerlich zum Lächeln gebracht, und das wiederum hatte offenbar ihre Stimmung verbessert. Ralf Rummer ist überzeugt, dass positive Wörter deshalb häufiger ein i enthalten. Ein möglicher Grund dafür: Wenn wir lächeln, liegt uns das i quasi schon auf der Zunge.

Der Anfang von allem

Warum, muss man sich angesichts all dieser Studienergebnisse fragen, sind die Sprachen der Welt dann nicht in viel größerem Ausmaß ikonisch geprägt? Es scheint nahezu paradox: Wenn doch ein i klein, lieb und fröhlich klingt, das o dagegen groß, wenn b, l und m weich sind, t, k und p dagegen hart – warum können wir dann nicht alle Dinge dieser Welt am Klang ihres Namens erkennen? Warum klingt dann ein «Schmetterling» so hart, eine «Lawine» aber weich? Warum ist ein «Riese» groß, eine «Motte» aber klein? Warum können wir die Kanten des «Bilderrahmens» nicht hören? Oder die Rundung der «Zunge»? Warum sind ikonische Wörter trotz allem statistisch gesehen eher die Ausnahme, nicht die Regel? Die Welt der Phoneme kann einem Kopfzerbrechen bereiten. Aber möglicherweise gibt es eine einfache Erklärung für das Durcheinander.

Dass die Mehrheit unserer Wörter arbiträr ist, wie de Saussure behauptete, ist womöglich das Ergebnis eines sehr langen Entwicklungsprozesses. Sprache ist ein komplexes System, das verschiedenen Ansprüchen gerecht werden muss. Und so kann es sein, dass mitunter gegensätzliche Regeln nebeneinander existieren. Sprachen sind nach und nach entstanden, nicht von heute auf morgen plötzlich da gewesen. Manche Linguisten sagen, man müsse sich das Gefüge der Sprache wie Tauziehen vorstellen: An einem Netz von Tauen ziehen verschiedene Kräfte in mehrere Richtungen. Arbitrarität und Ikonizität bilden antagonistische Kräfte in diesem Netz. Sie erzeugen einen Konflikt, aber sie schließen einander nicht aus. Sie sind entgegengesetzte Pole auf einem Kontinuum. Beide haben ihre Berechtigung, beide erfüllen wichtige Funktionen. Möglicherweise wirkten sie aber zu unterschiedlichen Phasen der Sprachentwicklung unterschiedlich stark. Ihr Gewicht verschob sich. Es ist sehr wahrscheinlich, dass die Sprache in ihren Ursprüngen ikonisch war – anders wäre es schwer möglich gewesen, sich auf Begriffe zu einigen, die für eine große Anzahl von Menschen Gültigkeit besitzen konnten. Bedeutsame Beziehungen zwischen Form und Klang dürften eine stabilere Grundlage für das erste Vokabular gewesen sein als völlig willkürliche Benennungen. Sie waren besser nachzuvollziehen und leichter zu lernen. Solange es nur eine überschaubare Menge an Wörtern gab, waren ikonische Laute und Zeichen demnach durchaus effektiv. Doch je stärker Sprache zur Verständigung genutzt wurde und je mehr Wörter es zu kreieren galt, desto schwieriger dürfte es gewesen sein, ikonische Entsprechungen für sie zu finden. Sprachforscher gehen davon aus, dass sich Ikonizität deswegen über die Zeit hinweg abgeschliffen hat.

Gut nachweisbar ist das bei Schriftzeichen, deren Wandlung sich – anders als die von Lauten – anhand überlieferter Dokumente nachvollziehen lässt. Die älteste bekannte Schrift, die mesopotamische Keilschrift, ist ein gutes Beispiel dafür. Ursprünglich handelte es sich um eine Art Bilderschrift – die Zeichen für Fische, Vögel und Ähren waren zweifelsfrei als solche zu erkennen. Jedes Kind hätte die Schrift auf Anhieb lesen können. Im Laufe der Jahrtausende wurden die Zeichen jedoch immer abstrakter und damit sparsamer. Statt die Dinge der Welt naturgetreu abzubilden, konzentrierte man sich auf die wesentlichen Dinge, und schließlich löste man sich ganz davon. Dieser Abstraktionsprozess setzte sich so lange fort, bis die Schriftzeichen keinen Hinweis mehr auf ihre Bedeutung gaben.[20] Aus Sicht der Linguisten war dies eine notwendige Entwicklung: «Wer jedes Mal einen Schwan in einen Stein meißeln muss, um das Wort Schwan auszudrücken, wird den Aufwand vermutlich schnell zu reduzieren versuchen», sagt etwa der Linguist Thomas Berg von der Universität Hamburg.

Auch wenn solch stichhaltige Belege für die Entwicklung der Laute fehlen, nehmen Linguisten an, dass auch die gesprochene Sprache diese Entwicklung nahm und die Wörter mit der Zeit immer willkürlicher wurden. Je größer der Wortschatz wurde, desto schwerer dürfte es gewesen sein, das ikonische Prinzip einzuhalten. In diesem Fall lag das weniger am Aufwand, sondern eher an der begrenzten Zahl der Phoneme. Es gibt schlicht nicht genügend Laute, um die Fülle an unterschiedlichen Wörtern und Bedeutungen abbilden zu können. Angesichts der gewaltigen Wortschätze auf dieser Welt wäre es also gar nicht möglich, jede dezidierte Bedeutung an einen bestimmten Laut zu knüpfen. Erst die Arbitrarität erlaubt der Sprache jene Flexibilität, die für ihre permanente Weiterentwicklung unerlässlich ist. Unsere Vorfahren wollten ein Kommunikationssystem, das ihnen keine Grenzen auferlegte, und deshalb setzte sich die Arbitrarität durch. Die Ikonizität wurde dadurch aber nicht komplett verdrängt. «Sie ist heute sozusagen die kleine Schwester der Arbitrarität», sagt Thomas Berg. Diese Theorie würde zumindest erklären, warum Sprachen zwar noch immer ikonische Spuren tragen und uns diese Beziehungen intuitiv so einleuchtend erscheinen, die Mehrheit der Wörter aber heute willkürlich gewählt erscheint.

Fische fliegen nicht

In welchem Ausmaß die ikonischen Ursprünge erhalten blieben, hängt von der jeweiligen Sprache ab. So scheint es tatsächlich Sprachen zu geben, deren Wortbedeutungen Menschen anderer Herkunft schon dem Klang nach erraten können. Zumindest zu einem gewissen Teil. Wissenschaftler haben schon mehrfach die Probe aufs Exempel gemacht. Der amerikanische Anthropologe Brent Berlin etwa untersuchte, ob englischsprachige Probanden die Bedeutung von Tiernamen aus der Sprache der Huambisa erraten können. Die Huambisa sind ein Stamm im Norden Perus, und ihre Sprache hat so gut wie nichts gemein mit dem Englischen. Brent Berlin erstellte eine Liste mit Vogel- und Fischnamen und bildete dann 16 Paare, zum Beispiel «chunchuikit» und «màuts» oder «iyàchi» und «àpup». Englischsprachige Versuchspersonen sollten jeweils entscheiden, welches Wort einen Vogel und welches einen Fisch bezeichnete, rein nach Gefühl. Wären die Tiernamen von den Huambisa einst völlig willkürlich gewählt worden, dann hätten die Versuchspersonen statistisch gesehen nur auf Zufallsniveau richtige Zuordnungen machen können. Sie hätten also bloß beliebig raten können und hätten entsprechend oft danebengelegen. Tatsächlich waren sie jedoch erstaunlich gut darin, Vogel- von Fischnamen zu unterscheiden. In einigen Fällen lagen nahezu 100 Prozent der Probanden richtig. So waren sich fast alle einig, dass «chunchuikit» ein Vogel sein müsse, «màuts» dagegen ein Fisch. Es schien, als trügen die Wörter Signale in sich, die die richtige Bedeutung nahelegten. Tatsächlich hatte Brent Berlin festgestellt, dass die Vogelnamen der Huambisa häufig höhere Klangfrequenzen enthielten – und damit eher schnelle Bewegungen suggerierten wie zum Beispiel Flügelschlagen. In den Fischnamen dagegen hatte er tendenziell eher tief klingende Laute ausgemacht, die seiner Einschätzung nach auf langsame, weiche und kontinuierliche Bewegungen hindeuteten.[21]

Ähnliche Untersuchungen zeigen, dass auch englische Muttersprachler die Bedeutung japanischer Wörter überraschend gut erahnen können. Das Japanische gilt als besonders mimetische Sprache, deren Wörter dem Klang nach Hinweise auf ihre Bedeutung geben. Sie imitieren Geräusche, aber auch Bewegungen und physische Eigenschaften. Das japanische Wort «chokochoko» etwa bezeichnet das Gehen mit kurzen schnellen Schritten, «pyonpyon» dagegen ist eine hüpfende Bewegung, und «gorogoro» bedeutet, dass ein schwerer Gegenstand rollt. Die Phonemverbindungen scheinen demnach subtile Hinweise zu geben – und könnten beim Lernen durchaus als Eselsbrücke dienen. Das untermauern verschiedene Studien: So tun sich englischsprachige Kinder leichter damit, japanische Wörter zu lernen, wenn deren Laute zur Bedeutung passen.[22] Auch Versuche mit eigens erfundenen Kunstsprachen deuten darauf hin, dass lautmalerische Zusammenhänge das Vokabellernen erleichtern, zumindest, wenn es um grobe Kategorisierung von Dingen geht.

Insofern ist die Behauptung des britischen Autisten Daniel Tammet, bestimmte Muster in der deutschen Sprache gefunden zu haben, die ihm das Lernen erleichterten, gar nicht so abwegig. Vielleicht ist er als Synästhetiker besonders empfänglich für solche Zusammenhänge, vielleicht erkennt sein Gehirn Muster, die anderen verborgen bleiben.

Es gibt tatsächlich Fälle, in denen bestimmte Konsonantenkombinationen besonders häufig in Wörtern ähnlicher Bedeutung vorkommen. Im Englischen etwa bezeichnen Wörter, die mit gl beginnen, häufig visuelle Phänomene, etwa in Verbindung mit Licht: glance, gleam, glimmer, glitter, glow. Die Kombination sn findet sich oft in Begriffen, die etwas mit Nase und Mund zu tun haben (snore, snot, snout); wh scheint in Verbindung mit Geräuschen zu stehen (whisper, whine, whirr, wheeze). Diese Konsonantenpaare gehören zu einer besonderen Klasse phonetischer Phänomene, den sogenannten Phonästhemen. Es handelt sich dabei um Lautverbindungen, die gehäuft in Wörtern ähnlicher Bedeutung auftreten. Die Existenz von Phonästhemen ist unbestritten, ihr Ursprung jedoch rätselhaft. Analysen zeigen, dass es sie zumindest im Englischen schon seit Jahrhunderten gibt. Ob sie auch von synästhetischen Verknüpfungen herrühren oder gar etwas mit der Entstehung von Sprache zu tun haben, ist jedoch fraglich. Wissenschaftler gehen eher davon aus, dass es sich um gelernte Verbindungen handeln könnte, um eine kontinuierlich gewachsene Ansammlung von Wörtern ähnlicher Bedeutung, die konsequenterweise ähnlich benannt wurden. Demnach wären Phonästheme durch Konvention entstandene Klangsymbole, die zwar Wortverwandtschaften widerspiegeln, aber nicht in einem authentischen Zusammenhang mit der konkreten Bedeutung stünden. Sie sind zudem bloß ein Randphänomen der Sprache. Zu sehr sollte man sich beim Lernen einer Fremdsprache also nicht auf solche vermeintlichen Muster verlassen.

Unbestritten aber ist unsere Empfänglichkeit für solche Verknüpfungen: Wir fassen bestimmte Vokale und Konsonanten als Signale auf und interpretieren sie entsprechend. Deshalb haben sie das Interesse einer weiteren Forschungsdisziplin geweckt: der Marketingforschung.

Ein Käse namens Lula

Bei der Benennung neuer Produkte oder Marken kann es sich kein Unternehmen leisten, einen Namen zu wählen, der schlecht klingt oder widersinnige Assoziationen weckt. Ein falscher Name kann das gesamte Geschäft verderben. So gehen Marketingforscher beispielsweise davon aus, dass der Ford Edsel, der als einer der größten Misserfolge der Marketinggeschichte gilt, vor allem wegen des Klangs seines Namens floppte.[23]

Namensfindung ist heute eine Wissenschaft für sich. Wer eine neue Marke etablieren will, überlässt nichts dem Zufall. Früher haben Unternehmen Namen eher intuitiv ausgewählt. «Aber weil schon so viele Wörter aus der realen Sprache verwendet werden, müssen Unternehmen sich mehr und mehr fiktive Wörter einfallen lassen», erklärt die amerikanische Marketingforscherin und Psycholinguistin Tina Lowrey. Häufig werden solche Kunstnamen aus semantischem Kalkül kreiert: Sie machen Anleihen bei existierenden Wörtern, die positiv besetzt sind. Der Name Viagra etwa reimt sich – englisch ausgesprochen – auf Niagara. Die berühmten Wasserfälle sind sicher keine schlechte Assoziation, wenn es um ein Potenzmittel geht, schließlich verbringen hier auch frisch verheiratete Paare ihre Flitterwochen. Obendrein erinnert die Silbe vi an Vitalität und an virilis (lateinisch für männlich) – besser geht es nicht.

Weil aber auch viele Silben, die semantische Inhalte transportieren, bereits verwendet werden, wird die Auswahl immer schwieriger. Außerdem müssen Markennamen heute oft international funktionieren, Unternehmer können sich nicht darauf verlassen, dass Kunden weltweit semantische Anspielungen verstehen. Daher stützen sich Firmen bei der Namensfindung zunehmend auf reine Lautmalerei. Im Idealfall vermittelt ein Name schon über seinen Klang eine passende Botschaft, auch wenn er gar keine Bedeutung hat. Experimente verschiedener Wissenschaftler zeigen, dass potenzielle Kunden Phoneme im Hinblick auf mögliche Produkteigenschaften interpretieren. Der Marketingforscher Richard Klink etwa kam in einer umfangreichen Studie zu dem Schluss, dass Produkte, deren Markennamen einen Vordervokal wie das i enthalten, nicht nur für kleiner, sondern auch für heller, dünner, schneller und leichter gehalten werden als Produkte, deren Namen Hintervokale wie o oder u enthalten. So gingen Versuchspersonen zum Beispiel davon aus, dass ein Ketchup namens Nodax dickflüssiger sein müsse als einer namens Nidax. Eine Seife schätzten sie als milder ein, wenn sie den Namen Iseck und nicht Oseck trug. Und ein Bier namens Teyag stellten sie sich heller vor als eines mit Namen Toyag. Es scheint also, als ließen sich mit Phonemen subtile Botschaften in Namen unterbringen.[24]

Um zu ergründen, wie weit solche Assoziationen gehen,

lädt der britische Konsumpsychologe Charles Spence hin und wieder Versuchspersonen zum Essen ein. Sicher fällt es ihm nicht schwer, Probanden für seine Tests zu rekrutieren, denn in seinem Labor werden die Besucher mit Blaubeermarmelade, Pfefferminzschokolade, Essigchips und feinem Brie verköstigt – alles im Namen der Wissenschaft. Spence leitet das *Crossmodal Research Laboratory* der Universität in Oxford. Er erforscht multisensorische Erfahrungen und das Geheimnis des guten Geschmacks. Und er geht der Frage nach, welche Namen besonders gut zu bestimmten Lebensmitteln passen. In seinen Studien fand Spence heraus, dass Maluma und Takete, die beiden legendären Kunstwörter, die der deutsche Psychologe Wolfgang Köhler erschuf, nicht nur mit bestimmten Formen assoziiert werden, sondern auch die Vorstellung von Geschmack und Konsistenz einer Speise prägen können. Einem sauren Cranberrysaft oder salzigen Kartoffelchips etwa ordneten die Versuchspersonen in seinen Tests eher Namen mit härteren, plosiven Lauten wie Takete oder Tuki zu. Cremigen Brie-Käse und süße Speisen wie Schokolade dagegen brachten sie mit weichen Sprachlauten wie Maluma oder Lula in Verbindung. Sogar innerhalb einer Produktgruppe erschienen ihnen verschiedene Vokale und Konsonanten passend: Enthielt eine Schokolade einen cremigen Karamellkern, ordneten die Probanden ihr eher einen weichen Namen zu, auf knackige Minzstückchen dagegen wiesen ihrer Ansicht nach härtere Konsonanten hin.[25] «Man kann den Klang eines Markennamens nutzen, um unbewusste Erwartungen in den Köpfen der Konsumenten zu wecken», folgert Spence.[26] «Diese Erwartungen werden dann, wenn auch auf subtile Weise, ihre Wahrnehmung und somit ihre Vorliebe für ein bestimmtes Produkt steuern.» Welches Unternehmen würde das nicht gern nutzen?

Ob lautmalerische Effekte tatsächlich Auswirkung auf

den Erfolg von Produkten haben, ist kaum zu messen. «Aber Studien zeigen, dass klangsymbolische Namen die Vorliebe für ein Produkt und die Kaufabsicht steigern», sagt Richard Klink. In der Tat scheinen Unternehmen diese Effekte – intuitiv oder bewusst – bereits zu nutzen. So ist dem Konsumpsychologen Charles Spence aufgefallen, dass der Buchstabe i erstaunlich häufig in den Namen von Discountern vorkommt, oft in Kombination mit d und l wie bei Aldi und Lidl. Möglicherweise ist das lautmalerisches Kalkül – und der i-Laut soll kleine Preise suggerieren.[27]

Längst gibt es Firmen, die darauf spezialisiert sind, passende Namen für neue Marken zu entwickeln. Das Unternehmen Blackberry machte zuletzt zwar enorme Verluste, aber am Namen dürfte es eigentlich nicht gelegen haben. Denn den haben die Profis der US-Firma *Lexicon Branding* geschaffen, die der Stanford-Linguist Will Leben leitet. Intuition und phonetisches Kalkül waren hier am Werk. Zunächst kam die Idee mit Berry auf, weil die kleinen rundlichen Tasten des Smartphones einen Mitarbeiter an Beeren erinnerten. Das allein war aber nicht der Grund für den Namen: Die Experten von *Lexicon Branding* hatten herausgefunden, dass Menschen den Klang eines b mit Verlässlichkeit und Entspannung assoziieren, während die kurzen Vokale Geschwindigkeit suggerierten und das y am Ende sympathisch klinge.[28] Eine perfekte Kombination für ein Smartphone, das hochwertig, klein, schnell und nutzerfreundlich erscheinen soll.

Auch deutsche Marketingagenturen setzen zunehmend auf den Klang von Namen. «Soll eine Marke lebendig und nach Lifestyle klingen, dann muss der Name mehr Vokale enthalten. Soll er technisch klingen, verwenden wir mehr Konsonanten», sagt Johannes Röhr, Geschäftsführer der Hamburger Agentur *Namebrains | Success Identity*. Sogar konkrete Eigenschaften lassen sich transportieren: «Präzision vermittelt man gut über harte Konsonanten, die man klar ausspricht.»

Es ist kaum überraschend, dass ausgerechnet die Marketingforschung die Macht der Laute für sich entdeckte und mit Enthusiasmus erkundete, während sich mancher Linguist von alten Gewissheiten noch nicht lösen mochte. Der Mensch ist heute immer auch ein potenzieller Konsument, dessen Psyche die Werbeforschung akribisch analysiert. Der Mechanismus, der möglicherweise einst unseren Vorfahren half, ein gemeinsames rudimentäres Vokabular zu finden, hilft heute Unternehmen, ihre Produkte zu vermarkten. Wer weiß, vielleicht kaufen wir manche Produkte vor allem wegen ihres wohlklingenden Namens? Vielleicht ist der Weichspüler *Lenor* auch deshalb so erfolgreich, weil man förmlich hören kann, wie weich die Handtücher nach der Wäsche sein werden? Hier von Manipulation zu sprechen, wäre übertrieben. Es ist auch nicht verwerflich, einen möglichst passenden Markennamen finden zu wollen. Den Kunden bietet das sogar Orientierung, ließe sich argumentieren. Aber dass man mit Phonemen das Verhalten von Menschen regelrecht manipulieren kann, ist gar nicht abwegig. Eine Hamburger Psychologin hat es versucht.

Pipp und die großen Erwartungen

Die Psychologin Christine Flaßbeck von der *Helmut-Schmidt-Universität* Hamburg war beeindruckt von der Macht der kleinen Zeichen, als sie auf der Suche nach einem Dissertationsthema auf die Arbeiten der Marketingpsychologen stieß. Flaßbeck wollte noch einen Schritt weiter gehen und fragte sich: Wenn allein die Verwendung eines i oder o, eines b oder eines t Assoziationen und Erwartungen lenken kann, lässt sich dann mit Phonemen das Verhalten von Personen auch direkt steuern? Agieren Menschen, die ein bestimmtes Phonem hören oder lesen, konform mit dem mentalen Konzept, das es übermitteln soll? Trinken wir ein Bier namens Teyag also schneller als eines namens Toyag?

Zunächst war dies nur eine gewagte These, ein Gedankenspiel, doch dann ist Flaßbeck der Sache empirisch nachgegangen. Und ihre vorläufigen Testergebnisse deuten darauf hin, dass etwas an ihrer These dran sein könnte.

Bier bekamen ihre Versuchspersonen nicht zu trinken, und auch sonst ließ der Versuchsaufbau nichts von der Brisanz des Experiments erahnen. Die Probanden in Flaßbecks Studie mussten lediglich Buchstabenreihen lesen. Über mehrere Seiten. Immer wenn sie ein d entdeckten, das mit zwei Strichen versehen war, mussten sie es durchstreichen, dabei wurde die Zeit gestoppt. Aufregend war das sicher nicht, aber auf Dauer ziemlich anstrengend. Den sogenannten d2-Test setzen Psychologen ein, um die Konzentrationsfähigkeit von Menschen zu messen. Er ist ein Standardinstrument der psychologischen Forschung. Die Probanden wussten davon natürlich nichts. Flaßbeck enthielt ihnen den wahren Namen vor. Sie hatte sich einen besseren einfallen lassen. Gut sichtbar hatte sie ihn auf das Deckblatt geschrieben, und auch auf den folgenden Seiten tauchte er immer wieder auf: Pipp. So hieß der Test zumindest bei der einen Hälfte der Probanden. Bei den anderen stand da: Borr. Zur Tarnung hatte Flaßbeck beide Namen mit einem Copyright-Zeichen versehen. Sie wollte herausfinden, ob der Name des Tests das Verhalten der Versuchspersonen beeinflusste. Der Gedanke scheint absurd, und irgendwie behagt einem die Vorstellung auch nicht. Der Name eines Tests sollte unsere Leistung nicht verändern können. Doch es scheint so zu sein. Diejenigen, die den Pipp-Test absolvierten, waren nämlich deutlich schneller damit fertig als die Probanden, die sich durch den Borr-Test arbeiteten.[29] Möglicherweise wirkte das Wort Pipp, das Menschen der These nach mit Schnelligkeit assoziieren, wie ein sogenanntes Priming* – es aktivierte in den Köpfen der Probanden das Konzept Schnelligkeit und manipulierte so ihr Verhalten. Noch ist das ein vorläufiges Ergebnis. Aber wenn sich der Effekt, dem Flaßbeck da auf der Spur ist, bestätigen lässt, dann haben die kleinen Phoneme wahrhaft große Macht.

Und das alles ist erst der Anfang. Wenn schon die kleinsten Bauteile der Wörter solche Wirkung entfalten können, wie groß muss dann erst die Macht jener Wörter sein, die sich ganz direkt der Kraft von Bildern bedienen, die einen ganzen Kosmos von Assoziationen im Kopf entstehen lassen? Oder jener Wörter, die sich durch emotionale Erfahrungen in unser Gedächtnis eingebrannt haben? Beherrschen wir die Sprache, oder beherrscht die Sprache uns? Es wird spannend, brrrr-isant und auch ein bisschen schmutzig. Also weiter im Text! Pipp! Pipp! Pipp!

---

* Von Priming sprechen Psychologen, wenn ein Reiz bestimmte Gedächtnisinhalte aktiviert und Assoziationen weckt und die Verarbeitung der darauf folgenden Reize und Informationen somit in entsprechende Bahnen gelenkt wird.

2 Die Macht der Bilder
Wie Metaphern einen Kosmos von
Assoziationen wecken

> «Es ist aber bei weitem das Wichtigste,
> dass man Metaphern zu finden weiß.
> Denn dies ist [...] ein Zeichen von Genialität.
> Denn eine gute Metapher zu bilden, bedeutet,
> dass man Ähnlichkeiten im Ungleichen
> zu erkennen vermag.»
>
> Aristoteles, Poetik

Das Verbrechen ist eine Bestie, die die Stadt Addison heimsucht. Vor fünf Jahren war Addison in gutem Zustand, ohne offensichtliche Schwachstellen. In den vergangenen fünf Jahren jedoch sind die Abwehrsysteme der Stadt schwächer geworden, und die Stadt ist dem Verbrechen erlegen. Heute gibt es mehr als 55 000 kriminelle Zwischenfälle im Jahr – ihre Zahl hat um mehr als 10 000 zugenommen. Es besteht die Befürchtung, dass noch ernstere Probleme entstehen, wenn die Stadt ihre Stärke nicht bald zurückgewinnt.

Was braucht Addison Ihrer Meinung nach, um die Kriminalität zu reduzieren? Denken Sie ruhig zwei, drei Minuten darüber nach.

Welche Maßnahmen sind Ihnen eingefallen? Und welcher Teil des Berichts hat Sie dabei am meisten beeinflusst?

Genau diese Aufgabe haben die Psychologen Paul Thibodeau und Lera Boroditsky ihren Testpersonen gestellt.[30] Die Probanden antworteten in 71 Prozent der Fälle, man müsse die Verbrecher jagen, hinter Gitter bringen sowie härtere Strafen durchsetzen.

Ob diese Strategie zum Erfolg führte, konnte nicht überprüft werden – die Stadt Addison existiert nicht. Thibodeau und Boroditsky haben sie erfunden, und sie wollten auch gar nicht den Einfluss verschiedener Maßnahmen zur Verbrechensbekämpfung testen – sondern den von Worten, genauer gesagt: von Metaphern.

Metapher, das kommt vom Griechischen «metaphora» und bedeutet «Übertragung». Metaphern übertragen eine konkrete Erfahrung auf ein abstraktes Konzept. So wie das Wort «Bestie» in dem Bericht: Konkret bezeichnet es ein wildes Tier, abstrakt steht es für das Verbrechen.

In einem zweiten Versuch tauschten Thibodeau und Boroditsky diese Metapher gegen eine andere aus: «Virus». Der Rest des Textes blieb exakt gleich. Dann legten sie die Aufgabe neuen Probanden vor. Das Ergebnis: Nur in 54 Prozent ihrer Antworten empfahlen die Teilnehmer eine strengere Verfolgung der Verbrechen und härtere Strafen. 46 Prozent ihrer Vorschläge zielten dagegen auf eine ganz andere Strategie: die Gründe für die Kriminalität zu untersuchen, die Armut zu bekämpfen und die Bildung zu verbessern. In der Gruppe, der die Kriminalität als «Bestie» vorgestellt worden war, waren es dagegen nur 29 Prozent.

Ein einziges Wort hatte den Ausschlag gegeben! Wenige Buchstaben hatten maßgeblich beeinflusst, welche Lösungen die Testpersonen für ein wichtiges gesellschaftliches Problem vorschlugen: soziale Reformen oder unnachgiebige Strafverfolgung. Die Metapher hatte sogar einen weit größeren Einfluss als die politische Einstellung der Probanden. Zwar schlugen in dem Versuch Republikaner häufiger als Demokraten eine strengere Strafverfolgung vor, aber der Unterschied zwischen den Anhängern der beiden Parteien war noch nicht einmal halb so groß wie der zwischen der «Bestie»- und der «Virus»-Gruppe.

Das Interessante dabei: Die Versuchsteilnehmer waren sich der Wirkung der Metapher überhaupt nicht bewusst. Nur wenige vermuteten, das Wort «Bestie» oder «Virus» könnte ihre Entscheidung gelenkt haben. Fast alle gaben als Einflussfaktor die im Text erwähnte Kriminalstatistik an – doch die war in beiden Versionen vollkommen identisch.

Können Metaphern töten?

Offenbar können Metaphern also unser Denken und unsere Entscheidungen ganz erheblich beeinflussen, ohne dass wir es bemerken. Metaphern sind damit weit mehr als die rhetorischen Figuren, als die sie uns im Deutschunterricht begegnet sind, und mehr als dekorativer Zuckerguss, wie wir ihn aus der Poesie kennen.

Dass Metaphern Macht über uns haben, vermuten Sprachforscher schon lange. Besonders drastisch formulierte es der Linguist George Lakoff: «Metaphern können töten.» Mit diesem Satz begann er im März 2003 einen Artikel über den bevorstehenden Krieg gegen den Irak.[31] Er bezog sich auf den Ausdruck «Krieg gegen den Terror», den die Regierung Bush nach dem 11. September 2001 geprägt hatte. Zunächst sprach die Regierung von «Opfern», wenige Stunden später von «Verlusten». «Ein Sprachmoment von höchster politischer Relevanz», meint Lakoff. Denn mit diesem Wortwechsel habe sich auch die Deutung der Anschläge verändert: vom Verbrechen hin zu einer Kriegshandlung. Das habe zur Metapher «Krieg gegen den Terror» geführt – und letztlich zu den Kriegen in Afghanistan und im Irak mit Zehntausenden Toten.

Doch Lakoffs These von der Macht der Metaphern ist kühn, und sie ist umstritten. Hier prallen die Überzeugungen zweier verfeindeter Lager von Sprachforschern aufeinander, die wir in Kapitel 4 noch ausführlich kennenlernen werden: die der Universalisten und die der Relativisten. Die Universalisten meinen, dass allen Menschen dasselbe Sprachvermögen und dieselben universellen Grundregeln der Sprache angeboren seien. Zudem verfügten alle Menschen von Geburt an über ein und dieselbe «Sprache der Gedanken»: Mentalese oder Mentalesisch. Wir dächten nicht in einer natürlichen Sprache – also auf Deutsch, Englisch oder Chinesisch –, sondern in dieser universellen Sprache des Geistes. Daraus folgern die Vertreter dieser Theorie, dass die natürliche Sprache keinen Einfluss auf das Denken hat. Dem widersprechen die Relativisten aufs heftigste: Sie sind überzeugt, dass wir in natürlichen Sprachen denken und dass diese unser Denken prägen. Die natürlichen Sprachen wiederum bildeten die Welt nicht auf ein und dieselbe Weise ab, sie sind nicht universell, sondern relativ. Folglich dächten Menschen in verschiedenen Sprachen bis zu einem gewissen Grad unterschiedlich; unsere Weltsicht hänge damit auch von der Sprache ab, die wir sprechen.

Doch die verschiedenen Parteien zanken nicht nur darüber, wie viel Macht Metaphern besitzen – schon über deren Entstehung herrscht Uneinigkeit. Die Universalisten behaupten, die Verknüpfung von konkreter und abstrakter Bedeutung sei angeboren, die Relativisten glauben, sie sei erlernt. Wie dieses Lernen genau funktioniert, darüber herrscht ebenfalls Dissens: Die einen schreiben konkreten, körperlichen Erfahrungen die Hauptrolle zu, die anderen der Sprache selbst und die Dritten der Kultur.[32] Und dann gibt es noch junge Psychologen und Kognitionsforscher, die meinen, alle drei Faktoren – Körper, Sprache, Kultur – spielten eine Rolle, in unterschiedlichem Ausmaß oder auch in Kombination. Ein ziemliches Durcheinander. Doch der Versuch, dieses Ursachengeflecht aufzudröseln, lohnt sich. Denn so können wir aufdecken, welchen Anteil die Sprache an der Wirkung von Metaphern hat – und das wiederum hilft uns, dem Einfluss der Worte auf unser Denken ganz allgemein auf die Spur zu kommen.

Schauen wir uns zunächst die unterschiedlichen Ansichten der Relativisten über die Entstehung von Metaphern an.

Heiße Herzen und kalte Schultern –
Metaphern und körperliche Erfahrungen

George Lakoff, der Mann also, der glaubt, Metaphern könnten töten, sieht den Ursprung dieser Sprachbilder in körperlichen Erfahrungen. Zum Beispiel werde Zuneigung mit Wärme assoziiert: Ist jemand offen und liebenswürdig, bezeichnet man ihn als warmherzig, ist jemand abweisend, beklagt man sich über die «kalte Schulter», die er einem zeigt. Man kann sich für jemanden erwärmen, und Beziehungen können erkalten. «Wenn wir als Kinder von unseren Eltern im Arm gehalten werden, dann spüren wir Wärme. Und gleichzeitig spüren wir Zuneigung. So lernen wir die Verbindung zwischen beiden», behauptet Lakoff. Im Gehirn geschehe dabei Folgendes: Die Nervenzellen für das Empfinden von Wärme würden aktiviert und zugleich auch jene für das Empfinden von Zuneigung, immer und immer wieder. So bildeten sich besonders starke Verbindungen zwischen den beiden Netzwerken aus. Und wenn das Hirn eine Metapher verarbeite, dann würden nicht nur die Nervenzellen für das abstrakte Konzept (Zuneigung) aktiviert, sondern auch die für die konkrete Erfahrung (Wärme). Metaphern, so sieht Lakoff es, existieren als Schaltkreise im Hirn.

Und er geht noch weiter: «Wir reden nicht nur in Metaphern, wir denken in Metaphern.» Metaphern sind ihm zufolge erst in zweiter Linie sprachliche Phänomene. Zuallererst seien sie eine Form des Denkens. Sogar die gesamte westliche Philosophie, behauptet Lakoff, sei letztlich nichts anderes als eine Kollektion von Metaphern. Und selbst die Mathematik lasse sich auf körperliche Erfahrungen zurückführen, die in Metaphern eingeflossen seien, von einfachen bis hin zu sehr komplexen, die für die höhere Mathematik gebraucht werden: Wir stellten uns zum Beispiel Zahlen als Punkte auf einem Zahlenstrahl vor und das Unendliche wie einen Vorgang, der sich ständig wiederholt und keinen Zielpunkt hat – wie das Atmen etwa.[33] Lakoffs Hypothese: ohne Metaphern keine Philosophie und keine Mathematik.

Das ist eine gewagte Behauptung, doch der Gedankengang dahinter lässt sich leicht nachvollziehen: Unsere Vorfahren hätten irgendwann begonnen, grundlegende Muster aus ihrer Erfahrungswelt – Raum, Zeit, Bewegung, Krankheit, Kampf – auf die Gedankenwelt zu übertragen. So hätten sie überhaupt erst gelernt, über Abstraktes nachzusinnen. Die Metapher wäre dann der Entwicklungshelfer der menschlichen Intelligenz.

Und dieser Vorgang habe sich nicht nur einmal in der Entwicklung der Menschheit abgespielt; er wiederhole sich in der Entwicklung jedes einzelnen Menschen. Mit Hilfe von Metaphern lernten Kinder, über abstrakte Konzepte nachzudenken. Und auch Erwachsene griffen immer und immer wieder auf diese Übertragungen vom Konkreten auf das Abstrakte zurück, um komplizierte Sachverhalte zu erfassen. Glaubt man Lakoff, sind Analogien wie «Ein Atom ist aufgebaut wie ein Sonnensystem» oder «Ein Antikörper funktioniert wie ein Schlüssel für ein Schloss» nicht bloß pädagogische Hilfsmittel, sondern der Grundmechanismus, mit dem wir schwer zugängliche Konzepte überhaupt erst verstehen – Analogien und Metaphern wären dann unser wichtigstes Denkwerkzeug. Doch so anschaulich und einleuchtend Lakoffs Theorie ist, sie hat einen großen Nachteil: Der Linguist liefert keine empirischen Belege für sie. Darauf kommen wir später zurück.

Raubfische vor Gericht – Metaphern und Sprache

Der zweite mögliche Ursprung von Metaphern ist die Sprache selbst. Die prominenteste Vertreterin dieser Hypothese ist die Psychologin Dedre Gentner. Sie glaubt, dass erst sprachliche Metaphern Menschen dazu bringen, mentale Metaphern zu entwickeln, indem sie sie dazu ermuntern, Analogien zu bilden.[34] Nehmen wir zum Beispiel die Metapher «Mein Rechtsanwalt ist ein Hai». Wer sie zum ersten Mal hört, wird überlegen, worin die Gemeinsamkeiten zwischen einem Rechtsanwalt und einem Hai bestehen könnten. Ihm werden die Eigenschaften eines Hais in den Sinn kommen: gefährlich, spitze Zähne, Fisch, rücksichtslos, Jäger, kalt, überlegen, Fischfresser. Dann wird er die Eigenschaften heraussuchen, die auch auf den Rechtsanwalt zutreffen könnten: gefährlich, rücksichtslos, kalt, überlegen. Und schließlich wird er aufgrund dieser Übertragung Rückschlüsse auf den Charakter oder das Gebaren des Rechtsanwalts ziehen.

Diesen Prozess nennt Gentner strukturelle Kartierung. Er kann dazu führen, dass man Parallelen zwischen der Quelle einer Metapher (Hai) und ihrem Ziel (Rechtsanwalt) entdeckt, die einem zuvor nicht aufgefallen waren. Die Sprache spielt hier also eine zentrale Rolle: Sie stellt Quelle und Ziel in einen Zusammenhang und setzt so den Prozess der Analogiebildung in Gang, der wiederum zu ganz neuen Erkenntnissen führen kann. Bei dieser Art von Metaphern, sogenannten nominalen Metaphern, ist es abwegig, den Ursprung in direkten, körperlichen Erfahrungen zu suchen: Haie und Rechtsanwälte kommen für gewöhnlich nicht gemeinsam vor.

Doch dieser Prozess könnte auch bei Metaphern eine Rolle spielen, bei denen es weniger eindeutig ist, ob sie ihren Ursprung in der Sprache haben: bei sogenannten unsichtbaren Metaphern. Sie kommen viel häufiger vor, umgeben uns tagtäglich und durchdringen unsere Sprache, ohne dass wir es merken. Ein klassisches Beispiel ist die Übertragung von räumlichen Konzepten auf die Zeit: ein langes Gespräch, ein ausgedehnter Urlaub, ein vorverlegtes Treffen. Die Psychologin Lera Boroditsky, die das Bestie-Virus-Experiment ersonnen hat, glaubt, dass auch in diesen Fällen die strukturelle Kartierung am Werk sein könnte. Wenn wir einige räumliche Ausdrücke benutzen, um die Zeit zu beschreiben, dann könnte das dazu führen, dass wir nach weiteren Analogien suchen und weitere räumliche Konzepte auf die Zeit übertragen.[35]

Allerdings bemerken schon kleine Kinder, die der Sprache noch nicht mächtig sind, Ähnlichkeiten zwischen räumlicher und zeitlicher Ausdehnung, haben Psychologen herausgefunden. Was in den Köpfen von Babys vorgeht, ist natürlich nicht ganz einfach zu erforschen, sie können nun einmal nicht sprechen und auch nicht gezielt auf Knöpfe drücken oder Ähnliches. Doch sie können etwas sehr Aufschlussreiches: sich langweilen. Das nutzen Wissenschaftler, um herauszufinden, was kleine Kinder spannend finden und ob sie Unterschiede zwischen verschiedenen Bildern, Tönen oder Handlungen bemerken. Dazu präsentieren sie einem Baby beispielsweise ein Bild, bis es gelangweilt wegschaut, und messen die Zeit, die es aufmerksam bleibt. Dann zeigen sie dem Kind ein neues Bild. Wenn es nun wieder hinschaut, muss ihm der Unterschied aufgefallen sein und interessant erscheinen. Erneut messen die Forscher die Zeit, bis Langeweile einsetzt.

Zwei Psychologen der *Harvard University* ließen neun Monate alte Babys Zeichnungen von knallgelben Raupen, langen und kurzen, betrachten und spielten ihnen zugleich lange und kurze Töne vor. In einigen Versuchen kombinierten sie abwechselnd lange Raupen mit kurzen Tönen und kurze Raupen mit langen Tönen. Für die Darbietungen, in denen Raupen- und Tonlänge nicht übereinstimmten, interessierten sich die Babys weniger, kongruente Präsentationen (lange Raupe, langer Ton; kurze Raupe, kurzer Ton) erregten weit größere Aufmerksamkeit. Die Babys waren offensichtlich fasziniert von der Übereinstimmung von räumlicher und zeitlicher Länge. Doch entscheidend ist: Als die Forscher in einem zweiten Versuch Raupenlängen nicht mit Tonlängen, sondern mit Lautstärken kombinierten, zeigte sich dieser Effekt nicht.[36] Offenbar sind manche Zusammenhänge wie eben der zwischen räumlicher und zeitlicher Ausdehnung für kleine Kinder deutlicher und interessanter als andere. Und einige der Übertragungen, die hinter unsichtbaren Metaphern stecken, existieren schon, bevor Kinder sprechen lernen. Welche Rolle genau die Sprache in diesen Fällen spielt, ist also fraglich.

Daumen hoch! – Metaphern und Kultur

Der dritte mögliche Ursprung von Metaphern ist die Kultur. So könnten auch Gesten Metaphern formen, wie zum Beispiel der nach oben gestreckte Daumen für Zustimmung und der nach unten gestreckte Daumen für Ablehnung. Diese kulturelle Konvention könnte die Metapher «oben ist gut, unten ist schlecht» zumindest mitgeprägt oder verstärkt haben. Als alleinige Quelle jedoch erscheint sie zu schwach. Womöglich ist auch diese Metapher zunächst durch körperliche Erfahrung entstanden: Wenn wir gute Laune haben, richten wir uns auf; wenn wir wach sind, erheben wir uns; wenn wir krank sind, müssen wir dagegen häufig liegen; wenn wir tot sind, sogar für immer; und Sieger sind in einem Kampf normalerweise oben – Kontrolle, Macht und Status würden deshalb ebenfalls mit «oben» assoziiert, meint George Lakoff.[37]

Doch es gibt auch Fälle, in denen kulturelle Konventionen die Hauptrolle bei der Bildung von Metaphern gespielt haben könnten. Unsere metaphorische Vorstellung vom Fluss der Zeit ist so ein Fall. Sie könnte von der Schreib- und Leserichtung geprägt worden sein: Für Westler fließt die Zeit von links nach rechts – für Menschen, die Hebräisch sprechen, dagegen von rechts nach links. Das konnte die Psychologin Lera Boroditsky, die wir bereits am Anfang des Kapitels kennengelernt haben, nachweisen.[38] Die mentale Repräsentation des Zeitflusses folgt also offenbar der Leserichtung, die in einer bestimmten Kultur üblich ist. Ein weiteres Indiz dafür ist die Art und Weise, wie Chinesen über die Zeit sprechen. Sie schreiben traditionell von oben nach unten – und statt «voriger Monat» und «nächste Woche» sagen sie «oberer Monat» und «untere Woche». Ob diese Hinweise einer experimentellen Überprüfung standhalten und die Kultur bei der Entstehung dieser räumlichen Metaphern für die Zeit tatsächlich die entscheidende Rolle gespielt hat, werden wir gleich sehen.

Sprachliche Fossilien

So verschieden die geschilderten Erklärungsansätze sind, eines ist ihnen gemeinsam: Sie sehen Metaphern als etwas Erlerntes an – ganz gleich, ob dabei der Körper, die Sprache oder die Kultur die Hauptrolle spielt.

Eine völlig andere Sicht vertreten die Universalisten, die davon überzeugt sind, dass allen Menschen dieselbe universelle Grammatik gegeben ist und Sprache keinen Einfluss auf das Denken hat. Sie halten nicht nur die Grundregeln der Sprache für angeboren, sondern auch Metaphern. Ihr prominentester Vertreter ist derzeit der Psychologe Steven Pinker. Er stellt sich die Entstehung von Metaphern als eine Art Recycling von Hirnstrukturen vor: Irgendwann in der Entwicklungsgeschichte des Menschen seien Schaltkreise im Hirn, beispielsweise für das Verarbeiten von räumlichen Informationen, kopiert worden. Bei den Duplikaten seien die Nervenverbindungen zu Muskeln und Sinnesorganen gekappt und die Kopien dann als Gerüste für das Nachdenken über abstrakte Konzepte, wie zum Beispiel die Zeit, genutzt worden. Pinker sieht Metaphern als «rudimentäre kognitive Organe», die ihre ursprüngliche Funktion verloren und eine neue gewonnen haben. In ihnen seien die evolutionären oder historischen Verbindungen zwischen Quelle und Ziel von Metaphern konserviert, zum Beispiel die Ähnlichkeiten zwischen einem Krieg und einer Diskussion, die Metaphern wie «Seine Behauptungen waren unhaltbar» zugrunde liegen. «Unhaltbar» bedeutet wörtlich «nicht zu verteidigen», die Behauptungen werden also mit einer militärischen Stellung gleichgesetzt. Pinker bestreitet, dass solche Verknüpfungen noch heute aktiv werden, wenn wir Metaphern verarbeiten. Die allermeisten Metaphern sind für ihn wie sprachliche Fossilien – aufschlussreich, aber tot.[39]

Versuch macht klug

Weiter könnten die Ansichten nicht auseinanderliegen: Für Pinker sind Metaphern versteinerte Zeugen der kognitiven Evolution des Menschen – für Lakoff das außerordentlich lebendige Medium des Denkens an sich. Und während Lakoff allein die körperliche Erfahrung als Ursprung der Metapher akzeptiert, sehen Psychologen wie Gentner in der Sprache den alles entscheidenden Faktor. Doch allmählich kommt Bewegung in diesen seit Jahrzehnten festgefahrenen Stellungskampf. Das liegt an jungen Kognitionswissenschaftlern wie Daniel Casasanto.

«Keiner dieser Vorschläge kann alle Metaphern erklären», behauptet Casasanto. «Ein vollständiges Bild ergibt sich erst, wenn man Elemente aus allen Vorschlägen kombiniert.» Doch der Psychologe ist weit davon entfernt, einen faulen Kompromiss zu präsentieren, der schlicht die Streithähne besänftigt: «Das ist heute sehr populär in der Kognitionswissenschaft. Aber wenn man einen Mittelweg geht, liegt man möglicherweise auf beiden Seiten falsch.» Casasanto ist im Gegenteil überzeugt, dass sich manche Metaphern tatsächlich nur mit einem einzigen Faktor – Körper, Sprache, Kultur – erklären lassen. Und er hat schlagende Beispiele für jeden dieser Fälle gefunden – und in Experimenten belegt.[40]

Auch das ist neu: Jahrzehntelang haben Sprachforscher Theorien aufgestellt und sich bis aufs Blut über sie gestritten, ohne sich überhaupt um empirische Belege zu bemühen. Weder Lakoff noch Pinker können echte Beweise für ihre Hypothesen anführen. «Das uralte Problem ist, dass die Sprache die Quelle für die Hypothesen war und zugleich die Quelle für die Beweise», erklärt Casasanto. «Ein Zirkelschluss.» Zum Beispiel Lakoff: Er behauptet, wir sprächen nicht nur in Metaphern, sondern dächten auch in Metaphern. Als Beweis führt er an, dass wir in Metaphern sprechen.

«Wir brauchen unbedingt nichtsprachliche Belege», schlussfolgert Casasanto. «Wir müssen die Sprache aus der Beweisführung herausnehmen.» Nicht ganz einfach bei diesem Forschungsthema. Aber Casasanto und sein Team haben eine Lösung gefunden: schlichte Experimente, bei denen die Testpersonen auf einen äußeren Reiz mit einer nichtsprachlichen Reaktion antworten sollen. Zum Beispiel wird ihnen ein Ton vorgespielt oder eine Form auf einem Monitor gezeigt, und sie sollen den Ton nachsingen oder die Form mit den Händen nachbilden. Wie so etwas den Zusammenhang zwischen Metaphern und Denken aufdecken kann, werden wir gleich sehen.

Um zu erforschen, wie Metaphern entstehen und wodurch sie geprägt werden, hat sich Daniel Casasanto ganz verschiedene Beispiele herausgesucht, die aber eins gemeinsam haben: Sie alle drehen sich um das Begriffspaar «rechts – links». Schauen wir zuerst in die Sprache: Da gibt es den «rechten Weg» und die «rechte Hand», das «Recht» an sich und «richtige» Antworten. Auf der anderen Seite hat jemand «zwei linke Hände», ist «mit dem linken Fuß aufgestanden», ist «linkisch» oder gar «link». Auch politisch kann man «rechts» oder «links» stehen. Und schließlich gibt es noch eine versteckte Metapher, die auf das Rechts-links-Spektrum Bezug nimmt: In unserer Vorstellung fließt die Zeit von links nach rechts. Wie sind all diese Metaphern entstanden, welcher Faktor spielte in welchem Fall eine Rolle?

Rechte Hände und linke Füße

Nehmen wir uns zunächst die «rechte Hand» und den «linken Fuß» vor. In vielen Kulturen wird die rechte Seite mit Dingen assoziiert, die gut, korrekt und rechtmäßig sind, die linke Seite dagegen mit schlechten, schmutzigen und verbotenen Dingen. Denken wir aber tatsächlich über gute und schlechte Sachen in einem Rechts-links-Raster nach? Um das herauszufinden, legte Daniel Casasanto Testpersonen Bilder von je zwei Produkten, zwei Jobbewerbern und zwei Außerirdischen vor. Die Probanden sollten entscheiden, welches Produkt sie lieber kaufen würden, welche Person sie lieber einstellen wollten und welchen Außerirdischen sie als ehrlicher, schlauer oder attraktiver einschätzten. Ein Teil der Probanden tendierte dazu, die Produkte, Personen und Außerirdischen auf der rechten Seite zu bevorzugen. Doch ein anderer Teil entschied sich genauso konsequent für die jeweils linke Seite. Casasanto war nicht überrascht: Die Rechts-Liebhaber waren allesamt Rechtshänder, die Links-Fans allesamt Linkshänder.[41] Damit war sein Verdacht bestätigt. Wenn wir entscheiden sollen, welches von zwei gleichwertigen Dingen wir lieber mögen, ziehen wir jenes vor, das auf unserer dominanten Seite liegt. Selbst fünfjährige Kinder finden Tiere, die ihnen auf ihrer dominanten Seite präsentiert werden, netter und klüger.[42]

Vor dem Experiment hätten viele Kognitionsforscher darauf gesetzt, dass Linkshänder nicht anders als Rechtshänder entscheiden würden, erzählt Casasanto: «Viele glauben, die Sprache habe eine solche Macht über unseren Verstand, dass wir genauso denken müssen, wie wir sprechen.» Wer von «rechten Händen» spricht, müsste also auch auf der rechten Seite präsentierte Außerirdische vorziehen. Das Versuchsergebnis zeigt das genaue Gegenteil: Menschen können auf die eine Art reden («Er ist meine rechte Hand») und auf die andere Weise denken («Der linke Außerirdische guckt intelligenter»). Die Sprache hat in diesem Fall offenbar keinen Einfluss auf das Empfinden und Denken.

Erklären lässt sich das Ergebnis mit Befunden von Psychologen, die einen starken Zusammenhang zwischen Geläufigkeit und Wertigkeit nachgewiesen haben. «Einfach ausgedrückt: Wir mögen die Dinge, die uns leichtfallen», erklärt Casasanto. Und leicht fallen uns die Dinge, für die wir unsere dominante Seite nutzen. Für die allermeisten ist das «die rechte Hand», für einige aber auch «der linke Fuß». Die sprachliche Metapher hat jedoch die rechtshändige Mehrheit geprägt. «Linkshänder können nicht sagen, die korrekte Antwort ist die ‹linkige› Antwort», sagt Casasanto. «Dann würde sie niemand verstehen.»

Offenbar sind es also körperliche Erfahrungen, die in diesem Fall die entsprechenden Metaphern hervorgebracht haben. Doch mit der Beweislage war Casasanto noch nicht zufrieden, zeigte das Experiment doch zunächst nur eine Korrelation zwischen der dominanten Seite und der präferierten Seite. «Das heißt noch nicht, dass das eine tatsächlich der Grund für das andere ist. Die Kausalität war noch nicht belegt», erläutert er. Deshalb bat der Psychologe erneut Testpersonen ins Labor, allesamt Rechtshänder, denen er über ihre rechte Hand einen sperrigen Skihandschuh stülpte, an dem auch noch der andere Handschuh baumelte. Damit sollten die Probanden Dominosteine aufstellen – wer schon einmal als Rechtshänder einen Gipsverband an der rechten Hand hatte, ahnt, wie anstrengend das für die Probanden gewesen sein muss: Sie wurden praktisch zu Linkshändern. Im Anschluss mussten sich die Teilnehmer wieder für Produkte, Personen und Außerirdische entscheiden. Und diesmal gefielen ihnen die jeweils linken besser[43] – nachdem sie lediglich einige wenige Minuten als künstliche Linkshänder verbracht hatten!

«Das zeigt, dass die motorische Erfahrung tatsächlich der Faktor ist, der die Zuordnung von emotionaler Wertigkeit auf das Rechts-links-Spektrum bestimmt», sagt Casasanto. «In diesem Fall ist das ganz klar.» Unser Körper prägt also eine unserer geläufigsten Metaphern für gut und schlecht. Weniger klar ist, wie Rechts- und Linkshändigkeit überhaupt zustande kommt. Zum Teil ist sie erblich, aber auch die Lage des Kindes im Mutterleib scheint eine Rolle zu spielen: Vermutlich führt eine asymmetrische Position zu einer asymmetrischen Entwicklung des Gleichgewichtssystems, was wiederum mit der Händigkeit zusammenhängt.

Casasantos Befund jedenfalls entspricht George Lakoffs Theorie, nach der Metaphern aus körperlichen Erfahrungen entstehen. Doch der Psychologe ist noch nicht überzeugt, da dieses bisher das einzige bewiesene Beispiel für diesen Zusammenhang ist. Die Sprache jedenfalls spielt in diesem Fall keine prägende Rolle, in ihr schlägt sich schlicht die durch körperliche Erfahrung entstandene Metapher nieder – die der rechtshändigen Mehrheit.

Neigen Sie eher nach rechts oder nach links?

Wie ist nun die Metapher von den politisch Rechten und den politisch Linken entstanden? Der historische Ursprung ist klar: Als sich Ende des 18. Jahrhunderts in Frankreich die Generalstände versammelten, durfte der Adel auf dem Ehrenplatz rechts vom Parlamentspräsidenten sitzen, das Bürgertum musste auf der linken Seite Platz nehmen. Diese Sitzordnung breitete sich in ganz Europa aus. Doch die Metapher scheint nicht nur eine historisch gewachsene Konvention zu spiegeln, sondern auch heute noch in unseren Köpfen aktiv zu wirken. Das zeigt ein Experiment des Psychologen Daniel Oppenheimer. Er ließ amerikanische Studenten auf einem Bürostuhl Platz nehmen, an dem er eine Rolle abmontiert hatte, sodass dieser sich beim Draufsetzen nach rechts oder links neigte. Dann sollten die Probanden einen Fragebogen zu ihren politischen Einstellungen ausfüllen. Diejenigen, die nach rechts gekippt saßen, stimmten eher den Republikanern zu, die nach links Geneigten den Demokraten.[44] In einem anderen Experiment sollten niederländische Testpersonen einen Knopf drücken, wenn die Abkürzung einer liberalen Partei auf dem Bildschirm erschien. Sie waren schneller, wenn sie dazu die linke statt der rechten Hand benutzten. Bei konservativen Parteien war es genau andersherum.[45]

Trotzdem liegt es nicht besonders nahe, in diesem Fall körperliche Erfahrungen als Ursprung der Metapher zu vermuten. «Wir sehen schließlich nicht von klein auf liberale Menschen überwiegend auf unserer linken Seite und konservative auf unserer rechten Seite», sagt Casasanto. Auch die Darstellung in den Medien lasse keine Rückschlüsse zu. Und der Blick auf die Anordnung von französischen Politikern vor mehr als 200 Jahren kann ebenfalls nicht erklären, warum Menschen heute intuitiv die politische mit der räumlichen Ausrichtung gleichsetzten.

Bleibt die Sprache. Weil wir die Wörter «rechts» und «links» sowohl in ihrer wörtlichen als auch in der übertragenen Bedeutung verwenden, könnten in unserem Gehirn Elemente der Quelle der Metapher (räumliche Anordnung) auf das Ziel (politische Ausrichtung) übertragen werden, meint Casasanto. Möglicherweise läuft das über analoge Prozesse ab, wie sie die Psychologin Dedre Gentner vorgeschlagen hat. Hier scheint also die Sprache die alleinige Quelle der heutigen Metapher zu sein: Sie hat eine Konvention über die Jahrhunderte aus den Parlamenten in die Köpfe transportiert.

Die Zeit fließt nach rechts. Oder nach links?

Die ersten beiden Fälle sind also klar: Der Ursprung für die Metapher «rechts ist gut/links ist schlecht», liegt im Körper, derjenige der Metapher «rechts ist konservativ/links ist liberal» in der Sprache. Und die Rechts-links-Metapher für die Zeit? Zunächst einmal ist sie weniger offensichtlich, in der Sprache gibt es überhaupt keine Ausdrücke für den zeitlichen Ablauf, die sich darauf beziehen. In unserem Sprachgebrauch fließt die Zeit von hinten nach vorn, nicht von links nach rechts: Montag kommt *vor* Dienstag, nicht *links* von Dienstag. Trotzdem gibt es eindeutige Belege, dass wir uns die Zeit auf einer Links-rechts-Achse vorstellen. Es liegt nahe, hier einen Zusammenhang mit der Leserichtung herzustellen: Wenn wir unsere Augen von links nach rechts über das Papier oder den Bildschirm wandern lassen, entspricht dieser Bewegung nach rechts zugleich eine Bewegung hin zu einem späteren Zeitpunkt. Die Leserichtung wiederum wird von der Kultur bestimmt. Und in Kulturen, die von rechts nach links schreiben, fließt die Zeit für die Menschen tatsächlich genau in die andere Richtung. Offensichtlich handelt es sich hier aber um eine stille Metapher, die keine Entsprechung in der Sprache findet. Und: Auch hier stehen Zeit- und Leserichtung nur in Korrelation miteinander. Es könnte ja auch sein, dass wir von links nach rechts lesen, *weil* für uns die Zeit von links nach rechts fließt. Deshalb versuchte Casasanto, Testpersonen umzupolen, wie schon bei den Rechtshändern. Er legte ihnen Sätze in Spiegelschrift vor, sodass sie von rechts nach links lesen mussten. Bei jedem Satz sollten sie zudem per Knopfdruck angeben, ob er sich auf die Vergangenheit oder die Zukunft bezog. In einigen Versuchsdurchgängen befand sich der Vergangenheitsknopf links und der Zukunftsknopf rechts, in anderen war es umgekehrt. Zunächst hatte Casasanto das Experiment mit einer Kontrollgruppe durchgeführt, die ganz normal lesen durfte. Sie fand die Aufgabe offenbar einfacher, wenn die Anordnung der Knöpfe dem Zeitfluss in ihren Köpfen entsprach: links – Vergangenheit, rechts – Zukunft. Die Reaktionszeiten waren dann kürzer. Wie aber würde das Ergebnis bei den Spiegelschriftlesern aussehen? Tatsächlich kehrte sich das Muster um: Die Reaktionszeiten waren nun kürzer, wenn der Knopf für die Vergangenheit rechts und der für die Zukunft links lag. Für die Spiegelschriftleser hatte sich der mentale Zeitstrahl umgedreht.[46] Offenbar reicht die Leserichtung aus, um unsere Vorstellung vom Zeitfluss zu bestimmen. Casasanto ist trotzdem vorsichtig: Es könnten noch weitere Faktoren eine Rolle spielen. Die Sprache an sich jedenfalls hat in diesem Fall keinen Einfluss, und der Körper auch nicht. Die Metapher «links ist früher/rechts ist später» (oder andersherum) muss ihre Wurzeln in der Kultur haben.

Wie viele Dimensionen hat die Zeit?

In diesen drei Beispielen ist es dem Psychologen Daniel Casasanto gelungen, den Ursprung der jeweiligen Metaphern dingfest zu machen – und zu zeigen, dass es in jedem Fall ein einziger Faktor war: der Körper oder die Sprache oder die Kultur. Seine Analyse hat außerdem ans Licht gebracht, welche Rollen die Sprache jeweils spielt. Tatsächlich sind es zwei verschiedene: Einmal ist sie selbst Quelle der Metapher, nämlich im Fall der politisch Rechten und Linken, einmal spiegelt sich in ihr lediglich eine durch körperliche Erfahrung entstandene Metapher (rechts ist gut/links ist schlecht). Und einmal, bei der Ausrichtung des mentalen Zeitstrahls, hat sie überhaupt nichts mit der Metapher zu tun.

Doch in der Welt der Metaphern geht es nicht immer so geordnet zu, diese drei Fälle sind Extrembeispiele. Daniel Casasanto ist der Ansicht, die Masse der Metaphern lasse sich nur verstehen, wenn man die verschiedenen Erklärungsansätze kombiniere. Zu dieser Ansicht brachte ihn auch eine Entdeckung, die er bei einer Konferenz in Griechenland machte. Er hielt dort einen Vortrag über seine Forschung zu Metaphern, die räumliche Begriffe auf die Zeit übertragen. Ständig sprechen wir von «langen Meetings», einer «ausgedehnten Mittagspause», einem «verkürzten Urlaub». Offenbar setzen wir also eine Zeitdauer mit einer Strecke gleich, wenn wir darüber sprechen. Aber *denken* wir auch so? Casasanto erläuterte auf der Tagung ein Experiment, mit dem er genau das hatte herausfinden wollen. In dem Versuch hatte er Testpersonen auf einem Bildschirm Linien gezeigt, die vom linken zum rechten Bildrand wuchsen. Die Probanden sollten schätzen, wie lange das jeweils dauerte. Doch Casasanto hatte einen Trick eingebaut: Er variierte die Länge der Linien, und zwar unabhängig von der Zeitdauer. Lange Linien konnten so mitunter in kürzerer Zeit ihren Endpunkt erreichen als kurze. Das Ergebnis: Die Versuchsteilnehmer verschätzten sich regelmäßig. Bei langen Linien *über*schätzten sie die Zeitdauer, die die Linie zum Endpunkt brauchte, bei kurzen *unter*schätzten sie diese. Offenbar beeinflusste die Länge der Linien ihre Einschätzung der Zeit.[47] Casasanto wertete das als Indiz, dass in unseren Köpfen die Zeitdauer als Länge repräsentiert ist und uns das bei der Zeitschätzung in die Quere kommt. Das liege einfach an der Natur der Zeit, sie sei eindimensional, eben eine Linie, die sich durch den Raum erstreckt. Als der Psychologe seine Ergebnisse den Wissenschaftlern in Griechenland vortrug, meldete sich eine von ihnen zu Wort: «Wir haben hier keine langen Meetings.» Casasanto schaute aus dem Fenster auf das glitzernde Meer und scherzte: «Schon klar, das kann ich gut verstehen.» Doch die Forscherin beharrte darauf: «Nein, wir Griechen sagen wörtlich ‹ein Meeting, das viel dauert›; wir sprechen auch nicht von einer ‹langen Zeit›, sondern von ‹viel Zeit›.» In Griechenland ist die Zeit also eine Menge und damit dreidimensional, nicht eindimensional. Casasanto war entgeistert. Gerade noch hatte er die Metapher «eine Zeitdauer ist eine Strecke» als universell dargestellt, als in der Natur der Zeit selbst begründet! Und da tauchte direkt vor seiner Nase ein ganz einfaches Gegenbeispiel auf. Doch der Psychologe witterte in der vermeintlichen Niederlage rasch eine neue Forschungschance.

Schnell fand er heraus, dass man in vielen Sprachen über eine Zeitdauer wie über eine Strecke *und* wie über eine Menge sprechen kann. Aber in Sprachen wie Englisch und Französisch ist die Längen-Metapher geläufiger, auf Griechisch und Spanisch die Mengen-Metapher. Wer auf Spanisch «largo tiempo» sagt, hat entweder seine Vokabeln nicht gelernt, oder er ist ein Dichter. Der Ausdruck ist jedenfalls sehr ausgefallen, auf der Straße sagt man «mucho tiempo». Und auf Griechisch «poli ora».

Aber denken Menschen, die Mengen-Metaphern für die Zeit verwenden, über die Zeit auch anders nach – nämlich als Menge und nicht als Strecke? Casasanto probierte es aus und setzte Griechen vor den Computer. Auch sie sollten Zeitdauern schätzen. Ihnen zeigte der Psychologe aber nicht Linien, sondern Behälter, die sich mehr oder weniger schnell füllten.

Gleichzeitig variierte er die Füllmenge, analog zu der Länge der Linien im vorherigen Versuch. Wieder verschätzten sich die Probanden: Bei volleren Gefäßen *über*schätzten sie die vergangene Zeit, bei weniger vollen *unter*schätzten sie diese. Offenbar kam ihnen bei der Zeitschätzung die Füllmenge in die Quere. Zur Kontrolle zeigte Casasanto ihnen auch die Linien, die über den Bildschirm wuchsen. Davon ließen sich die Griechen nicht irritieren, ihre Schätzungen waren in diesem Experiment viel genauer als die der Amerikaner. Dann setzte Casasanto Amerikanern die sich füllenden Behälter vor, was diese wiederum nicht ablenkte. Menschen, die in ihrer Muttersprache verschiedene Metaphern für die Zeit verwenden, denken also offenbar auch unterschiedlich über die Zeit nach – selbst wenn sie gerade gar keine Sprache benutzen, wie in Casasantos Experimenten. Wie die Muttersprache darüber hinaus unser Denken beeinflusst, werden wir in Kapitel 5 sehen.

Casasanto suchte auch in diesem Fall nach Belegen für einen kausalen Zusammenhang. Diesmal trainierte er Amerikaner darauf, wie Griechen über die Zeit zu sprechen, aber auf Englisch. Sie sollten in fast zweihundert Sätzen, die zwei Zeitspannen verglichen, «mehr» oder «weniger» statt «kürzer» oder «länger» einsetzen: «Ein Niesen ist weniger als ein Urlaub». Zwanzig Minuten dauerte das Umschulungsprogramm. Dann ließ er die Probanden den Schätztest mit den sich füllenden Behältern machen. Und nun ließen sich die Schätzungen der Amerikaner nicht mehr von denen der Griechen unterscheiden![48] Die Sprache kann also offenbar beeinflussen, wie wir uns die Zeit vorstellen. Wenn wir andere Metaphern als die gewohnten benutzen, denken wir über die Zeit auch anders nach.

Dasselbe Phänomen konnte die Psychologin Sarah Dolscheid an einem ganz anderen Beispiel nachweisen: an räumlichen Metaphern für die Tonhöhe. Auf Deutsch, Englisch und Niederländisch werden Töne als «hoch» oder «tief» beschrieben, auf Persisch und Türkisch dagegen als «dünn» oder «dick». Mit ganz ähnlichen Tests wie Casasanto konnte Dolscheid zeigen, dass sich die jeweiligen Muttersprachler Töne auch anders vorstellten, selbst wenn sie gerade keine Sprache gebrauchten – und dass sich diese Repräsentation genauso wie jene von Zeitdauern umtrainieren ließ, mit Hilfe der Sprache.[49]

Welche Rolle spielt die Sprache aber genau? Stellt sie die Verbindung zwischen Raum und Zeit, zwischen Raum und Tonhöhe erst her, oder verändert sie lediglich mentale Metaphern, die bereits vor dem Spracherwerb bestehen? Tatsächlich haben schon kleine Kinder nicht nur ein Gespür für die Ähnlichkeit zwischen einer Zeitdauer und einer Strecke, wie wir bereits gesehen haben, sondern auch für die Ähnlichkeit zwischen einer Zeitdauer und einer Menge.[50] Und selbst vier Monate alte Babys empfinden einen Zusammenhang zwischen räumlicher Höhe und Tonhöhe – aber auch zwischen Dicke und Tonhöhe.[51]

Universell und speziell zugleich

Aus all diesen Erkenntnissen hat Daniel Casasanto eine Theorie entwickelt, die sogenannte *Hierarchical Mental Metaphors Theory*. Ihr zufolge entwickeln sich mentale Metaphern in zwei Stufen: Im ersten Schritt entstehen Verbindungen zwischen Konkretem und Abstraktem, noch bevor Kinder zu sprechen lernen. Dabei können verschiedene konkrete Eigenschaften (Länge *und* Menge) demselben Abstraktum (Zeitdauer) zugeordnet werden. Diese Analogien könnten bei allen Menschen gleich sein, also universell. Sie könnten angeboren sein oder sich durch Erfahrungen entwickeln, ähnlich wie George Lakoff sich das vorstellt. Beispielsweise könnte ein Kind die Erfahrung machen, dass vergleichsweise mehr Zeit vergeht, wenn ein Ball eine längere Strecke statt einer kürzeren rollt oder wenn ein großes Wasserglas statt eines kleinen gefüllt wird.

Im zweiten Schritt formt die Sprache die mentalen Metaphern. Wenn ein englisches Kind öfter von «langen Ferien» und «kurzen Besuchen» hört und ein griechisches Kind von «Ferien, die viel dauern» und «Besuchen, die wenig dauern», dann werden wieder und wieder die entsprechenden Zuordnungen im Hirn aktiviert und somit gestärkt, während die alternativen Verbindungen geschwächt werden. Möglicherweise erklärt das, wie aus den universellen Zuordnungen von Kindern die sprachspezifischen von Erwachsenen werden. Doch die alternativen, weniger verwendeten Verbindungen sterben nicht, sie schlafen nur und können deshalb durch die Sprache relativ leicht aufgeweckt werden. Das würde erklären, warum zwanzig Minuten Metaphern-Training ausreichen, um aus Engländern Griechen zu machen.

Daniel Casasantos Theorie ermöglicht das scheinbar Unmögliche: Sie vereint nicht nur die Perspektiven all jener Forscher, die glauben, dass Metaphern erlernt werden, sei es über den Körper, die Sprache oder die Kultur – sie löst auch den jahrzehntealten erbitterten Streit zwischen Universalisten und Relativisten auf. Unsere mentalen Metaphern können auf der einen Ebene universell und von der Sprache unabhängig sein, weil sie aus der Erfahrung mit der physischen Welt entstehen, deren Gesetze überall gleich sind. Das kann in der Entwicklungsgeschichte der Menschheit geschehen und in unserem Erbgut verankert sein, sodass grundlegende Zuordnungen wie «mehr Zeit ist eine längere Strecke» und «mehr Zeit ist mehr Volumen» möglicherweise angeboren sind. Oder diese Verknüpfung entsteht immer wieder neu in der Entwicklung jedes einzelnen Menschen, also durch Lernen. Auf einer zweiten Ebene können unsere Metaphern und damit auch unser Denken von der Sprache beeinflusst sein. Unsere Muttersprache aktiviert dann einige dieser universellen Metaphern, während sie andere in den Hintergrund treten lässt. Die Sprache hat somit die Funktion eines Trainers, der uns bestimmte Gedankengänge immer wieder üben lässt und letztlich unser Denken formt.

Das Hirn beißt mit

Metaphern spielen also nicht nur in unserer Sprache, sondern auch in unserem Denken eine wichtige Rolle. Doch was passiert im Gehirn, wenn wir eine Metapher hören oder lesen? Auch darüber streiten die Wissenschaftler. Längst hat die Kontroverse zwischen Universalisten und Relativisten auch die Hirnforschung erfasst. Die einen meinen, dass Metaphern wie abstrakte Symbole verarbeitet werden und deshalb genau die dafür zuständigen Bereiche im Gehirn besonders aktiv würden. Die anderen sind der Ansicht, dass das Hirn Metaphern zunächst wörtlich nimmt und deshalb vor allem Regionen beansprucht werden, die der wörtlichen Bedeutung entsprechen, also motorische oder sensorische Areale. Heute kann man beide Hypothesen überprüfen – mit Hilfe von bildgebenden Verfahren, die die Aktivität des Gehirns messen. Der Neurowissenschaftler Friedemann Pulvermüller von der *Freien Universität Berlin* setzte während eines Forschungsaufenthaltes in England Probanden unter ein MEG-Gerät, das die magnetische Aktivität des Hirns misst. Dann zeigte er ihnen sowohl wörtlich gemeinte als auch metaphorische Sätze, die jeweils mit Arm- oder Beinbewegungen zu tun hatten: «John picks her fruit/her brain» (John erntet ihre Früchte/horcht sie aus), «Pablo kicked the ball/the bucket» (Pablo schoss den Ball/biss ins Gras). Bei den wörtlichen Ausdrücken traten jeweils die Hirnbereiche in Aktion, die für Arm- oder Beinbewegungen zuständig sind. Das Gehirn simulierte offenbar die Bewegung, während es die Sätze verarbeitete. Das war wenig überraschend, viele vorhergehende Studien hatten dieses Phänomen belegt. Gespannt war Pulvermüller, wie das Hirn auf die Sätze mit übertragener Bedeutung reagieren würde. Und tatsächlich: Auch bei den Metaphern wurde der Motorkortex aktiv, und wieder waren es ganz genau die Areale, die Arme und Beine steuern.[52] «Im Hirn schwingt also tatsächlich die wörtliche Bedeutung mit, wenn wir Metaphern verarbeiten», sagt Pulvermüller. Als der Neurowissenschaftler seine Studie vorstellte, saß auch George Lakoff im Publikum. Pulvermüller erinnert sich noch gut an dessen Reaktion: «Der wäre fast vom Stuhl gehüpft.» Die Versuche von Friedemann Pulvermüller belegen schließlich, was Lakoff schon lange behauptet hatte, ohne es zu beweisen: Wir greifen auf die konkreten Bedeutungen zurück, wenn wir metaphorische Sprache verarbeiten. Das ist auch ein Indiz dafür, dass die Simulation und Übertragung physischer Erfahrungen zumindest ein wichtiger Weg zum abstrakten Denken war – in der Evolution und in unserer Kindheit.

Doch auch diejenigen Forscher, die die rein abstrakte Verarbeitung propagieren, haben recht, denn in Pulvermüllers Experiment wurden auch jene Areale, die für das Verstehen abstrakter Bedeutungen zuständig sind, aktiviert. «Die Bedeutung von Metaphern ist nicht ausschließlich in motorischen Mustern enthalten, wir brauchen auch die abstrakte

Symbolverarbeitung, um sie zu verstehen», erklärt Pulvermüller. Die beiden Sichtweisen schließen sich also nicht gegenseitig aus, sondern ergänzen sich.

Es gibt allerdings einen Wermutstropfen: Wie so oft in der Wissenschaft ist die Sache nicht ganz so eindeutig, wie Pulvermüllers Ergebnisse sie erscheinen lassen: Zwei ganz ähnliche Experimente hatten zuvor keinerlei Reaktion in motorischen Arealen gezeigt.[53]

Warum aktivieren Metaphern mal den Motorkortex und mal nicht? Das kann zum einen an Feinheiten im Versuchsdesign liegen – wie viele Sätze den Probanden vorgelegt werden oder ob die Testpersonen die Sätze Wort für Wort, nicht als ganze zu lesen bekommen.[54] Es könnte aber auch an einem anderen Effekt liegen, der sehr aufschlussreich ist. Entdeckt hat ihn ein amerikanisches Forscherteam. Es testete die Wirkung von zwei verschiedenen Arten von Metaphern: einmal im Englischen geläufige metaphorische Redewendungen, wie sie Pulvermüller und die anderen Forscher in ihren Experimenten verwendet hatten (The movie stirred the imagination, wörtlich: Der Film rührte die Phantasie um), und einmal weniger bekannte Metaphern (The ban strangled the trade – Das Verbot erwürgte den Handel).

Beide Metapherntypen aktivierten den Motorkortex – aber der Effekt war umso geringer, je geläufiger die Metaphern waren.[55] Offenbar wird die Simulation physischer Abläufe schwächer, je vertrauter ein im übertragenen Sinn gemeinter Ausdruck ist. Das könnte erklären, warum die Studien zuvor mal eine Aktivierung des Motorkortex fanden und mal nicht: Sie alle benutzten bekannte Redewendungen, sodass die Effekte wahrscheinlich eher gering waren und den Forschern leicht entgehen konnten. Friedemann Pulvermüller hatte nun besonders viele Versuchsdurchgänge eingeplant, und womöglich war das der Grund, warum er diese kleinen

Effekte dingfest machen konnte. Auch wenn die Verbindung also nicht völlig eindeutig ist – es scheint etwas dran zu sein an der Hypothese, dass unser Hirn mitbeißt, wenn wir lesen, dass Pablo ins Gras biss.

Falsch verbunden

Der Neurowissenschaftler Vilayanur Ramachandran, von dem schon in Kapitel 1 die Rede war, vermutet sogar, Metaphern könnten durch physiologische Veränderungen im Gehirn entstanden sein: Regionen, die unterschiedliche Funktionen haben, aber nah beieinanderliegen, könnten sich untereinander neu vernetzt haben, zum Beispiel die Bereiche, die für Sehen und Hören zuständig sind – schließlich sprechen wir von «hellen Stimmen» und «schreienden Farben». Ein weiterer möglicher Ursprung der Metapher ist damit die Synästhesie, also die Wahrnehmung verschiedener Sinneseindrücke, wenn eigentlich nur ein Sinn angesprochen wird. Synästhetiker sehen zum Beispiel Farben, wenn sie Töne hören. Den Kiki-Bouba-Effekt, den wir im vorangegangenen Kapitel kennengelernt haben, sieht Ramachandran deshalb als eine Vorform der Metapher: Die wesentlichen Merkmale der Lautfolgen «Kiki» und «Bouba» sowie der geschwungenen und der gezackten Form werden extrahiert und zueinander in Beziehung gesetzt. Diese einfache Abstraktion über verschiedene Sinne hinweg könnte den Weg bereitet haben für komplexere Abstraktionen – Metaphern also.[56]

All dies geschieht, so vermutet Ramachandran, in einer ganz zentralen Schaltstelle des Gehirns, dem Gyrus angularis. In dieser Hirnwindung treffen die Scheitel-, Schläfen- und Hinterhauptlappen aufeinander, hier werden Signale aller

Sinne empfangen und kombiniert. Vernetzen sich im Gyrus angularis Hirnzellen neu, können zum Beispiel Signale, die eigentlich zu einer für das Hören zuständigen Region unterwegs sind, auch in einem Areal für das Sehen landen. Und es sind nicht einmal neue Verdrahtungen nötig: Es würde schon reichen, wenn die chemischen Botenstoffe ein wenig durcheinandergerieten. Normalerweise schotten sich benachbarte Hirnregionen über Neurotransmitter ab, Botenstoffe also, die Erregung von einer Nervenzelle auf andere Zellen übertragen. Ein Areal hemmt damit häufig die Aktivität des benachbarten, damit nichts danebengeht. Gerät die Chemie jedoch aus dem Gleichgewicht, könnte diese Schutzmauer bröckeln. Ist dann zum Beispiel ein Areal für das Hören aktiv, könnte es eine benachbarte Region, die für das Sehen zuständig ist, mitaktivieren, sodass gleichzeitig Töne und Farben wahrgenommen werden, obwohl von außen nur ein akustischer Reiz kommt.[57]

Als Ramachandran mehrere Patienten untersuchte, bei denen der Gyrus angularis geschädigt war, entdeckte er Hinweise darauf, dass diese Hirnregion auch bei der Verarbeitung von Metaphern eine wichtige Rolle spielt. Diese Menschen haben erhebliche Probleme mit Abstraktionen, zum Beispiel mit Zahlen und Rechenaufgaben. Der Neurowissenschaftler fand aber noch weitere aufschlussreiche Eigenheiten: Bei diesen Patienten trat der Kiki-Bouba-Effekt nicht auf, und sie hatten große Schwierigkeiten, Metaphern zu verstehen; oft nahmen sie diese wörtlich.[58] Ramachandran vermutet, dass der Gyrus angularis zunächst entstand, um verschiedene Sinneseindrücke zu abstrahieren und zu kombinieren, und im Laufe der Evolution dann für abstraktere Übertragungen – Metaphern eben – zweckentfremdet wurde.

Und ähnliche Mechanismen könnten auch hinter anderen Metaphern stecken. So ist ein und dieselbe Hirnregion, die vordere Insula nämlich, sowohl an der Wahrnehmung der Körpertemperatur als auch an der Bewertung von zwischenmenschlichen Erfahrungen beteiligt.[59] Gefühle physiologischer und psychologischer Wärme entstehen also in allernächster Nachbarschaft im Gehirn. Das könnte die hirnphysiologische Basis für Metaphern wie «warmherzig», «kalte Schulter», «sich für jemanden erwärmen» oder «erkaltete» Beziehungen sein. Damit drängt sich auch eine alternative Erklärung für diese Metaphern auf: George Lakoff behauptet ja, sie seien durch die gleichzeitige Erfahrung von Wärme und Zuneigung in der Kindheit entstanden, die wiederum zur Verknüpfung der entsprechenden Hirnregionen geführt habe. Es könnte aber auch genau andersherum gewesen sein: Die Neuvernetzung oder Co-Aktivierung benachbarter Areale könnte zu einem gleichzeitigen Empfinden von Wärme und Zuneigung geführt haben. Oder die Region, die zunächst für die Wahrnehmung von Wärme zuständig war, ist für die Bewertung zwischenmenschlicher Erfahrungen recycelt worden. Auch das könnte zu einer Art Synästhesie von Wärme und Zuneigung geführt haben, die dann in Metaphern Ausdruck fand. In beiden Szenarien also, dem von Lakoff und dem von Ramachandran, ist die Gleichzeitigkeit zweier Erfahrungen der Ursprung der Metapher – in ersterem entsteht diese in der Welt, in letzterem im Gehirn.

»Stoppt diese Metaphern!«

Auch wenn die Forscher noch lange nicht alle Fragen zur Entstehung und Funktion von Metaphern klären konnten, lassen ihre bisherigen Befunde schon einige Schlüsse zu: Erstens haben Metaphern eine physiologische Basis im Gehirn, die zumindest für einige Ausdrücke auch der Ursprung gewesen sein könnte. Zweitens werden bei der Verarbeitung von Metaphern auch Hirnregionen für die wörtliche Bedeutung aktiviert, vor allem bei neuen und ungewöhnlichen Ausdrücken. Und drittens sind Metaphern mit einem gut trainierten Netzwerk von Assoziationen verbunden, das mit wenigen Worten aktiviert werden kann.

Genau das ist es, was Metaphern ihre Macht gibt. So lässt sich auch die erstaunliche Wirkung der Metaphern im Experiment von Lera Boroditsky erklären, von dem am Anfang des Kapitels die Rede war. Darin ging es ja oberflächlich betrachtet nur um wenige Buchstaben: «Virus» oder «Bestie». Doch diese kurzen Wörter beeinflussten massiv, welche Maßnahmen die Testpersonen für die Verbrechensbekämpfung in der fiktiven Stadt Addison vorschlugen. «Die Metaphern rufen in Erinnerung, wie sich wilde Tiere und Viren verhalten», erklärt Boroditsky. «Sie aktivieren damit ein ganzes Netz von Assoziationen, welches dann das weitere Denken prägt.» Denn die Metaphern beeinflussen und strukturieren, welche Informationen wir bei einer Entscheidung einbeziehen. Alle anderen Informationen werden dem Konzept, das die Metapher wachruft, untergeordnet. Natürlich fallen dabei auch Informationen unter den Tisch, weil sie nicht ins Konzept passen. Über die denkt man dann nicht weiter nach. Das birgt die Gefahr, dass wir wichtige Fakten übersehen und andere überbewerten. «Metaphors hide and highlight», sagt George Lakoff. «Metaphern verbergen und heben hervor.»

Auf der einen Seite helfen uns Metaphern also beim Denken. Sie fassen große Mengen von Informationen in kompakter Form zusammen, sortieren sie und bringen sie in einen Zusammenhang. All das läuft automatisch ab und deshalb sehr schnell. So machen sie abstrakte und komplexe Zusammenhänge fassbar und begreifbar. Gerade die großen Themen unserer Zeit, die uns oft so verflochten und undurchdringlich erscheinen, können sie auf einfache und verständliche Formeln bringen: von den Ursachen des Klimawandels («Treibhauseffekt») bis zu den Maßnahmen zur Eindämmung der Eurokrise («Rettungsschirm»). Und neue Metaphern können uns dazu inspirieren, über alte Probleme anders nachzudenken und neue Lösungen zu finden.

Doch diese Vereinfachung hat auch einen großen Nachteil: Sie kann uns auf falsche Fährten locken, zum Beispiel wenn die Metapher den jeweiligen Sachverhalt nicht trifft. Und da Metaphern naturgemäß immer nur einige wenige Aspekte beleuchten können und andere ausblenden müssen, vereinfachen sie mitunter ein Problem zu sehr. Wir unterschätzen es dann, ziehen falsche Schlüsse oder treffen schlechte Entscheidungen. Wie Politiker das nutzen, um uns zu manipulieren, sehen wir in Kapitel 7.

Doch Metaphern können auch die Politiker selbst in die Irre führen. Exakt davor warnt der Nobelpreisträger Paul Krugman: «Schlechte Metaphern führen zu schlechter Politik.» Der Wirtschaftswissenschaftler kritisierte damit die Debatte über ein Gesetz zur Steuersenkung in den USA. «Uns wird gesagt, diese Abmachung werde die Wirtschaft ankurbeln, gebe ihr Zeit, um sich zu erholen», schrieb er in der *New York Times*. «Aber unsere Probleme sind langfristiger, als diese beiden Metaphern implizieren.» Die Vorstellung, der Wirtschaftsmotor könne jeden Moment wieder anspringen oder der Patient sich vom Krankenbett erheben, verleite Politiker zu «schlampigen, kurzfristigen Maßnahmen». Krugman appellierte: «Ich sage: Stoppt diese Metaphern!»[60]

Doch richtig gefährlich werden Metaphern erst durch eine weitere Eigenschaft, die ebenfalls in Lera Boroditskys Experiment deutlich wurde: Sie wirken unbewusst. Das konnte die Psychologin in einem zweiten, etwas abgewandelten Versuch bestätigen: Nach dem eigentlichen Experiment prüfte sie, ob sich die Testpersonen an die Metapher erinnerten, indem sie ihnen einen Satz vorlegte, den sie vervollständigen sollten. «Das Verbrechen ist ein _____, das die Stadt Addison heimsucht.» Nur knapp die Hälfte konnte sich daran erinnern, das Wort «Bestie» oder «Virus» gelesen zu haben. Was aber entscheidend war: Egal, ob sich die Probanden erinnerten oder nicht – ihre Entscheidung wurde von der Metapher beeinflusst, und zwar in beiden Fällen gleich stark.[61]

Das, was Metaphern zu sehr praktischen Denkwerkzeugen und womöglich gar zu Entwicklungshelfern der menschlichen Intelligenz gemacht hat, macht sie also auch gefährlich: Sie wirken schnell und unbewusst; wir bemerken oft nicht, wie groß ihre Macht ist – oder dass sie uns überhaupt beeinflussen.

3 Die Macht der Gefühle
Wie emotionale Sprache und Schimpfwörter auf uns wirken

> «Es heißt, dass derjenige, der als Erster
> seinen Mitmenschen beschimpfte,
> statt ihm wortlos den Schädel einzuschlagen,
> das Fundament für die Zivilisation gelegt hat.»
> *John Hughlings Jackson,*
> *britischer Neurologe (1879)*

Richard Stephens wollte ein moderner Vater sein. Als bei seiner Frau die Wehen einsetzten, begleitete er sie in den Kreißsaal. Es sollte ein sehr langer Tag werden, denn seine Tochter versuchte, mit den Füßen voran auf die Welt zu kommen. Zum Schluss hatte seine Frau solche Schmerzen, dass sie laut fluchte. «Sie produzierte eine ziemlich beeindruckende Auswahl an Kraftausdrücken», erzählt Stephens. Wenn eine Wehe vorüber war und der Schmerz nachgelassen hatte, sei seiner Frau die Schimpftirade sehr peinlich gewesen, und sie habe sich schnell bei den Schwestern entschuldigt. Aber bei der nächsten Wehe habe sie dann umso heftiger losgelegt. «Die Schwestern dagegen waren ganz entspannt: ‹Wir hören diese Wörter die ganze Zeit.›» Fluchen, erklärte die Hebamme, sei ein ganz normaler Teil des Geburtsvorgangs. Das fand Stephens faszinierend. Als seine Tochter endlich wohlbehalten auf der Welt war, dämmerte ihm, dass auch ein neues Forschungsthema geboren worden war.[62]

Richard Stephens ist Psychologe an der *University of Keele* in Großbritannien. Er begann zu erforschen, warum Menschen fluchen, wenn sie Schmerzen haben. Sind sie einfach enthemmt? Machen sie damit ihrem Frust Luft? Können sie so besser mit dem Schmerz umgehen? Heute, nach mehr als zehn Jahren Forschungsarbeit, resümiert er: «Fluchen ist die Sprache von Leben und Tod.» Mit Schimpfwörtern beginne nicht nur das Leben, wie das seiner Tochter, Flüche begleiteten uns durch alle gefühlsgeladenen Momente unseres Daseins – ärgerliche, furchterregende, schmerzvolle, enttäuschende, auch euphorische –, und manchmal sind es sogar unsere letzten Worte.

Stephens beendet seine Vorträge zu dem Thema mit Aufzeichnungen von Flugschreibern aus abgestürzten Flugzeugen. Es sind die Worte von Menschen, die ahnen, dass sie gleich sterben werden[63]:

Was zur Hölle war das?
Was für einen Scheiß haben die gemacht?
Verdammt, wir werden abstürzen!
Das war's, Leute! Fuck!
Fuckkkkkk!

Wir greifen offenbar gerade in existenziell entscheidenden Situationen zu tabuisierten Wörtern, auch wenn nicht wenige von uns routinemäßig fluchen. Der Psychologe Timothy Jay ist überzeugt, dass es sich bei Schimpfwörtern um eine besonders eindringliche Form emotionaler Sprache handelt. Er erforscht seit Jahrzehnten, warum wir fluchen. «Schimpfwörter tun Dinge mit Sätzen, die andere Wörter nicht tun können», schreibt er in seinem Buch *Why We Curse*.[64] Sie verleihen der Sprache eine einzigartige emotionale Intensität. Und deshalb stellten sie einen ihrer essenziellen Bestandteile dar: «Linguistische Definitionen der Sprache [die Schimpfwörter nicht berücksichtigen] sind letztlich ungültig, wenngleich höflich.»

Schon lange ist bekannt, dass auch unser Körper reagiert,

wenn wir emotionale Wörter hören oder lesen: Unser Herz schlägt schneller, wir schwitzen stärker. Das geschieht sowohl bei positiven Wörtern wie «Liebe», «Frühling», «Heiterkeit», «Spaßvogel» und «Verlobung» als auch bei negativen wie «Tod», «Krieg», «Nazi», «Schmerz» und «Krebs» – und sogar dann, wenn wir sie nur für Sekundenbruchteile sehen und deshalb nicht bewusst wahrnehmen.[65] Emotionale Wörter werden vom Gehirn auch schneller erkannt und verarbeitet,[66] und sie bleiben besser im Gedächtnis. Dabei spielt offenbar eine wichtige Rolle, wie gut man seine körperliche Aufregung spürt: Menschen, die besser als andere wahrnehmen können, wie ihr Herz klopft, merken sich emotionale Wörter besser.[67]

Die emotionale Aufladung ist einer der grundlegenden Mechanismen, mit denen Wörter auf uns wirken, neben ihrem Klang (Kapitel 1) und den Assoziationen, die besonders Metaphern wachrufen (Kapitel 2). Prinzipiell kann sogar jedes Wort mit Emotionen aufgeladen werden, mittels klassischer Konditionierung: Wenn ein an sich neutrales Wort wieder und wieder in einer bestimmten emotionalen Situation fällt, verbinden wir es irgendwann selbst mit der entsprechenden Emotion. An keinem Beispiel lässt sich dieser Mechanismus so gut beobachten wie an Schimpfwörtern. Sie wirken zudem auf allen Ebenen noch stärker als andere emotionale Wörter: Sie lösen heftigere körperliche Reaktionen aus, werden schneller erkannt und verarbeitet und haften besonders hartnäckig im Gedächtnis – Kraftausdrücke sind die mächtigsten aller Wörter.

Wissenschaftler wie der Arzt Paul Pierre Broca und der Neurologe John Hughlings Jackson beschäftigten sich schon im 19. Jahrhundert mit Schimpfwörtern. Oftmals waren es die einzigen Wörter, die ihre Patienten überhaupt noch äußern konnten: Selbst schlimmste Hirnschäden, die alle Sprache auslöschen, können der Fähigkeit zum Fluchen häufig nichts anhaben. Es handelt sich offenbar um einen besonders tief verwurzelten Aspekt der Sprache. Und genau deshalb verraten Schimpfwörter auch eine Menge über unser Innenleben. Sie spiegeln, was uns am stärksten bewegt.

Die mächtigsten aller Wörter

Was aber verleiht Schimpfwörtern ihre Macht? Sie scheinen direkt mit einer emotionalen Reaktion verknüpft zu sein, und es liegt nahe anzunehmen, dass wir die Verbindung zwischen Kraftausdrücken und Gefühlen schon früh lernen: Kinder erleben zum einen, dass Erwachsene Schimpfwörter meist benutzen, wenn sie sich ärgern oder wütend sind. Zum anderen werden sie ausgeschimpft oder sogar bestraft, wenn sie selbst fluchen. Die Psychologin Catherine Harris von der *Boston University* und ihre Kollegin Ayşe Ayçıçeği von der *Istanbul Üniversitesi* haben diese Vermutung überprüft. Die beiden Forscherinnen baten Türken, die in Boston wohnten, ins Labor. Diese hatten erst mit zwölf Jahren oder später begonnen, Englisch zu lernen. Wenn vor allem die Reaktion der Eltern Wörter mit Tabu-Status versieht, dann sollten Tabuwörter in der Muttersprache einen wesentlich größeren Effekt haben als in einer Fremdsprache.

Die Psychologinnen befestigten Elektroden am linken Zeige- und Ringfinger ihrer Probanden, um die Leitfähigkeit der Haut zu messen. Man kennt solche Geräte aus Spionagefilmen, dort werden sie als Lügendetektoren eingesetzt. Wenn jemand Stress verspürt (zum Beispiel beim Lügen) oder aufgewühlt ist, schwitzen seine Hände stärker, die Haut leitet dann elektrischen Strom besser, das Gerät schlägt aus. Dann bombardierten sie die Testpersonen mit türkischen und englischen Wörtern, entweder schriftlich am Computermonitor oder akustisch über Kopfhörer. Abwechselnd präsentierten sie negative Ausdrücke wie «savaş» (Krieg) oder «cancer» (Krebs), neutrale wie «kutu» (Schachtel), positive wie «mutluluk» (Glück) oder «gülümsemek» (lächeln) – und Tabuwörter: «kahpe» (Hure), «sevişmek» (Sex haben), «meme» (Brüste), «asshole», «vagina», «bitch».

Die Versuchsteilnehmer reagierten in allen Kategorien stärker auf Wörter in ihrer Muttersprache als auf englische Ausdrücke, aber bei den Tabuwörtern war der Unterschied am größten. Dabei werden noch nicht einmal alle davon auch als Schimpfwörter verwendet. «Unsere Ergebnisse erklären, [...] warum zweisprachige Menschen Tabuwörter in ihrer zweiten Sprache leichter aussprechen können. Die Ausdrücke verursachen weniger körperlichen Stress, obwohl sie dasselbe bedeuten», schreiben Harris und Ayçiçeği.[68] Die Bedeutung allein macht also noch nicht das Tabu, und offenbar spielen tatsächlich Erfahrungen aus der Kindheit eine große Rolle. Genau deshalb ist das Fluchen in einer Fremdsprache weit weniger wirkungsvoll und befriedigend. Für einen türkischen Muttersprachler kann ein «Verpiss dich» ein herzhaftes «Siktir git!» nicht ersetzen.[69]

Noch eindeutigere Belege für die Bedeutung von Kindheitserlebnissen fanden zwei Psychologen von der *Swansea University*. Sie fragten ihre Probanden zunächst, ob sie als Kinder häufig bestraft worden waren, wenn sie Schimpfwörter benutzt hatten. Dann zeigten sie ihnen neutrale, emotionale und Schimpfwörter. Wieder reagierten die Testpersonen auf Wörter wie «crap», «bastard» und «motherfucker» am heftigsten – und zwar deutlich stärker, wenn sie als Kinder oft fürs Fluchen bestraft worden waren.[70]

«Fast jeder erinnert sich daran, wie er seine ersten Schimpfwörter gelernt hat», sagt der Psychologe Richard Stephens, der durch die Geburt seiner Tochter zur Schimpfwort-Forschung kam. Bei ihm sei es so gewesen: Als Kind besuchte er mit seiner Cousine seine Großeltern und spielte draußen mir ihr. «Da waren ein paar richtig freche Kinder, die haben geflucht», erzählt er. «Das hat uns schwer beeindruckt, wir liefen ins Haus und berichteten das sensationelle Erlebnis den Erwachsenen. Meine Cousine sagte: ‹Sie haben ‚Fuck off‘ zu uns gesagt!› Und sofort wurde sie von ihren Eltern ausgeschimpft.»

Solche Momente seien wie ein kurzer Blick in die Welt der Erwachsenen, die man als Kind noch nicht verstehe. «Wenn man größer wird, merkt man, dass diese Wörter anders sind als normale Sprache, dass sie eng mit Emotionen verbunden sind. Und diese Assoziation gibt ihnen ihre Macht.»

Die Faszination, die von dieser Verwandlung ausgeht, spüren Kinder genau. «Kinder fangen an, Schimpfwörter zu benutzen, sobald sie welche hören», sagt der Fluch-Forscher Timothy Jay.[71] Wenn sie in die Schule kommen, haben sie einen aktiven Wortschatz von dreißig bis vierzig Kraftausdrücken, hat der Psychologe ermittelt.[72] Und mit elf oder zwölf Jahren fluchen sie dann wie Erwachsene.

Jay hat zusammen mit seinen Kollegen mehr als 10 000 Situationen dokumentiert, in denen Kinder und Erwachsene öffentlich fluchen. Das Lernen von Kraftausdrücken sei ein unausweichlicher Teil des Sprechenlernens, meint der Psychologe. Seine Studien ergaben, dass Kinder die Wörter meist von ihren Eltern, Geschwistern und Freunden lernen, nicht etwa aus den Medien.

Die Tochter von Richard Stephens ist inzwischen neun Jahre alt. Sie habe ein merkwürdiges Verhältnis zu Schimpfwörtern, erzählt ihr Vater: «In den meisten Familien wird nicht wirklich darüber gesprochen, bei uns schon, wegen meiner Forschung.» Einmal sei sie zu ihm gekommen und habe gesagt, sie kenne sechs Schimpfwörter: «Das b-Wort, das p-Wort, das c-Wort ...» Stephens war alarmiert: «Das c-Wort???» Das steht üblicherweise für «cunt», also «Fotze». Die Tochter guckte erstaunt und sagte kleinlaut: «Crap.»

Die letzten Worte

Mindestens ebenso verblüfft wie Eltern, die die ersten Schimpfwörter ihrer Kinder hören, war die Literaturwissenschaftlerin Melissa Mohr, als sie das letzte Wort ihrer Oma hörte: «Shit!» Eigentlich sprach ihre Großmutter überhaupt nicht mehr, sie litt an Alzheimer, und die Krankheit war weit fortgeschritten. Mohr ging gerade mit ihr spazieren und schob ihren Rollstuhl über einen Spalt im Bürgersteig, sodass die alte Dame ordentlich durchgeschüttelt wurde – da entfuhr ihr das Wort. Danach sagte sie nichts mehr, bis zu ihrem Tod. Ihre Enkelin erinnerte sich noch Jahre später daran, als sie ein Buch über die Geschichte des Fluchens schrieb: *Holy Shit*.[73]

Melissa Mohrs Großmutter ist keine Ausnahme; sehr häufig sind Schimpfwörter die letzten Wörter, die Menschen mit schweren Hirnschäden noch bleiben. Der französische Arzt Paul Pierre Broca hat das als Erster wissenschaftlich beschrieben. Er erforschte um das Jahr 1860 herum schwere Sprachstörungen. Sein erster Patient, er hieß Leborgne, äußerte meist nur eine Silbe – «Tan» –, weshalb man ihn «Monsieur Tan» nannte. Nachdem Leborgne gestorben war, untersuchte Broca dessen Hirn und fand zwischen dem linken Stirn- und Schläfenlappen eine Schädigung. Broca schloss daraus, dass dieser Teil des Hirns unentbehrlich für das Sprechen sei.

Damit ging er in die Medizingeschichte ein; die Hirnregion wurde nach ihm benannt: das Broca-Areal.

Leborgne und seine Leidensgenossen verhalfen der Wissenschaft aber noch zu einer weiteren Erkenntnis. Ein paar Wörter konnte Monsieur Tan nämlich doch sagen: «Sacré nom de Dieu!» – «Verdammt noch mal!» Die abgekürzte Version dieses Fluchs, «Cré nom!», war auch das Letzte an Worten, was dem Dichter Charles Baudelaire noch blieb, nachdem er 1866 einen Schlaganfall erlitten hatte. Ähnliches beobachtete der britische Neurologe John Hughlings Jackson an seinen Patienten, die durch Hirnverletzungen oder -krankheiten ihre Sprache verloren hatten. Er schloss daraus, dass Fluchen ein automatischer Prozess ist, der auch dann noch funktioniert, wenn die Hirnregionen, die für absichtsvolles Sprechen nötig sind, Schaden genommen haben. Viele Menschen machten sich also keine Gedanken darüber, was Schimpfwörter tatsächlich bedeuten.

Die Nachfolger von Broca und Jackson sammelten weitere Beispiele dafür, dass Menschen mit schweren Schäden in der linken Hirnhälfte zwar nicht sprechen, aber fluchen können. Sie vermuten deshalb, dass die rechte Hirnhälfte eine wichtige Rolle beim Ausstoßen von Flüchen spielt – genauso wie bei der Verarbeitung von Emotionen. Zudem fanden sie Hinweise darauf, dass es besonders auf die Basalganglien ankommt, die unterhalb der Hirnrinde liegen. Deren Funktion ist auch heute noch nicht völlig klar; vermutlich sind sie daran beteiligt, Bewegungen zu initiieren oder zu unterdrücken. Und eine Fehlfunktion in exakt diesen Basalganglien scheint für eine Erkrankung verantwortlich zu sein, deren bekanntestes Symptom das Fluchen ist: das Tourette-Syndrom. Menschen, die darunter leiden, haben motorische und verbale Tics wie Blinzeln, Naserümpfen, Grimassenschneiden, Husten, Räuspern, oder sie ahmen Tiergeräusche nach, wie zum Beispiel Bellen. Etwa dreißig Prozent der Patienten verspüren den Zwang, obszöne Wörter auszustoßen, medizinisch Koprolalie genannt – Kotsprache.

Dass manche Hirnkrankheiten mit exzessivem Schimpfen verbunden sind, wollen Neurologen und Psychologen vom *University College of Los Angeles* sogar nutzen, um Demenzen zu diagnostizieren. Dazu wird häufig ein Test verwendet, bei dem die Patienten so viele Wörter wie möglich mit bestimmten Anfangsbuchstaben nennen sollen, meist F, A und S. Einem Patienten, von dem die Forscher annahmen, dass er unter fronto-temporaler Demenz litt, waren nur zwei Wörter mit F eingefallen: «fart» und «fuck». Menschen mit dieser Form von Demenz verhalten sich oft enthemmt, weil bei ihnen vor allem der Stirnlappen im Gehirn geschädigt ist, der unter anderem für die Selbstkontrolle eine wichtige Rolle spielt. Bei Alzheimer-Patienten hingegen ist das nicht der Fall. Die beiden Krankheiten können jedoch ähnlich beginnen, zugleich ist eine frühe Diagnose wichtig, um die passende Therapie zu wählen. Die Forscher schauten sich nun die Ergebnisse der FAS-Tests von Patienten an, bei denen später mit anderen Methoden entweder fronto-temporale Demenz oder Alzheimer diagnostiziert worden war. Beide Patientengruppen hatten ähnlich viele Wörter mit den Anfangsbuchstaben F, A und S gefunden, aber nur Probanden mit fronto-temporaler Demenz hatten «fuck» genannt, manche auch «ass» oder «shit». Allerdings: 80 Prozent dieser Patienten hatten überhaupt keine Kraftausdrücke verwendet. Als Diagnose-Instrument sind Schimpfwörter also nur sehr bedingt geeignet.[74]

Fluchen auf Rezept

Möglicherweise könnten sie aber als Therapeutikum wirken – gegen Schmerzen. Das war jedenfalls die Hypothese von Richard Stephens, als er begann, die Wirkung von Schimpfwörtern zu erforschen. Seine Frau hatte ja bei der Geburt ihrer gemeinsamen Tochter äußerst heftig geflucht. Und er selbst kannte das Phänomen – wie wohl viele von uns – aus weniger dramatischen Situationen: «Als ich mir mal beim Heimwerken mit dem Hammer auf den Daumen geschlagen hatte, habe ich ein paarmal hintereinander laut ‹fuck, fuck, fuck› gerufen. Danach ging es mir gleich ein bisschen besser.»

Dass Schimpfwörter auch auf denjenigen einen Effekt haben, der sie ausspricht, hat der Psychologe Jeffrey Bowers von der *University of Bristol* nachgewiesen. Er verkabelte Testpersonen mit einem Messgerät für die Hautleitfähigkeit und ließ sie dann Schimpfwörter laut vorlesen: «fuck» und «cunt» («Fotze»). Zum Vergleich sollten sie auch die neutralen Wörter «glue» und «drum» («Kleber» und «Trommel») sowie verharmlosende Umschreibungen der Schimpfwörter aussprechen, «f-word» und «c-word». Das Ergebnis: Beim Aussprechen der Schimpfwörter reagierten die Testpersonen beinahe dreimal so heftig wie bei den neutralen Wörtern. Die Euphemismen «f-word» und «c-word» ließen sie viel weniger schwitzen.

Bowers glaubt deshalb, dass es vor allem der Klang von Schimpfwörtern und die damit verbundenen Assoziationen sind, welche die Menschen zusammenzucken lassen. Die Bedeutung der Wörter allein könne die heftige Reaktion nicht erklären, schließlich bedeute «f-word» dasselbe wie «fuck», und darauf reagierten seine Probanden weit weniger stark. Er selbst habe es in der Vorbereitung seines Experiments einfacher gefunden, im Gespräch mit seinen Kollegen «c-word» zu sagen statt «cunt», was im Englischen ein ziemlich heftiges Schimpfwort ist. Und das, obwohl er das Wort zu höchst wissenschaftlichen Zwecken verwendete.[75]

Ob Schimpfwörter uns nicht nur ins Schwitzen bringen, sondern auch gegen Schmerzen wirken, hat Richard Stephens schließlich im Experiment überprüft. Der Psychologe ließ Probanden ihre Hände in eiskaltes Wasser halten, was auf die Dauer ganz schön weh tun kann. Dabei durften sie entweder Schimpfwörter vor sich hersagen oder neutrale Wörter. Stephens maß, wie lange es dauerte, bis die Testpersonen ihre Hände aus dem Eiswasser zogen, außerdem protokollierte er ihre Herzfrequenz und fragte sie, wie stark sie subjektiv den Schmerz empfanden.

Das Ergebnis: Wenn die Probanden fluchen durften, hielten sie es im Schnitt vierzig Sekunden länger im Eiswasser aus. Und sie empfanden auch subjektiv weniger Schmerz. Gleichzeitig stieg ihre Herzfrequenz. Heftiges Schimpfen kann also gegen akuten Schmerz helfen. Aber wieso?

Stephens vermutet, dass es eine Fight-or-Flight-Reaktion hervorruft, also eine Stressreaktion, die den Körper zu Kampf oder Flucht bereit macht. Dabei werden neben Adrenalin und Cortisol auch Endorphine ausgeschüttet, die das Schmerzempfinden dämpfen. Fluchen verstärke den Stress (so lasse sich auch die erhöhte Herzfrequenz erklären) und wirke gerade dadurch schmerzlindernd, erklärt Stephens: «Man lässt also durch das Fluchen nicht Dampf ab, wie oft vermutet wird, sondern baut im Gegenteil erst so richtig Dampf auf.»

Weil Schimpfwörter so emotional aufgeladen sind, können sie den Körper offenbar in einen ähnlichen Zustand versetzen, wie das zum Beispiel ein angreifendes Raubtier tun würde. Gut, ein Löwe hat sicher einen größeren Effekt, aber um es ein paar Sekunden länger im Eiswasser auszuhalten oder die Auswirkungen eines Hammerschlags abzuschwächen, reicht es, «Fuck!» zu sagen.[76]

Für die meisten jedenfalls. Denn bei einigen Probanden wirkten die Schimpfwörter überhaupt nicht. Könnte das daran liegen, dass sie häufiger fluchen und sich der Effekt mit der Zeit abnutzt? Stephens wiederholte sein Experiment. Diesmal fragte er die Teilnehmer aber auch, wie häufig sie fluchen. Bis zu sechzig Schimpfwörter benutzten einige der Probanden am Tag, manche fluchten so gut wie gar nicht. Und tatsächlich profitierten die Wenigflucher vom Schimpfen mehr als die Vielflucher: Die Zeit, die sie zusätzlich im Eiswasser durchhielten, war etwas länger.[77] Allerdings sei dieser Effekt nicht sehr stabil, räumt Stephens ein. Trotzdem empfiehlt er: «Fluchen Sie nicht, wenn es nicht nötig ist. Aber wenn es nötig ist, kann es helfen.»

Inzwischen hat der Psychologe noch einen weiteren Effekt von Schimpfwörtern ausgemacht. Ihn erforschte er, indem er Probanden auf einen Hometrainer setzte und sie strampeln ließ. Dann erhöhte er plötzlich den Widerstand, sodass die Testpersonen richtig in die Pedale treten mussten. Sie sollten versuchen, so lange wie möglich durchzuhalten. Und wieder durften sie währenddessen einmal fluchen, einmal lediglich neutrale Wörter benutzen. Das Ergebnis überraschte Stephens nicht: Wenn sie schimpften, konnten die Probanden länger gegen den Widerstand anstrampeln. Offenbar kann Fluchen nicht nur das Schmerzempfinden mildern, sondern auch die körperliche Leistungsfähigkeit erhöhen. «Bei einer Stressreaktion wird auch Adrenalin ausgeschüttet, und das setzt Kraft frei, deshalb haben wir dieses Ergebnis erwartet», sagt der Psychologe. Aber eines war merkwürdig: Weder die Herzfrequenz noch die Hautleitfähigkeit erhöhte sich. «Es könnte sein, dass das Fluchen in diesem Fall eher auf der psychologischen Ebene wirkt», meint Stephens. «Es könnte zu einer Enthemmung führen, die Kräfte freisetzt.»

Verdammt überzeugend

Ob Fluchen auch bei psychischen Belastungen hilft, hat der Psychologe Matthias Mehl von der *University of Arizona* untersucht. Er wollte wissen, welchen Einfluss Schimpfwörter auf Menschen haben, die mit schweren Krankheiten zurechtkommen müssen. Dazu verteilte er kleine Aufnahmegeräte an Patientinnen, die an Brustkrebs oder an rheumatischer Arthritis litten. Die Geräte, EAR (Electronically Activated Recorder) genannt, lassen sich am Gürtel befestigen und schalten sich ab und zu automatisch ein, um Sprachschnipsel zu sammeln. Mehl hat sie selbst entwickelt, um beobachten zu können, wie Menschen unter natürlichen Bedingungen reden. Durch diese Technik sind er und andere Forscher nicht mehr allein auf Experimente im Labor und möglicherweise verzerrte Berichte von den Versuchspersonen selbst angewiesen.

Außerdem testete Mehl die Probandinnen auf depressive Symptome und fragte sie danach, wie viel Unterstützung sie von anderen erfuhren. Bei den Patientinnen, die häufig fluchten, nahmen die depressiven Symptome zu und die emotionale Unterstützung durch andere ab, jedenfalls nach ihren eigenen Angaben. Ob das Fluchen aber tatsächlich die Ursache für die Niedergeschlagenheit und die geringere Unterstützung war, oder im Gegenteil die Folge, konnte diese Studie nicht klären. Interessant war allerdings, dass negative Effekte nur dann auftraten, wenn die Patientinnen in der Gegenwart anderer Schimpfwörter benutzten. Wenn sie lediglich vor sich hin fluchten, verschlimmerte sich das Gefühl von Traurigkeit und Isolation nicht. Mehl folgert daraus, dass das Fluchen womöglich andere Menschen abstieß und sich die Patientinnen deshalb weniger unterstützt fühlten, was wiederum zu größerer Niedergeschlagenheit geführt haben könnte. Aber der Psychologe räumt ein, dass die Studie einige Schwachpunkte hat. Zum Beispiel zeichneten die Aufnahmegeräte kaum Situationen auf, in denen die Frauen aus Wut fluchten, in den allermeisten Fällen benutzten sie Schimpfwörter eher beiläufig.[78] Das spricht gegen eine abstoßende Wirkung.

Fluchen kann im Gegenteil durchaus positive Auswirkungen in der Kommunikation mit anderen haben. Darauf deutet ein Experiment von Cory Scherer von der *Northern Illinois University* hin. Die Psychologin drehte ein fünfminütiges Video, in dem sich ein Redner gegen Studiengebühren aussprach. Sie produzierte zwei Versionen: In der ersten fluchte der Redner nicht, in der zweiten sagte er «damn it», um seinen Standpunkt zu betonen: «Verdammt noch mal, ich denke, es ist eine gute Idee, die Studiengebühren zu senken.» Diese Videos spielte Scherer Probanden vor und fragte diese dann, wie sie über das Thema dachten, wie eindringlich ihnen der Redner vorgekommen war und wie glaubwürdig. Tatsächlich befürworteten die Testpersonen die Senkung der Studiengebühren stärker, wenn der Redner geflucht hatte, und sie fanden ihn auch eindringlicher – aber nicht weniger glaubwürdig.

Schimpfwörter können eine Rede also intensiver und damit überzeugender wirken lassen. Warum sie die Glaubwürdigkeit des Redners nicht beeinträchtigten, was man erwarten könnte, weiß Scherer allerdings nicht zu sagen. Es sei möglich, dass sie sowohl positive als auch negative Auswirkungen hätten, die sich gegenseitig aufheben würden. So könnte Fluchen jemanden einerseits menschlicher und damit vertrauenswürdig erscheinen lassen, andererseits aber auch inkompetent. Darüber hinaus sei «Verdammt noch mal» ein vergleichsweise harmloser Fluch. Für alle Fälle warnt die Psychologin: «Wenn das Fluchen exzessiv wird, kann es nach hinten losgehen.»[79]

Das Heilige und das Schmutzige

Dass Fluchen aber überhaupt in solch einer offiziellen Situation, wenn auch im Labor, einen positiven Effekt haben kann, zeigt: Es ist heute lange nicht mehr so verpönt wie zu früheren Zeiten. Das heute so harmlose Wörtchen «damn» konnte vor einigen Jahrzehnten noch für einige Aufregung sorgen. Am Ende des Films *Vom Winde verweht* sagt es Rhett Butler zu Scarlett O'Hara, nachdem er mehr als ein Jahrzehnt – und fast vier Filmstunden – lang vergeblich um ihre Liebe gekämpft hat: «Frankly, my dear, I don't give a damn.» – «Ganz ehrlich, meine Liebe, es ist mir scheißegal.» Die Verwendung dieses Wortes war 1939 eigentlich verboten, erst eineinhalb Monate vor dem Filmstart wurde eine Ausnahmeregelung erlassen. Der Gebrauch der Wörter «hell» und «damn» war demnach erlaubt, wenn sie «unabdingbar und notwendig sind für die Darstellung […] einer Szene oder eines Dialogs, die oder der auf historischen Fakten oder Folklore basiert […] oder wenn sie ein Zitat aus einem literarischen Werk sind, vorausgesetzt, dass ein solcher Gebrauch nicht dem Wesen nach anstößig ist oder den guten Geschmack verletzt».[80] Der Draufgänger Rhett Butler durfte also nach Literaturvorlage legal fluchen.

Die Episode zeigt, wie sehr die Wahrnehmung von

Schimpfwörtern dem Wandel unterworfen ist. Erst neun Jahre zuvor war das Wort «damn» überhaupt verboten worden, vorher war es in Filmen ziemlich üblich gewesen. Und im Jahr 2005 wählte das *American Film Institute* Rhett Butlers Ausspruch zum denkwürdigsten Filmzitat aller Zeiten, trotz Fluchens. Oder gerade deshalb: Schimpfwörter bleiben uns eben besonders gut im Gedächtnis. Und sie verraten eine Menge über unser Innenleben, schließlich erhalten sie ihre Macht erst dadurch, dass sie eng mit unseren stärksten Emotionen verknüpft sind. Sie spiegeln wider, was uns am meisten bewegt. In der Geschichte waren das vor allem zwei Bereiche: das Religiöse und das Schmutzige – «the Holy and the Shit», wie es Melissa Mohr in ihrem Buch *Holy Shit* prägnant zusammenfasst.[81] Die Literaturwissenschaftlerin zeichnet darin anhand von Schimpfwörtern ein Sittengemälde der vergangenen zweitausend Jahre. Denn Flüche legen offen, was eine Gesellschaft zu einer bestimmten Zeit als besonders heikel empfindet – und was nicht: Weniger Bedenkliches ist meist kein Schimpfwort wert, oder entsprechende Kraftausdrücke werden als harmlos empfunden.

Für die Römer war ganz offensichtlich vor allem die schmutzige Sphäre problematisch, und dort das Sexuelle. Sie strebten nach Werten, die man heute protestantisch nennen könnte – harte Arbeit, Bescheidenheit, Selbstkontrolle; ausgeprägtes sexuelles Verlangen galt als Zeichen moralischer Schwäche. Obszöne Wörter nannten die Römer «nuda verba», nackte Wörter; sie enthüllten, was tabu war. Die Top Ten der lateinischen Schimpfwörter: «cunnus» (Fotze), «futuere» (ficken), «mentula» (Schwanz), «verpa» (erigierter Penis), «landica» (Klitoris), «culus» (Arsch), «cacare» (scheißen), «pedicere» (anal penetrieren), «irrumare» (oral penetrieren), «fellare» (saugen, Oralsex ausüben). Das klingt zum großen Teil vertraut. «Das römische Modell der ordinären Sprache ist wie unseres, es basiert auf Tabus über Körperteile, deren Ausscheidungen und sexuelle Akte», stellt Melissa Mohr fest. Allerdings gebe es auch ein paar Ausnahmen – heute droht niemand, dass er jemanden «irrumare» werde –, und die zeigten, dass die Römer sexuell anders tickten als wir: Sie unterschieden nicht nach hetero- und homosexuell, sondern danach, ob jemand seinen Partner beim Sex penetrierte oder nicht. Es kam also darauf an, was jemand tat, nicht, mit wem er es tat. Letztlich ging es um Macht. Das Nichtpenetrieren galt für Männer als abnormal, ganz besonders beim Oralsex (auch und besonders mit Frauen, schließlich waren sie es, die nach römischer Vorstellung dabei den Mund des Mannes penetrierten, schlimmer konnte es nicht kommen). Wörter, die sich auf die in diesem Sinne passive Rolle beim Oralsex bezogen, waren deshalb die schlimmsten Beleidigungen für einen römischen Mann: fellator und cunnilingus.

Im Mittelalter dagegen konnte man nichts Schlimmeres tun, als «den Namen des Herrn zu missbrauchen», ein Verstoß gegen das zweite der Zehn Gebote. «Bei Gott» zu schwören, sollte einer Aussage besonderen Nachdruck verleihen. Gott selbst, so glaubte man, bezeugte dann, was jemand sagte – dazu verpflichtete ihn der Bund, den er mit den Menschen geschlossen hatte. Wer Gott aber wegen Nichtigkeiten zum Zeugen rief, schwächte seine Macht, und die Macht der Schwurworte. Schwor jemand gar falsch, zwang er Gott, eine Lüge zu bezeugen. Am meisten aber schockierte die Menschen im Mittelalter das Schwören beim Körper Gottes, schreibt Mohr: Wer bei den Knochen Gottes schwor (wahlweise auch bei seinen Nägeln, seinen Wunden oder seinem Blut), konnte Gott wortwörtlich verletzen. Man glaubte nämlich, dass Jesus in seiner körperlichen Gestalt in den Himmel aufgefahren war. Solche Aussprüche zerrten deshalb an seinem Leib. Schwüre hatten also in der mittelalterlichen Vorstellung ganz direkte Auswirkungen auf Gott – diese Worte besaßen Macht, sogar über den Mächtigsten.

Sie spielten aber auch eine wichtige Rolle im weltlichen Machtgefüge: Der König versicherte sich der Loyalität seiner Untertanen über eine Kette von Eiden. Er schwor, seine Vasallen zu schützen und ihnen Land zu geben, diese wiederum schworen, das Land zu verwalten und für den König zu kämpfen. Dieses beeidete Gegengeschäft setzte sich über mehrere Stufen fort bis hin zu den Bauern. Als letzte Instanz sicherte Gott das System ab. Falls jemand seinen Eid brach, war er es, der strafte (er konnte sich dazu selbstverständlich auch der Hand des jeweiligen Lehnsherrn bedienen).

Auch vor Gericht hatten Schwüre Macht, weit mehr als heute: Angeklagte mussten nicht nur schwören, dass sie die Wahrheit sagten, sie konnten ihre Unschuld auch allein durch einen Schwur belegen, wenn sie genug Menschen fanden, die ihrerseits schworen, dass der Angeklagte die Wahrheit sagte. Wieder war Gott die letzte Instanz, die diese Schwüre absicherte. Und das war zugleich sein schwacher Punkt: Wenn offensichtliche Eidbrecher und Lügner ungestraft davonkamen, konnte das natürlich Fragen aufwerfen: War diese letzte Instanz wirklich allwissend und allmächtig? Existierte sie überhaupt? Und wenn ja, interessierte sie sich für die Machenschaften der Menschen wirklich in dem Maße, wie König, Richter und Priester behaupteten?

Je öfter die Menschen also schworen und je öfter sie dabei logen, desto größer war die Gefahr, dass Gottes Macht angezweifelt werden konnte. Auch das gehörte also zur Macht der Schwurworte – dass sie Machtlosigkeit offenlegen konnten.

Schmutzige Wörter dagegen kümmerten die Menschen des Mittelalters wenig, was sie bezeichnen, war mangels Privatsphäre alltäglich sichtbar; seines Körpers und dessen

Tätigkeiten schämte man sich kaum. Wörter, die wir heute obszön finden, standen in Schulbüchern, medizinischer Fachliteratur, ja sogar in Bibelübersetzungen. Dafür hat die Literaturwissenschaftlerin Mohr viele Beispiele zusammengetragen: «Die Dinge, die von ‹Fotze› und ‹ficken› und ‹Scheiße› repräsentiert werden, waren weit weniger aufgeladen: Sie trugen nicht die Bürde des Tabus. Deshalb hatten die Wörter selbst weniger Macht.»

Das sollte sich in der Renaissance ändern. «Das größte sprachliche Tabu waren [jetzt] nicht mehr Worte, die den göttlichen Körper zerreißen, sondern solche, die den menschlichen entblößen konnten», stellt Mohr fest. Das hatte zwei Ursachen, beide lagen in der Reformation begründet. Zum einen glaubten die Protestanten nicht mehr, dass Schwüre Gott physisch verletzen konnten, sondern lediglich spirituell, was diese gleich viel weniger mächtig erscheinen ließ. Zum anderen legten sie großen Wert auf Sitte und Anstand. Parallel entwickelte sich zunehmend so etwas wie Privatsphäre. Im Mittelalter hatten die meisten Häuser bloß aus einem großen Raum bestanden, nun wurde großzügiger gebaut, mit mehreren Zimmern. Das machte die Bahn frei für Scham und Tabu – und für schmutzige Flüche.

Besonders interessant ist eine Entwicklung, die nun einsetzte: Im Mittelalter hatten noch alle Wörter als schlecht gegolten, die andere zu Sünden verleiten konnten, auch die subtilsten und kunstvollsten Gedichtzeilen. Jetzt galt es als schlimmer, über ein sündiges Thema mit obszönen Wörtern zu sprechen, als über dasselbe Thema mit neutralen Ausdrücken zu reden. Das ähnelt schon sehr unserem Empfinden von Schimpfwörtern. «Es scheint etwas Magisches zu haben, wie Obszönitäten in den Geist eindringen», schreibt Mohr. «Sie besitzen eine beleidigende (oder erotische) Wirkung, die über ihre wörtliche Bedeutung hinausgeht.» Damit begann sich die Macht der Schimpfwörter von deren Bedeutung loszulösen – ein entscheidender Schritt.

Spätestens jetzt wurde deutlich, dass sich das Schimpfen im Deutschen stark vom Fluchen in anderen Sprachen unterscheidet. Zwar hatte man auch hier begonnen, zunehmend die körperliche zulasten der religiösen Sphäre heranzuziehen, doch man konzentrierte sich einseitig auf die Ausscheidungen des Körpers, nicht auf seine sexuellen Aktivitäten. Wo der Engländer «fuck» sagt, schreit der Deutsche «Scheiße!», «fuck off» bedeutet «Verpiss dich!», «fucking cold» heißt «saukalt» und für «motherfucker» steht «Arschloch» im Wörterbuch. Mit dieser Konzentration auf das asexuell Schmutzige stehen die Deutschen völlig allein da: Auch in den romanischen und slawischen Sprachen wird sowohl sexuell als auch exkrementell geflucht, selbst im Türkischen und Ungarischen, die nicht zur indogermanischen Sprachfamilie gehören. Und im Niederländischen, das dem Deutschen oft so nah ist, spielen sexuelle Schimpfwörter gar die Hauptrolle. Besonders gern werden «kloten» (Hoden) und «kut» (Vagina) in allen möglichen Zusammensetzungen gebraucht – hier ist das Niederländische übrigens vollkommen gendergerecht: Man schimpft auf die kutpolitik und klotenpolitik statt auf die Scheißpolitik. Wenn man sich beschissen fühlt, sagt Mann «Ik voel me kloten» (Ich fühl mich hodig) und Frau «Ik voel me kut» (Ich fühl mich mösig).[82]

Der Sprachwissenschaftler Hans-Martin Gauger macht in seiner *Kleinen Linguistik der vulgären Sprache* lediglich zwei Ausnahmen im Deutschen aus: Zum einen wird im Südwesten der Republik ein wenig sexueller geflucht als im Rest des Landes – «hinterfotzig» (wobei unklar ist, ob hier «Fotze» nicht eher für «Mund» steht, schließlich ist eine Mundharmonika auch ein «Fotzenhobel»), «Seckel» (eigentlich Penis, gebraucht wie «Arschloch»), «verseckeln» («zusammenscheißen»). Zum anderen breitet sich das Sexuelle zunehmend in der Jugendsprache aus – «Da bist du gefickt!», «Fick dich!», «Wichser» und zunehmend auch «schwul».

Aber wie kam es zu diesem «Sonderweg des Deutschen», wie Gauger es nennt? Und was sagt die Konzentration auf Exkremente über die Deutschen? Darauf weiß der Sprachwissenschaftler leider keine Antwort. Fest stehe nur eines: «Erstens, selbstverständlich, kann die Sonderstellung des Deutschen nur *geschichtlich* erklärt werden; zweitens müsste man da *weit* zurückgehen, zumindest bis ins Mittelalter und wohl gar ins frühe Mittelalter.» Irgendwann also muss, wohl unter dem Deckmantel der heiligen Schwüre, der deutsche Pfad des schmutzigen Schimpfens vom Hauptweg der dreckigen Flüche abgezweigt sein. Über die Gründe kann Gauger nur spekulieren: Entweder sei das Sexuelle für das Deutsche kein so starkes Tabu, oder es sei im Gegenteil ein absolutes Tabu, das auch im Affekt nicht durchbrochen werde. Oder aber das Deutsche dringe erst gar nicht zum Sexuellen vor, sondern bleibe unreif im «Vorsexuellen», also Exkrementellen stecken. Freud lässt grüßen.

Wie dem auch sei, der Aufstieg der schmutzigen Wörter setzte sich im 18. und 19. Jahrhundert fort. Dafür sorgte vor allem die Mittelklasse, die zu dieser Zeit entstand. Sie legte größten Wert darauf, sich von der Unterschicht zu unterscheiden, gutes Benehmen und verfeinerte Sprache sollten dabei helfen. Die richtigen Worte zu verwenden, galt als äußeres Zeichen für soziale und moralische Überlegenheit. «Obszöne Wörter verletzten Klassennormen – sie wurden als die Sprache der unteren, ungebildeten Klassen angesehen – und sie betrafen das größte Tabu der [...] viktorianischen Gesellschaft, den menschlichen Körper und seine beschämenden Begierden, die unbedingt versteckt werden mussten unter Schichten von Stoff und verkleidet in Euphemismen», erklärt Melissa Mohr. Im England von Königin Victoria galten sogar Wörter wie «Bein» oder «Hose» als skandalös, man sagte «Extremität» und «Unaussprechliche», wahlweise «Unbeschreibliche», «Unerklärliche» oder «Unentbehrliche».

Diese sprachliche Prüderie verlieh tabuisierten Wörtern erst recht Macht, sie wurden zunehmend nicht im wörtlichen Sinn benutzt und damit letztlich zu Schimpfwörtern, wie wir sie heute kennen. «Diese Figürlichkeit ist das Kennzeichen eines wirklich obszönen Wortes, eines Wortes, das nicht für die wörtliche Beschreibung verwendet wird, sondern um zu schockieren, zu verletzen oder anderweitig Emotionen zu transportieren – eines Schimpfwortes also», betont Mohr. Kurioserweise wurde gleichzeitig mit schmutzigen Wörtern Ehrlichkeit verbunden: Wer so geradeheraus sprach, nahm man an, sagte die Wahrheit – die «nackte Wahrheit». Damit übernahmen obszöne Ausdrücke teilweise die Funktion des Eides vor Gott, der an Überzeugungskraft verloren hatte.

Heutzutage wird munter drauflosgeflucht, heilig und schmutzig. Eine Ursache dafür, dass Schimpfwörter häufiger und zunehmend auch in der Öffentlichkeit gebraucht wurden, sehen einige Forscher in den beiden Weltkriegen. Kraftausdrücke seien ein Ventil für die Schrecken und die Hilflosigkeit gewesen, für die Soldaten, aber auch für die Zivilbevölkerung. Zudem brachten die Soldaten die rohe Sprache der Schützengräben und Schlachtfelder mit nach Hause, Journalisten und Schriftsteller hoben sie auf die öffentliche Bühne.

Doch auch wenn «fuck» und «Scheiße» heute fast niemanden mehr schockieren, sind wir nicht wieder auf demselben Stand wie im Mittelalter: Heute würde ein Mediziner sicher nicht das Wort «cunt» in einem Fachartikel verwenden, wie es der englische Übersetzer der *Ars completa totius chirurgiae* des Chirurgen Lanfrank von Mailand tat. Das liegt eben genau daran, dass es zu einem Schimpfwort avanciert ist: Um 1400 war es eine klare, direkte Beschreibung eines Körperteils, heute ist es mit einer Verachtung versehen, die andere Wörter mit derselben Bedeutung, beispielsweise «Vagina», nicht besitzen. Im Englischen ist «cunt» eines der wenigen Wörter, die man immer noch nicht im Fernsehen sagen kann. 1972 hatte der Komiker George Carlin noch sieben TV-untaugliche Wörter ausgemacht: «shit», «piss», «fuck», «cunt», «cocksucker», «motherfucker» und «tits». Heute sind alle bis auf drei (außer «cunt» noch «cocksucker» und «motherfucker») erlaubt, je nachdem, wann und wie man sie benutzt.[83]

Die Entstehung von Schimpfwörtern und der Wandel ihrer Wahrnehmung zeigen etwas Hochinteressantes: wie Wörter über ihre reine Bedeutung hinaus emotional aufgeladen werden können und dadurch an Macht gewinnen. Das hat tatsächlich etwas Magisches. Verglichen mit den Wirkungen, die man Verfluchungen im Mittelalter zuschrieb, sind die Effekte von Schimpfwörtern heute zugegeben recht harmlos – dafür sind sie wissenschaftlich messbar: Kraftausdrücke lösen körperlichen Stress aus und können so Schmerzen lindern sowie die Leistungsfähigkeit steigern. Zudem ziehen sie blitzartig unsere Aufmerksamkeit auf sich und dringen tief in unser Gedächtnis. Damit sind sie noch immer die mächtigsten aller Wörter.

Was Wörter über uns verraten

4 Worte als Denkwerkzeug
Welche Rolle spielt Sprache für das Denken?

> «Worte sind bloß die Zeichen der Gedanken.»
> Samuel Johnson

> «Der Mensch denkt nur vermittels der Sprache.»
> Wilhelm von Humboldt

Als Daniel Everett vor mehr als fünfunddreißig Jahren mit einem kleinen Propeller-Flugzeug in den brasilianischen Dschungel aufbrach, tat er es als Missionar. Er wollte den Pirahã, einem Stamm amazonischer Ureinwohner, seinen Gott nahebringen und – wie es seine evangelikale Kirche zu Hause in den USA formulierte – «ihre Herzen verändern». Heute ist Everett Atheist. Die Pirahã haben ihren Missionar missioniert.

Die Dschungelbewohner glaubten weder an einen Gott noch an mehrere Götter. Sie besaßen auch keinen Schöpfungsmythos, keine erfundenen Geschichten und keine Erinnerung an Ereignisse, die mehr als zwei Generationen zurücklagen. Und sie besaßen offenbar keine Wörter für komplizierte Verwandtschaftsverhältnisse, keine Wörter für Farben, keine Wörter für Zahlen, keine vielschichtigen grammatischen Strukturen wie Relativsätze, kein ausgefeiltes System von Pronomen, keine komplexen Zeitformen. Und ohne all das erschienen sie Everett so heiter und zufrieden mit ihrem Dasein wie kaum jemand sonst.[84]

Everett nennt die sprachlichen Eigenheiten der Pirahã deshalb heute etwas plakativ die «Grammatik des Glücks».[85] Die unmittelbare Erfahrung sei das oberste Prinzip ihrer Kultur, sagt er: Sie grübelten nicht über die Vergangenheit und fürchteten nicht die Zukunft. Dem Missionar Everett machte das seine Aufgabe unmöglich. Schließlich hatte er Jesus nicht selbst gesehen und mit ihm gesprochen. Deshalb interessierte das Evangelium die Pirahã schlicht nicht. Ohnehin hatten sie keine Verwendung dafür: Sie fühlten sich nicht verloren und sehnten sich nicht nach Erlösung. Das überzeugte Everett am Ende.

Doch der Amerikaner war nicht nur als Missionar ins Amazonas-Gebiet gekommen, sondern auch als Sprachforscher. Schließlich musste er zunächst die Sprache der Pirahã lernen, um sie von seinem Glauben überzeugen zu können, denn sie sprechen weder Portugiesisch noch Tupi-Guarani wie die Kawahiv, mit denen sie in Kontakt stehen, und schon gar kein Englisch. Für einen Missionar mag das unpraktisch sein, für einen Linguisten hingegen ist es hochinteressant.

Denn während Everett die Sprache der Pirahã lernte, fielen ihm immer mehr Dinge auf, die ihr anscheinend im Vergleich zu anderen Sprachen fehlten. Zum Beispiel Zahlwörter: Zu Beginn hatte er noch gedacht, sie hätte Wörter für eins, zwei und viele: hói, hoí und baagiso. Ein solches Eins-Zwei-Viele-System benutzen verschiedene Völker rund um die Welt. Doch dann bemerkte er, dass die Pirahã mit «hoí» zwei kleine Fische bezeichneten – oder einen größeren. Das Wort bezieht sich also offensichtlich nicht auf die Anzahl der Fische, sondern auf die relative Menge an Fisch. Nach und nach kam Everett zu dem Schluss, dass die Pirahã überhaupt keine Wörter für exakte Mengen haben und auch nicht auf andere

Weise zählen, nicht mit ihren Fingern, Zehen oder anderen Körperteilen.

Den Pirahã musste etwas Ähnliches klar geworden sein, denn nach zwei Jahren baten sie Everett, ihnen das Zählen beizubringen. Sie trieben Handel mit Männern, die in Booten den Fluss Maici auf und ab fuhren, und fürchteten nun, von diesen betrogen zu werden. Acht Monate lang, so erzählt Everett, versuchten er, seine Frau und seine drei Kinder, den Pirahã beizubringen, auf Portugiesisch bis zehn zu zählen. Jeden Abend seien die Dorfbewohner enthusiastisch zum Unterricht gekommen. Ein paar Kinder hätten schnell verstanden, worum es ging. Doch die Erwachsenen taten sich schwer: In all den Wochen habe nicht einer von ihnen zu zählen gelernt. «Unsere Köpfe sind einfach zu hart», teilten sie Everett mit. Damit war der Unterricht beendet.

Der Streit der Linguisten

Bedeutet das, man kann Dinge nicht denken, für die man keine Worte hat? Wie hängen Sprache und Denken zusammen? Können wir ohne Worte überhaupt denken? Darüber sinnen Philosophen bereits seit Jahrhunderten nach – und streiten darüber, bis heute.

«Worte sind bloß die Zeichen der Gedanken», behauptete der englische Dichter und Gelehrte Samuel Johnson im 18. Jahrhundert,[86] und: «Sprache ist die Kleidung der Gedanken.»[87] Völlig anders sah das Wilhelm von Humboldt Anfang des 19. Jahrhunderts: «So ist die Sprache ein nothwendiges Erforderniß zur ersten Erzeugung des Gedankens, und zur fortschreitenden Ausbildung des Geistes.» Der Mensch, so war der Gelehrte überzeugt, denke «nur vermittels der Sprache». Doch er ging noch weiter, und das ist für die aktuelle Diskussion höchst interessant: «Das Denken ist nicht bloß abhängig von der Sprache überhaupt, sondern bis auf einen gewissen Grad auch von jeder einzelnen bestimmten.»[88] Noch drastischer formulierte es Anfang des 20. Jahrhunderts der Philosoph Ludwig Wittgenstein: «Die Grenzen meiner Sprache bedeuten die Grenzen meiner Welt.»[89]

In diesen wenigen Aussagen aus dem 18., 19. und frühen 20. Jahrhundert stecken schon all jene Argumente, die in den sechziger und siebziger Jahren den Streit der Linguisten befeuern sollten. Da steht die Ansicht, dass wir Sprache lediglich brauchen, um Gedanken auszudrücken, gegen die Überzeugung, dass wir Sprache brauchen, um Gedanken überhaupt erst zu denken. Im ersten Fall würden wir nicht in Worten denken, im zweiten schon. Folgt man dieser zweiten Auffassung, liegt eine weitreichende Schlussfolgerung nahe: Sprache beeinflusst das Denken, und zwar ganz allgemein. Glaubt man zusätzlich wie von Humboldt, dass jede einzelne Sprache ihre eigenen charakteristischen Auswirkungen hat, bedeutet das: Menschen denken in unterschiedlichen Sprachen bis zu einem gewissen Grad verschieden. Demnach hätte die Sprache also neben allgemeinen auch spezielle Effekte auf das Denken. Und im Extremfall wäre es gar so, dass man nicht denken kann, wofür man keine Worte hat.

Diese widerstreitenden Ansichten kristallisierten zu zwei Denkschulen, deren Anhänger sich erbittert bekämpften: die Relativisten und die Universalisten. Wir haben sie schon in Kapitel 2 kurz kennengelernt, weil sie auch zur Entstehung und zur Wirkung von Metaphern völlig gegensätzliche Meinungen vertreten. Doch der Reihe nach: Die Hypothese der Relativisten, Sprachen hätten ihre ganz speziellen Eigenarten und beeinflussten damit das Denken auf unterschiedliche Art und Weise, wird heute vor allem mit einem Namen verbunden: Benjamin Lee Whorf. Er studierte in den dreißiger Jahren die Sprachen der amerikanischen Ureinwohner, unter anderem bei dem Linguisten Edward Sapir, auf dessen Arbeiten er sich in seiner weiteren Forschung stützte. Besonders interessierte er sich für die Abweichungen der indianischen Sprachen vom Englischen, berühmt sind die Beispiele der Hopi und der Inuit. Die Hopi, meinte Whorf, verfügten nicht über Wörter oder grammatische Formen, die sich direkt auf die Zeit bezögen. Die Inuit wiederum hätten viel mehr Wörter für Schnee, als es im Englischen gebe. Diese beiden Befunde gelten inzwischen als widerlegt. Der Schluss aber, den Whorf daraus zog, wirkt bis heute nach: Weil die Hopi keine Wörter für die Zeit hätten, hätten sie auch einen ganz anderen Begriff von der Zeit als englischsprachige Menschen, und die Inuit dächten wegen ihres reichen Schnee-Wortschatzes über Schnee völlig anders. Damit war eine Idee in der Welt, die als Sapir-Whorf-Hypothese bekannt wurde: Wie jemand denkt, werde vom Wortschatz und der Grammatik seiner Muttersprache beeinflusst – die Sprache wäre somit ein Prägestempel des Denkens. Extreme Vertreter dieser Denkrichtung sind gar der Ansicht, die Sprache bestimme das Denken vollkommen – sie sehen die Sprache als «Grenze der Welt».

Zunächst stieß der Relativismus auf breite Akzeptanz, aber in den sechziger Jahren propagierte Noam Chomsky, der zu dieser Zeit gerade zum Übervater der Linguistik avancierte, das krasse Gegenteil, den linguistischen Universalismus: Allen Menschen sei dasselbe Sprachvermögen, dieselbe Universalgrammatik angeboren, als Teil ihres genetischen Codes.

Der Philosoph und Kognitionsforscher Jerry Fodor erweiterte diese Idee um den Aspekt des Denkens: Allen Menschen sei nicht nur dasselbe Sprachprogramm angeboren, sondern auch dasselbe Denkmedium – «Mentalese», die Sprache der Gedanken. Dieses Schlagwort sollte die weitere Debatte befeuern. Fodor ging davon aus, dass wir eben nicht in einer natürlichen Sprache denken – Englisch, Deutsch oder Chinesisch –, sondern in einem eigenen, universellen Medium, einer Meta-Sprache, die sich in neuronalen Aktivitätsmustern niederschlägt. Diese beherrsche jedes Kind von Geburt an: Wenn es seine Muttersprache lerne, sei das eigentlich bereits seine zweite Sprache. Es lerne einfach, welche Wörter den (neuronalen) Repräsentationen in der Sprache der Gedanken entsprechen – Sprache ist dieser Auffassung nach die «Kleidung der Gedanken».

Damit war der Streit der Linguisten entbrannt. Am Ende triumphierten die Universalisten, vor allem, weil einige der wichtigsten Belege der Relativisten entkräftet wurden, wie wir in Kapitel 5 noch genauer sehen werden. Die Sapir-Whorf-Hypothese wurde daraufhin so heftig verdammt, wie sie einst gefeiert worden war. Doch das Kriegsbeil ist keineswegs begraben, ganz im Gegenteil, die Feindseligkeiten halten bis heute an. Einer der vehementesten Verfechter der «Kleidungs»-Hypothese ist zurzeit der Psychologe Steven Pinker. In seinem Buch *The Language Instinct* rechnete er mit Deterministen und Relativisten gleichermaßen ab: «Die berühmte Sapir-Whorf-Hypothese (…) ist falsch, komplett falsch.» Und er schimpfte weiter: «Die Idee, dass Denken dasselbe ist wie Sprache, ist ein Beispiel für etwas, das man eine konventionelle Absurdität nennen kann: eine Behauptung, die jedem gesunden Menschenverstand widerspricht, die aber jeder glaubt, weil er sich dunkel daran erinnert, sie irgendwo gehört zu haben, und weil sie so bedeutungsschwanger ist.»[90] Pinker ist absolut überzeugt davon, dass wir nicht in Worten denken (sondern in Mentalesisch) und Sprache das Denken nicht beeinflusst. Später nannte er diese

Abrechnung seinen «Nachruf» auf die Sapir-Whorf-Hypothese.[91]

Doch die ist alles andere als tot, junge Forscher beleben heute die alte Debatte neu. Davon wird das nächste Kapitel ausführlich erzählen.

Ein explosiver Fehlschluss

Zu den jungen Forschern gehört der Psychologe Daniel Casasanto, den wir schon im Kapitel über Metaphern kennengelernt haben. Er hat einen Logikfehler ausfindig gemacht, den Pinker und viele andere begangen haben und ohne den die Debatte sicher nicht so unerbittlich geführt worden wäre. Pinker argumentiert ja, wir würden nicht in Sprache denken und deshalb beeinflusse die Sprache unser Denken auch nicht. Das allerdings ist ein Trugschluss. Während es ganz folgerichtig ist, zu sagen «Wenn wir in Sprache denken, dann beeinflusst Sprache unser Denken», stimmt der Umkehrschluss nicht: Auch wenn wir nicht in Sprache denken, ist es durchaus möglich, dass die Sprache das Denken prägt – das Denken selbst würde dann bloß in einem anderen Medium stattfinden. Casasanto vergleicht die Argumentation von Pinker mit der Aussage «Wenn John eine Tochter hat, die Geige spielt, ist er ein Mensch. Aber wenn John keine Tochter hat, die Geige spielt, ist er kein Mensch».[92] Das ist offensichtlich Unsinn.

Ob Sprache unser Denken – egal, in welchem Medium es stattfindet – beeinflusst, ist eine der essenziellen und zugleich am schwierigsten zu beantwortenden Fragen, und zwar nicht nur in der Philosophie, sondern auch in der Psychologie. Denn will man das Rätsel mit Hilfe von Experimenten lösen, muss man sich wirklich etwas einfallen lassen: Um der

Rolle der Sprache im Denken auf die Spur zu kommen, wäre es aufschlussreich zu sehen, wie das Denken *ohne* jegliche Sprache funktioniert. Geeignete Ansprechpartner für diese Fragen sind also solche, die entweder gar keine, noch keine oder keine Sprache mehr haben – Tiere, kleine Kinder, Gehörlose, die spät oder nie eine Gebärdensprache gelernt, und Menschen, die durch eine Hirnverletzung ihre Sprache verloren haben. Und da beginnt das nächste Problem, denn auch wenn diese Menschen Antworten liefern *könnten*, können sie sie eben nicht einfach mitteilen. Um ihnen Erkenntnisse zu entlocken, sind deshalb besonders gut durchdachte Experimente nötig.

Die Welt in Schubladen

Beginnen wir mit dem scheinbar einfachsten: Wörtern, genauer gesagt Hauptwörtern. Baum. Auto. Stuhl. Tisch. Hose. Geht man davon aus, dass Sprache unser Denken vollkommen bestimmt, benennen solche Wörter nicht einfach Dinge in der Welt da draußen, sondern schaffen erst Konzepte, verdinglichen Erfahrungen. Worte stecken demnach die Welt in Schubladen und kleben Etiketten darauf. Die strengsten Anhänger dieser Sichtweise glaubten gar, dass Kinder ganz ohne solche Konzepte ins Leben starten: Ein Kind wisse nicht zuerst, was eine Hose ist, und lerne dann das Wort dafür. Vielmehr erfahre es überhaupt erst etwas über Hosen, wenn es das Wort «Hose» höre. Weniger streng sehen es heute viele Entwicklungspsychologen. Sie nehmen an, Wörter dienten dazu, die Grenzen von neuen Konzepten abzustecken, also zu klären, welche Dinge, Handlungen, Situationen in eine bestimmte Kategorie gehören und welche nicht.

Die andere Fraktion – diejenige, die glaubt, Denken sei von der Sprache weitgehend unabhängig – sieht das natürlich völlig anders. Sie ist überzeugt, dass Kinder Wörter überhaupt nicht lernen könnten, wenn sie nicht zuvor das Phänomen verstanden hätten, das diese bezeichnen. Wie sollten sie sich das Wort «Hose» aneignen, wenn sie überhaupt nicht wissen, was damit gemeint ist?[93]

Die Psychologin Susan Gelman sucht seit Jahrzehnten nach empirischen Hinweisen darauf, welche Seite recht hat. Dazu macht sie Studien mit Kindern – und mit Dinosauriern. In einem vielzitierten Experiment zeigte sie Kindern einen Brontosaurus und sagte ihnen, dies sei ein Dinosaurier und er habe «kaltes Blut». Dann zeigte sie ihnen ein Nashorn und teilte ihnen mit, dieses habe «warmes Blut». Und schließlich holte sie einen Triceratops hervor, der mit seinen drei Hörnern einem Nashorn sehr ähnlich sieht, den sie aber völlig richtig als «Dinosaurier» präsentierte. Am Ende stellte sie den jungen Versuchspersonen die alles entscheidende Frage: Hat dieses Wesen nun kaltes oder warmes Blut? Die meisten Kinder zogen den Schluss, dass der Triceratops kaltblütig sein müsse.[94]

Oft wurde diese Studie als Beleg für die Macht der Worte angeführt. Das Etikett «Dinosaurier» habe das Konzept geschaffen, zu dem die Eigenschaft «kaltes Blut» gehörte, und das hätten die Kinder angewendet, obwohl der Triceratops vom Anblick her eher einem Nashorn ähnelt. Aber stimmt das? Die Kinder könnten ja einfach zu ihrer Schlussfolgerung gelangt sein, weil sie die Information hatten, dass Brontosaurus und Triceratops beide Dinosaurier sind, nicht weil sie «Dinosaurier» *genannt* wurden.[95]

Das wirft eine entscheidende Frage auf: Geht die Macht der Sprache darüber hinaus, dass sie Informationen vermittelt? Der Befund, dass wir mit Sprache Wissen weitergeben können, ist kein besonders überraschender. Schließlich ist das einer der Gründe, warum wir sie benutzen. Aber hat die Sprache darüber hinaus Einfluss auf das Denken, zum Beispiel durch ihre Struktur? Das konnte die Dinosaurier-Studie, so wie sie angelegt war, nicht klären.

Gelman und andere Forscher versuchten in weiteren Experimenten, diese Effekte zu unterscheiden. Das Ergebnis: Wörter können zwar die Bildung von Kategorien prägen – aber nur, wenn es auch nichtsprachliche Hinweise (Farbe, Form, Geräusche) darauf gibt, dass Dinge, die denselben Namen bekommen, in dieselbe Kategorie gehören.[96] Sprache allein reicht also offenbar nicht aus, um Konzepte zu bilden.

Aber kann man andersherum Konzepte ganz ohne Sprache entwickeln? Genau das wollte die Psychologin Susan Hespos herausfinden, und zwar mit der Hilfe von Kindern, die noch nicht sprechen konnten. Gerade einmal fünf Monate alt waren ihre Versuchspersonen. Hespos wählte für ihren Versuch ein spezielles Konzept, das oft Gegenstand der Sprachforschung ist: Das Koreanische unterscheidet bei Berührungen zwischen engem und lockerem Kontakt. Zum Beispiel benutzen Koreaner unterschiedliche Verben, wenn sie sagen wollen, dass jemand Schuhe in eine große oder in eine kleine Kiste packt, sodass diese locker oder nur gerade so hineinpassen. Schon kleine Kinder machen diese Unterscheidung, wenn sie sprechen lernen. Im Englischen und Deutschen dagegen muss man diesen Unterschied umständlich umschreiben, es gibt keine besonderen Wörter dafür.

Hespos wollte nun wissen, ob Babys, die in einem englischsprachigen Umfeld aufwachsen, diese beiden Arten von Kontakt unterscheiden oder ob ein Kind erst die entsprechenden Wörter lernen muss, damit ihm dieser Unterschied überhaupt auffällt. Dazu machte sie mit Babys eine Variante des Langeweile-Tests, den wir in Kapitel 2 kennengelernt haben: Sie zeigte ihnen ein Beispiel für engen Kontakt (einen Zylinder, der in einen engen Behälter gesteckt wurde), bis sie gelangweilt waren und weggguckten. Dann zeigte sie ihnen ein Beispiel für lockeren Kontakt (derselbe Zylinder, der in einen größeren Behälter gesteckt wurde). Würde das neues Interesse hervorrufen? Daraus könnte man schließen, dass die Kinder den Unterschied bemerkten und für wichtig hielten. Wenn sie aber weiter gelangweilt im Raum herumschauten, spräche das dafür, dass für sie beide Arten des Kontakts in dieselbe Kategorie fielen (zum Beispiel: «Ein Gegenstand steckt in einem anderen»).

Das Ergebnis war eindeutig: Die allermeisten der Kinder reagierten auf den Wechsel von engem zu lockerem Kontakt mit neuer Aufmerksamkeit, und ganz genauso auf den Wechsel von lockerem zu engem Kontakt.[97] Die Babys unterschieden offenbar zwischen zwei Konzepten, obwohl diese in der Sprache, die um sie herum gesprochen wurde, überhaupt nicht vorkamen – und obwohl sie weit davon entfernt waren, selbst sprechen zu können.

Inzwischen sind die Kognitionsforscher davon überzeugt, dass Kinder über Konzepte verfügen, bevor sie überhaupt Wörter lernen. Trotzdem kann Sprache eine Rolle bei der Bildung von Kategorien spielen. Einige Wissenschaftler nehmen an, dass die Wörter, mit denen Erwachsene die Dinge benennen, Kindern als Hinweis dienen, welche ihrer Konzepte sie vertiefen sollen. Worte lenken demnach die Aufmerksamkeit auf bestimmte Dinge und Eigenschaften, sie lassen Konzepte hervorstechen und machen Unterschiede dingfest.[98]

Sprache als Speicher

Was bedeutet diese Erkenntnis für die Pirahã und ihren missglückten Versuch, das Zählen zu lernen? Offenbar konnten sie mit dem Konzept der exakten Menge wenig anfangen. Liegt das nun tatsächlich daran, dass sie keine Zahlwörter kennen? Dann wäre das Zahlen- und Mengenverständnis ein Bereich des Denkens, der eben doch der Sprache bedarf. Der Linguist Daniel Everett hat das dreißig Jahre nach seinem ersten Flug in den brasilianischen Dschungel zusammen mit Kognitionsforschern in einem Experiment getestet.

Die Wissenschaftler legten den Pirahã bis zu zehn Spulen Garn in einer Reihe vor. Die Testpersonen sollten dann die gleiche Anzahl an Luftballons auf den Tisch legen. Das klappte einwandfrei. Offenbar hatten die Pirahã durchaus verstanden, dass es hier um exakte, nicht bloß um ungefähre Mengen ging: Ein Ballon mehr oder weniger veränderte das Ergebnis, das muss ihnen klar gewesen sein. Daraus schließt Daniel Everett, dass die Pirahã das Konzept von «eins» verstehen, obwohl sie kein Wort dafür haben.

Doch dann wurde es schwieriger: Die Forscher legten wieder Spulen nebeneinander auf den Tisch, aber diesmal sollten die Probanden die Luftballons senkrecht statt parallel dazu anordnen. Die Trefferquote sank, und zwar umso mehr, je größer die geforderte Zahl war. Das geschah auch, wenn die Spulen zunächst auf dem Tisch aufgereiht, aber dann hinter einem Schirm verborgen wurden, bevor die Pirahã die Luftballons auslegen durften. Und ganz ähnlich lief es, als die Wissenschaftler die Spulen eine nach der anderen in einer Dose verschwinden ließen: Waren vier oder mehr Spulen im Spiel, verloren die Pirahã zusehends den Überblick.[99]

Wo lag das Problem? Die Pirahã hatten ja verstanden, worum es ging. Warum verschlechterte sich ihre Leistung ab einer Menge von vier, bis es ihnen am Ende gar nicht mehr gelang, die exakte Menge nachzulegen?

Die schwierigen Aufgaben unterschieden sich von der einfachen vor allem in einem Punkt: Die Information über die Menge musste entweder über den Raum (in eine Linie senkrecht zu den aufgereihten Spulen) oder über die Zeit (nachdem die Spulen verborgen oder in der Dose versteckt wurden) transportiert werden. Das Gedächtnis schien also die entscheidende Rolle zu spielen. Die Pirahã hatten offenbar Schwierigkeiten damit, sich die Zahl der Spulen zu merken. Darin nun sehen Everett und viele andere Forscher den eigentlichen Effekt von Zahlwörtern: Sie verdichten Information und machen es so leichter, sie zu speichern. Eine Bedeutung der Sprache für das Denken wäre dann genau diese – sie dient ihm als Speichermedium.

Zugleich haben die Wissenschaftler damit einen weiteren starken Hinweis darauf gefunden, dass Konzepte eben nicht nur durch Sprache entstehen. Nach mehr als drei Jahrzehnten, in denen Everett immer wieder in den Dschungel des Amazonas zu den Pirahã gereist ist, glaubt der Linguist nicht, dass es zuallererst der Mangel an Zahlwörtern ist, der die Pirahã vom Zählen und Rechnen abhält. Vielmehr hätten sie bisher schlicht keine Verwendung für Zahlen gehabt; sie leben als Jäger und Sammler, da gibt es nicht viel zu zählen und zu kalkulieren.

Andersherum reicht offenbar auch die Lebensweise allein nicht, um zählen zu lernen. Das haben Forscher mit Hilfe einer faszinierenden Gruppe von Menschen entdeckt – Gehörlosen in Nicaragua. Das Besondere an ihnen: Als Kinder entwickelten sie in den siebziger Jahren eine ganz eigene Gebärdensprache. Sie waren die ersten Gehörlosen in Nicaragua, die in speziellen Schulen unterrichtet wurden. Dort lernten sie aber vor allem das Lippenlesen. Untereinander begannen sie bald, sich in Gebärden zu unterhalten, und erfanden so ihre eigene Sprache. Schon das ist für Linguisten höchst interessant. Doch es wurde noch spannender, denn die nachfolgenden Schülergenerationen entwickelten die Sprache weiter. Das betraf unter anderem die Gebärden für die Zahlen: Zunächst wurde eine Zahl schlicht mit der entsprechenden Anzahl an Fingern angezeigt, mit beiden Händen. Später wurden die Gebärden vereinfacht, sodass die Gehörlosen auch große Zahlen mit einer Hand anzeigen konnten. Als Kinder haben die heutigen Jugendlichen gleich dieses einhändige System erlernt, die jungen Erwachsenen zunächst das zwei- und später das einhändige System und die älteren Erwachsenen gar keins. Manche von ihnen haben später zu zählen gelernt, manche nicht.

Damit waren die Versuchsbedingungen für die Sprachforscher perfekt: verschiedene Generationen, die im selben Alter verschiedene Varianten einer Sprache gelernt hatten, und zwar im selben Land. Das schaltete gleich zwei Probleme aus: Vergleicht man nämlich Kinder in verschiedenen Altersstufen mit dementsprechend verschiedenen Sprachfähigkeiten, so unterscheiden sie sich natürlich auch sonst in ihrem Entwicklungsstand. Dass sie in Tests unterschiedlich abschneiden, muss also nicht (allein) an der Sprache liegen. Vergleicht man aber Menschen im selben Alter aus verschiedenen Kulturen, so unterscheiden sie sich natürlich auch in anderen Dingen als der Sprache. Auch in diesem Fall ist nicht klar, was tatsächlich die Ursache für unterschiedliche Leistungen in Experimenten ist. Die Gehörlosen aus Nicaragua sind deshalb wieder und wieder von Sprachforschern untersucht worden.

Für die Wissenschaftler, die herausfinden wollten, wie die Fähigkeit zu zählen einerseits mit der Lebensweise und andererseits mit der Sprache, also dem Vorhandensein von

Zahlwörtern oder -gebärden zusammenhängt, waren sie vor allem deshalb interessant, weil sie allesamt in einer Kultur leben, in der Zahlen eine große Rolle spielen – anders als die Pirahã. Und tatsächlich zeigte sich in Experimenten, dass die nicaraguanischen Gehörlosen unterschiedlich gut zählen und sich Mengen unterschiedlich gut merken konnten – je nachdem, ob sie über Gebärden für Zahlen verfügten oder nicht.[100]

Leben im Präsens

Bei den Pirahã hat Daniel Everett in all den Jahren viele andere kleine Beobachtungen gemacht, die in eine ähnliche Richtung wiesen, wie das mangelnde Bedürfnis zu zählen: Die Pirahã leben fast ausschließlich im Hier und Jetzt. Was sich nicht unmittelbar erfahren lässt, ist für sie nicht von Bedeutung. Das könnte viele Eigenheiten ihrer Sprache erklären. Wörter für Farben braucht zum Beispiel nur derjenige, der etwas beschreiben will, das der andere gerade nicht selbst sieht. Ein Wort für «Urgroßeltern» benötigt nur, wer die Möglichkeit hat, sie kennenzulernen, oder Erinnerungen wertschätzt und weitergibt. Und ein ausgefeiltes System an Pronomen, einen komplexen Satzbau und vielschichtige grammatische Zeiten sind nur für denjenigen sinnvoll, der über Dinge spricht, die seine Zuhörer nicht ohnehin vor Augen haben.

Für seine weitreichenden Schlussfolgerungen ist Everett von anderen Sprachforschern scharf kritisiert worden: Zwar weise die Sprache der Pirahã oberflächlich nicht dieselben Merkmale auf wie zum Beispiel Englisch, aber das bedeute noch lange nicht, dass sie nicht dieselben Funktionen habe. Sie könnte ja dasselbe auf andere Art und Weise tun. Zum

Beispiel behauptet Everett, die Pirahã kennten keine Rekursion, also Rückbezüge wie in Schachtelsätzen. Seine Kritiker halten ihm entgegen, womöglich besitze die Sprache der Pirahã solche Rückbezüge sehr wohl, sie seien einfach noch nicht entdeckt worden.

Interessant ist die Hypothese, die Everett aufgrund seiner Beobachtungen entwickelt hat, trotzdem. Er ist zu der Überzeugung gekommen, dass es die Kultur ist, die beides prägt: die Sprache *und* das Denken. Für ihn ist Sprache ein «Kulturwerkzeug», und in Zahlwörtern sieht er eine kulturelle Erfindung. Er schlägt sich damit weder auf die Seite derjenigen, die glauben, dass das Denken von der Sprache abhängig sei, noch auf die Seite derjenigen, die meinen, dass das Denken von der Sprache unabhängig sei. Seiner Meinung nach handelt es sich vielmehr um eine Dreiecksbeziehung zwischen Sprache, Denken und Kultur mit Wechselwirkungen in alle Richtungen, wobei die Kultur das stärkste Gewicht hat.

Sprache als Gerüst

Zahlwörter also, das ist ein weniger tiefgreifendes, aber doch wichtiges Ergebnis der jahrzehntelangen Forschung von Daniel Everett, werden vor allem gebraucht, um größere Mengen exakt im Gedächtnis zu behalten. Sie werden aber nicht für alle Zahlenkonzepte benötigt. Zahlreiche Studien von anderen Wissenschaftlern stützen diesen Befund. Babys können schon mit einem halben Jahr Mengen schätzen und vergleichen.[101] Sogar Affen, Ratten, Tauben und einige Insekten beherrschen dieses ungefähre Mengenverständnis.[102] Und sowohl kleine Kinder als auch Tiere können kleine Mengen bis drei oder vier ganz exakt erfassen.[103]

Für dieses exakte Mengenverständnis ohne Worte lieferte die Hirnforschung erst vor kurzem eine ganz erstaunliche Erklärung: Im Gehirn gibt es Gruppen von Nervenzellen, die jeweils auf die Wahrnehmung einer ganz bestimmten kleinen Menge reagieren. Da gibt es einen Bereich für «1», daneben liegt der für «2», dann folgt der für «3» und so fort[104] – wie eine Art Zahlenstrahl auf der Hirnrinde. «Topographisch» nennen die Hirnforscher eine solche Anordnung: Jedem Reiz entspricht ein bestimmtes, kleines Gebiet im Gehirn. Eine solche Anordnung kannte man bisher nur von den Hirnarealen, in denen Sinneseindrücke verarbeitet werden, zum Beispiel Körperempfindungen: Die Nervenzellen, die für den Daumen zuständig sind, liegen neben denen für den Zeigefinger, dann folgen Mittel-, Ring- und kleiner Finger. Offenbar registriert und unterscheidet das Gehirn also kleine Mengen ähnlich unmittelbar wie Sinneseindrücke. Wir scheinen tatsächlich eine Art Zahlensinn zu haben – zumindest für kleine Zahlen.

Das Verständnis von Mengen und Zahlen funktioniert also zum Teil ohne Worte. Aber wie sieht es mit dem Rechnen aus? Funktioniert Mathematik ohne Sprache? Diese Frage untersucht die Psychologin Rosemary Varley, und zwar an Erwachsenen, die ihre Sprache größtenteils verloren haben – zum Beispiel durch einen Schlaganfall oder eine andere Schädigung des Hirns. Zu ihnen gehört der Patient, den Varley nur S. A. nennt, ein pensionierter Polizeiobermeister. Als er sechsundvierzig Jahre alt war, hatten Bakterien sein Gehirn angegriffen und die linke Hirnhälfte stark geschädigt. Varley lernte ihn vor zwanzig Jahren an der Universitätsklinik Sheffield kennen, er war an die Expertin überwiesen worden, weil sein Zustand dramatisch war. Er verstand fast nur noch einfache Substantive wie Baum, Auto, Hund, Kuchen; die Bedeutung von Verben war ihm vollkommen entglitten.

Sprechen konnte er fast gar nicht mehr, lediglich vier oder fünf Wörter waren ihm geblieben: «ja», «nein», «o. k.» und «hallo», manchmal brachte er auch ein «in Ordnung» über die Lippen. Wenn er schrieb, dann ausschließlich in Substantiven, Adjektiven und Adverbien. Ganze Sätze konnte er nicht mehr bilden. Sollte er zum Beispiel ein Foto beschreiben, sah seine Antwort so aus: «Frau – Ei – rot – zweite Ehe. Ein Mann als Alter – Buch. Ein Alter Frau als weiß.» «Es war katastrophal», erinnert sich Varley. S. A. hat zwar nicht alle Wörter verloren, aber das, was ihnen Zusammenhang gibt und Sinn: die Grammatik.

Die Grammatik nun, so meinen einige Forscher, könnte auch als Vorlage für Rechenoperationen dienen. Schließlich gibt es deutliche Ähnlichkeiten zwischen grammatischen und mathematischen Strukturen: Sätze wie «Mary schlug John» und «John schlug Mary» sind ganz ähnlich aufgebaut wie Subtraktionen, 59-13 und 13-59 zum Beispiel.

Auch für verschachtelte Sätze wie «Der Mann, der den Löwen tötete, war wütend» gibt es analoge mathematische Operationen, beispielsweise $50-[(4 + 7) \times 4]$. Zudem haben Untersuchungen im Hirnscanner gezeigt, dass bei Rechenaufgaben auch Teile des Gehirns aktiv werden, die für die Verarbeitung von Sprache wichtig sind. Manche Wissenschaftler glauben sogar, Rechnen sei ohne grammatische Fähigkeiten unmöglich.

«Ich kannte diese Ansichten natürlich aus den Seminaren an der Universität», erinnert sich die Psychologin Varley. «Und gleichzeitig sah ich, dass mein Patient zu komplexen Gedanken in der Lage war. Er kümmerte sich sogar um die Finanzplanung für seine Familie. Das passte einfach nicht zusammen.» Varley wollte der Sache auf den Grund gehen. Sie suchte weitere Patienten, deren Sprachfähigkeit ähnlich schwer geschädigt war wie die von S. A. Sie schaffte es, zwei Männer ausfindig zu machen. Auch sie konnten nicht zwischen den Sätzen «Mary schlug John» und «John schlug Mary» unterscheiden oder Schachtelsätze wie «Der Mann, der den Löwen tötete, war wütend» verstehen. An diesen drei Patienten wollte Rosemary Varley nun testen, ob Grammatik tatsächlich die Voraussetzung fürs Rechnen ist. Dazu legte sie den Probanden Mathematik-Aufgaben vor, die ähnlich strukturiert waren wie die Sätze, mit denen sie so große Schwierigkeiten hatten. Die Versuchsteilnehmer lösten sie ohne Probleme. Sie beherrschten ganz offensichtlich die mathematische Syntax, obwohl sie die sprachliche verloren hatten.[105]

Der pensionierte Polizeiobermeister S.A. und einer der anderen Männer hatten aber nicht nur Probleme mit der Grammatik, sondern auch erhebliche Schwierigkeiten mit Zahlwörtern, sowohl beim Sprechen als auch beim Schreiben. Trotzdem konnten sie Rechenaufgaben ganz exakt lösen, auch mit zwei- und dreistelligen Zahlen. Das deutet darauf hin, meint Varley, dass Zahlwörter nicht der Code seien, in dem solche Denkoperationen ablaufen. Dafür reichen die Ziffern und das ihnen zugrundeliegende Konzept vollkommen aus.

Rechnen funktioniert also sowohl ohne Wörter für Zahlen als auch ohne Grammatik.

Allerdings hatten S.A. und die anderen Männer einst Wörter und Satzbau gelernt und beherrscht. Deshalb könnten Zahlwörter für Kinder durchaus wichtig sein, um sich Zahlenkonzepte anzueignen, räumt Varley ein. Und genauso könnten diese sich über die Grammatik andere, ähnliche Systeme erschließen, wie etwa die Mathematik. Die Sprache wäre dann so etwas wie ein Gerüst, an dem das Denken entlangwächst. Und das könnte nicht nur für die Entwicklung jedes einzelnen Menschen gelten, sondern auch für die Entwicklung der Menschheit insgesamt: In der Evolution des Denkens könnte die Sprache ebenfalls eine solche Gerüstfunktion gehabt haben. Sind die Denkprozesse aber erst einmal eingeübt und die Fähigkeiten gefestigt, wird dieses Gerüst womöglich nicht mehr unbedingt gebraucht, und das Denken funktioniert – zumindest in einigen Bereichen – auch ohne Worte.

In einem kuriosen Versuch konnte Rosemary Varley zeigen, dass dieser Prozess zumindest im Prinzip auch andersherum funktioniert: Warum nicht mathematische Fähigkeiten nutzen, um sprachliche Defizite zu beheben? Der Patient S. O. erschien ihr besonders geeignet für diesen Versuch. Der 59-Jährige war Universitätsprofessor gewesen und hatte fortgeschrittene Kenntnisse in Mathematik gehabt, bevor ein Schlaganfall weite Teile seiner linken Hirnhälfte schädigte und er infolgedessen kaum mehr sprechen oder schreiben konnte.

Varley trainierte nun fünf Wochen lang mit S. O., die Strukturen von Rechenaufgaben auf Sätze zu übertragen. Das Ergebnis war erstaunlich: Der Patient konnte am Ende Sätze wesentlich besser verstehen und die gewonnene Erkenntnis auch bei anderen als den geübten anwenden. Und die Verbesserung hielt selbst Wochen nach dem Training noch an, zumindest in den Tests, die die Psychologin mit S. O. machte.[106] Sie selbst ist sehr vorsichtig mit der Bewertung dieses Ergebnisses: «Ich bezweifle, dass man mit dieser Methode einen Patienten so weit bringen kann, wieder an einer Unterhaltung in einem Café teilzunehmen.» Es sei aber ein Beleg dafür, dass man mit Hilfe mathematischer Strukturen sprachliche reaktivieren kann – und damit ein Hinweis darauf, dass es tatsächlich solche Gerüstprozesse im Denken gibt, die womöglich sogar in beide Richtungen funktionieren: von der Mathematik zur Sprache und von der Sprache zur Mathematik.

Das Innenleben der anderen

Nun ist die Mathematik ein enorm wichtiges Denkwerkzeug, sowohl zur Lösung von Alltagsproblemen als auch zur Erkundung der grundlegenden Zusammenhänge unserer Welt. Aber man wird sie wohl kaum als den Kern des menschlichen Denkens bezeichnen. Doch genau dort wird die Frage nach dem Einfluss der Sprache erst richtig spannend: Welche Rolle spielen Wörter und Sätze bei Denkvorgängen, die an den Kern unseres Wesens rühren?

Einen dieser Denkprozesse bezeichnen Kognitionsforscher als *Theory of Mind*. Sie meinen damit die Fähigkeit, sich in andere hineinzuversetzen und Vermutungen darüber anzustellen, was sie wissen, denken, fühlen, erwarten und beabsichtigen. Diese *Theory of Mind* ist die kognitive Voraussetzung für Empathie. Ohne sie würden wir uns im Alltag und in der Gesellschaft kaum zurechtfinden, sie ist essenziell für den Menschen als soziales Wesen. Inwieweit jemand über diese Fähigkeit verfügt, testen Psychologen mit einem inzwischen klassischen Versuch, in dem es um falsche Annahmen geht. Man könnte ihn den «Smarties-Test» nennen: In eine bekannte Verpackung, zum Beispiel eben ein Smartie-Röhrchen, stecken die Forscher einen ungewöhnlichen Inhalt, zum Beispiel Knöpfe. Sie zeigen das Röhrchen einer Testperson und fragen, was wohl darin ist. Klare Antwort: «Smarties.» Dann öffnen sie das Röhrchen und zeigen den tatsächlichen Inhalt, die Knöpfe. Der Proband weiß nun Bescheid. Jetzt fragen die Forscher, was wohl andere Personen in dem Smartie-Röhrchen vermuten würden. Wer über eine *Theory of Mind* verfügt, wird antworten: «Smarties.» Kleine Kinder sagen jedoch häufig «Knöpfe». Daraus schließen die Wissenschaftler, dass sie noch nicht in der Lage sind, sich vorzustellen, was eine andere Person in dieser Situation denkt.

Einige Versuche haben nun einen statistischen Zusammenhang festgestellt zwischen dem Abschneiden in solchen Tests und der Sprachfähigkeit der Kinder: Je besser die Kinder sprechen konnten, desto besser bewältigten sie auch die Aufgabe.[107] Spielt die Sprache also eine Rolle? Zunächst einmal handelt es sich hier nur um eine Korrelation: Nur weil zwei Dinge gemeinsam auftreten, muss nicht das eine die Ursache des anderen sein. Es wäre ja auch möglich, dass sich die Fähigkeit zu sprechen und die Fähigkeit, sich in andere hineinzuversetzen, gleichzeitig, aber unabhängig voneinander entwickeln. Anhänger der «Sprache als Grenze der Welt»-Fraktion sind jedoch davon überzeugt, die *Theory of Mind* hänge von der Sprache ab, genauer gesagt, von der Fähigkeit, Nebensätze zu bilden: Anna weiß, dass Mark denkt, dass Smarties in dem Röhrchen sind. Erst diese grammatische Konstruktion öffne die Tür für solche Gedankengänge.

Diese Hypothese wollte die Psychologin Rosemary Varley auf die Probe stellen. Sie lud wieder den pensionierten Polizeiobermeister S. A. in ihr Institut ein. Inzwischen sei er ein «guter Freund des Labors», sagt die Forscherin. Acht Studien hat sie schon zusammen mit S. A. durchgeführt und ihn über die Jahre regelmäßig getroffen. In all der Zeit besserte sich sein Zustand nicht, die Zellen in großen Teilen seiner linken Hirnhälfte sind unwiederbringlich zerstört, seine grammatischen Fähigkeiten auf immer verloren. Ganz sicher ist er nicht imstande, dass-Sätze zu bilden. Varley wollte nun wissen, ob er dennoch über eine *Theory of Mind* verfügt. Sie legte ihm den klassischen Smarties-Test vor, dazu verschiedene Varianten. S. A. antwortete fast immer richtig.[108]

Offenbar ist also Grammatik nicht unbedingt nötig, um Vermutungen darüber anzustellen, was andere denken. Die *Theory of Mind* funktioniert ohne dass-Sätze. Allerdings bleibt dasselbe Fragezeichen wie bei den Mathe-Tests: Auch wenn solche Denkvorgänge bei Erwachsenen keine grammatischen Strukturen erfordern, könnte die sprachliche Syntax eine wichtige Rolle bei der Entwicklung der *Theory of Mind* spielen. Genauso wie beim Rechnen könnte auch hier die Sprache die Funktion eines Gerüsts haben, an dem sich das Denken entlangrankt, bis die Gedankengänge stabil genug sind, um ohne Gerüst auszukommen.

Um aber die Frage zu beantworten, ob und inwieweit die Sprache wichtig ist für die Entwicklung einer *Theory of Mind*, brauchte man Menschen, die gar keine oder erst spät eine Sprache gelernt haben. Ein Kollege von Rosemary Varley an der *University of Sheffield*, der Psychologe Michael Siegal, fand solche Menschen: gehörlose Kinder, deren Eltern hören konnten und keine Gebärdensprache beherrschten. Diese Kinder lernten erst spät, mit Gebärden zu kommunizieren. Ganz anders gehörlose Kinder von ebenfalls gehörlosen Eltern: Sie lernten früh die Gebärdensprache und konnten sich so mit ihren Eltern verständigen.

Siegal testete nun zusammen mit der australischen Forscherin Candida Peterson Kinder aus beiden Gruppen mit *Theory of Mind*-Aufgaben, unter anderem dem Smarties-Test. Zum Zeitpunkt des Experiments beherrschten alle Kinder die Gebärdensprache und ihre Syntax. Sollten also irgendwelche Unterschiede zwischen den beiden Gruppen auftreten, konnte Siegal sicher sein, dass sie nicht auf den aktuellen grammatischen Fähigkeiten beruhten. Dann würde es naheliegen, den Grund in der Sprachentwicklung zu suchen. Zusätzlich testete der Psychologe hörende Kinder und Kinder mit Autismus. Von letzteren ist bekannt, dass sie oft große Mühe haben, sich in andere hineinzuversetzen und auf ihre Gedanken und Gefühle zu schließen.

Das Ergebnis war überraschend deutlich: Die gehörlosen Kinder, die schon früh in der Gebärdensprache kommunizieren konnten, schnitten genauso gut ab wie die hörenden Kinder. Den gehörlosen Kindern jedoch, die erst spät die Gebärdensprache gelernt hatten, bereitete der Test genauso große Schwierigkeiten wie den autistischen Kindern.[109]

Ganz offensichtlich kommt es für die Entwicklung einer *Theory of Mind* also darauf an, wie früh ein Kind über eine Sprache verfügt. Aber ist dabei die Grammatik ausschlaggebend, das Erlernen von dass-Sätzen? Michael Siegal glaubt das nicht. Für ihn ist entscheidend, ob Kinder schon früh mit jemandem über Gedanken, Gefühle und Absichten reden können – über unsichtbare, komplexe innere Vorgänge also. Dazu braucht man eine Sprache, man kann ja nicht einfach darauf zeigen wie auf einen Ball oder einen Teddybären. Und offenbar eignen sich gesprochene und Gebärdensprache gleich gut dazu. Gehörlose Kinder aber, die lange Zeit niemanden haben, der die Gebärdensprache gut genug beherrscht, um seine Gedanken und Gefühle mitzuteilen, erfahren sehr viel weniger über die Innenwelt von anderen – und das in einer ganz entscheidenden Phase ihrer Entwicklung: Nach Ansicht einiger Forscher haben kleine Kinder zunächst alle möglichen Erklärungen für das Verhalten anderer Menschen. Innere Ursachen zögen sie nur dann näher in Betracht, wenn die Menschen um sie herum auf Gefühle und Gedanken Bezug nähmen – im Gespräch.[110]

Der inzwischen verstorbene Michael Siegal und seine Kollegin Rosemary Varley haben all ihre Studienergebnisse zu einem Bild zusammengefügt: Das Denken, sei es logisches Schlussfolgern, Rechnen oder eben das Hineinversetzen in die geistigen Vorgänge anderer, ist weitgehend unabhängig von der Grammatik der Sprache. Die Grammatik sei nicht nötig, um diese Dinge zu durchdringen – wohl aber, um Ideen *auszudrücken*. Und das wiederum ist wichtig, um Gedankengänge zu entwickeln, die an den Kern des menschlichen Wesens rühren, wie die *Theory of Mind*.[111] Dieser Effekt beruht demnach aber auf der Information, die durch die Sprache übermittelt wird (Gefühle und Gedanken), und nicht auf der Struktur der Sprache (dass-Sätze). Das spricht dafür, dass die Sprache über die Inhalte, die sie transportiert, hinaus weniger Einfluss auf das Denken hat, als viele Vertreter der Prägestempel-Fraktion das postulieren – zumindest, was grundlegende und allgemeine Gedankengänge angeht. Wie sich die Unterschiede zwischen verschiedenen Sprachen auswirken können, werden wir im folgenden Kapitel sehen.

Inzwischen gibt es viele weitere Belege dafür, dass die *Theory of Mind* nicht an die Sprache gebunden ist. Dem Verhaltensforscher Michael Tomasello ist es zusammen mit zwei Kollegen gelungen, zu zeigen, dass Kinder schon mit achtzehn Monaten verstehen können, was im Kopf von anderen vorgeht. In diesem Alter können sie noch kaum sprechen, geschweige denn ganze Sätze oder dass-Konstruktionen bilden. Das ist zugleich der Grund, warum Forschern lange entgangen war, dass auch sehr junge Kinder über Ansätze einer *Theory of Mind* verfügen könnten: Die allermeisten ihrer Experimente, auch der Smarties-Test, setzten Sprache voraus. Deshalb vermuteten die Wissenschaftler, dass Kinder erst im Alter von vier bis fünf Jahren eine *Theory of Mind* entwickeln.

Um einen Einblick in die Gedankenwelt von Eineinhalbjährigen zu erhaschen, mussten sich Tomasello und seine Kollegen ein ausgeklügeltes Experiment einfallen lassen. Sie wollten den kleinen Testpersonen eine Reaktion entlocken, aus der sich klar ablesen ließ, ob sie verstanden hatten, dass jemand etwas Falsches annahm. Dazu setzten die Wissenschaftler vom *Max-Planck-Institut für evolutionäre Anthropologie* den Kindern zwei Holzkisten mit Deckel vor, einen Erwachsenen und eine Raupe aus Plüsch. Der Erwachsene steckte das Stofftier zunächst in die eine Kiste, dann holte der Studienleiter es wieder heraus und legte es in die andere. In einer Variante des Versuchs beobachtete der Erwachsene den Umzug der Plüschraupe, in einer anderen verließ er zuvor den Raum, sodass er nichts davon mitbekam. In beiden Versionen tat er danach so, als versuche er die erste, nun leere Kiste zu öffnen, schaffe es aber nicht. Die Forscher beobachteten gespannt, wie die Kleinkinder jeweils reagierten.

Das Ergebnis war überraschend eindeutig: In allen Fällen halfen die Kinder dem Erwachsenen, eine Kiste zu öffnen. Wenn er mitbekommen hatte, wie die Plüschraupe umdisponiert wurde, halfen die meisten ihm, die erste, leere Kiste zu öffnen. Wenn er aber die Umzugsaktion nicht beobachtet hatte, öffneten die meisten Kinder die zweite Kiste, in der das Stofftier lag.[112] Das Verhalten der Kinder hing also davon ab, was der Erwachsene über den Verbleib der Raupe wusste.

In der ersten Variante des Versuchs dachten die meisten offenbar, er habe einfach Schwierigkeiten, die leere Kiste zu öffnen, und es gehe ihm gar nicht um die Raupe – er hatte schließlich gesehen, dass sie in der anderen Kiste war. Deshalb halfen sie ihm, die leere Kiste zu öffnen. In der zweiten Variante gingen die Kinder vermutlich davon aus, er wolle die Raupe zurückhaben und nehme fälschlicherweise an, sie sei noch immer in der ersten Kiste. Deshalb öffneten sie die zweite für ihn.

Mit diesem eleganten Experiment konnten Tomasello und seine Kollegen zeigen, dass Kinder sich schon mit achtzehn Monaten ausmalen können, welche Vermutungen ein anderer Mensch über eine bestimmte Situation anstellt – ganz ohne Worte.

Worte als *lingua franca* des Hirns

Offenbar sind also viele grundlegende Denkvorgänge – die Bildung von Konzepten, das logische Schlussfolgern, das Verständnis von kleinen und ungefähren Mengen, ja sogar die Theory of Mind – nicht von der Sprache abhängig. Eine ganz eindeutige Ausnahme ist der Umgang mit großen, exakten Mengen: Hier wird die Sprache mindestens als Speichermedium gebraucht.

Das klingt nicht so, als hätte die Sprache einen großen Einfluss auf unser Denken, zumindest keinen so großen, wie die Prägestempel-Fraktion postuliert. Übernimmt die Sprache also tatsächlich keine wesentliche Funktion im Denken? Nicht so schnell. Mitte der neunziger Jahre sind Kognitionsforscher auf ein Phänomen gestoßen, das auf eine äußerst grundlegende Rolle der Sprache schließen lässt: Sie könnte das Medium sein, mit dem verschiedene, voneinander getrennte Hirnmodule Informationen austauschen – Worte als *lingua franca* des Gehirns. Das wäre tatsächlich fundamental.

Auf die Idee waren die Wissenschaftler durch ein inzwischen klassisches Experiment gekommen, das in den folgenden Jahren in immer neuen Variationen durchgespielt wurde. Die Grundversion funktioniert so: In einem rechteckigen Raum mit zwei langen und zwei kurzen Wänden, von denen eine blau angemalt ist, legt der Experimentator einen kleinen Gegenstand in eine Ecke. Die Testperson wird dann mit geschlossenen Augen um ihre eigene Achse gedreht, damit sie die Orientierung verliert. Schließlich soll sie den Gegenstand wiederfinden. Um das möglichst schnell zu tun, muss sie zwei Informationen kombinieren: die geometrische (lange und kurze Wände) und die nichtgeometrische (blaue Farbe). Nur dann kann sie die richtige Ecke eindeutig und ohne Herumprobieren ausmachen.

Als die Kognitionsforscherin Elizabeth Spelke diesen Versuch 1996 mit Kindern machte, zeigte sich, dass diese bis zu einem Alter von sechs Jahren nur eine der Informationen nutzten, nämlich die Länge der Wände. Deshalb suchten sie in zwei Ecken: den jeweils diagonal gegenüberliegenden. Die blaue Farbe an einer der Wände ignorierten sie offensichtlich, sonst wären sie direkt zur richtigen Lösung gekommen. Damit verhielten sich die Kinder nicht schlauer als Ratten in vorangegangenen Experimenten.[113] Ältere Kinder dagegen nutzten auch die Farbe der Wände, um sich zu orientieren. Lag das an ihrer größeren Sprachfähigkeit? Kinder lernen zum Beispiel erst um den sechsten Geburtstag herum, die Begriffe «links» und «rechts» zu gebrauchen.

Spelke wiederholte den Versuch mit Erwachsenen, die sie jedoch vorgelesene Zeitungsartikel nachsprechen ließ, um ihre Sprachressourcen zu beschäftigen. Tatsächlich suchten die Erwachsenen nun auch in zwei Ecken und ignorierten die blaue Farbe bei der Orientierung. Dagegen fanden sie direkt die richtige Ecke, wenn sie zur Ablenkung lediglich einen Rhythmus klatschen mussten.[114] Elizabeth Spelke und ihre Kollegen glaubten sich auf einer heißen Spur: Es musste an der Sprache liegen! Erst sie ermögliche es, die verschiedenartigen Informationen zu kombinieren. Dem liegt die Vorstellung zugrunde, dass das Gehirn in verschiedenen Modulen organisiert ist, die voneinander abgeschnitten sind. Demnach verarbeitet eines geometrische Informationen, ein anderes Farbwahrnehmungen und so fort. Nur ein Modul kann nach diesem Konzept Informationen von allen anderen erhalten: dasjenige, das für die Sprache zuständig ist. Worte wären also das gemeinsame Datenformat, und nur mit ihrer Hilfe könnten die Informationen der verschiedenen Module miteinander kombiniert werden.

Die Psychologin Nora Newcombe mochte das nicht glauben. Sie wiederholte im Jahr 2007 das Experiment von Spelke. Doch auch diesmal ließen Testpersonen, die mit einer Sprachaufgabe abgelenkt waren, die angemalte Wand bei der Orientierung außer Acht. Newcombe machte einen weiteren Versuch. Sie ließ die Probanden nun eine Aufgabe ausführen, die ihr räumliches Vorstellungsvermögen beschäftigte. Und wieder ignorierten die Probanden die blaue Wand! Offenbar hielt sie auch ein nichtsprachliches Ablenkungsmanöver davon ab, die geometrischen und farblichen Informationen zu kombinieren.

Newcombe schloss daraus, dass die Sprache nicht entscheidend für die Kombination von verschiedenen Informationen ist. Und die Psychologin fand weitere Indizien, die ihre These bestätigten. Als sie den Versuch in einem größeren Raum machte, entschieden sich die Testpersonen meist direkt für die richtige Ecke, egal, mit welcher Aufgabe sie abgelenkt wurden.[115] Und das gelang nicht nur Erwachsenen, sondern sogar Kleinkindern im Alter von eineinhalb Jahren, die also ganz sicher nicht über ein ausgefeiltes Sprachvermögen verfügten.[116] Newcombe räumt zwar ein, dass Sprache unter bestimmten Bedingungen bei der Kombination von Informationen helfen könnte (zum Beispiel in kleinen Räumen) – sie ist aber offensichtlich nicht unbedingt notwendig. Aufgrund ihrer Ergebnisse bezweifelt Newcombe auch, dass das Gehirn überhaupt in streng getrennten Modulen organisiert ist. Inzwischen gilt diese Theorie tatsächlich als weitgehend überholt: Nur einige Grundfunktionen wie das Sehen lassen sich in klar abgegrenzten Arealen verorten, während die meisten mentalen Prozesse nicht auf einzelne Regionen beschränkt zu sein scheinen, sondern vielmehr in neuronalen Netzwerken stattfinden.

Mit Newcombes Versuchen schien die Frage nach der Rolle der Sprache bei solcherlei Orientierungsaufgaben solide geklärt. Doch dann wiederholten die Psychologin Jennie Pyers und ihre Kollegen das Experiment mit einer weiteren Probandengruppe: den Gehörlosen aus Nicaragua, von denen wir bereits gehört haben. Deren Gebärdensprache hatte sich nämlich auch insofern weiterentwickelt, als im Laufe der Zeit Zeichen für links und rechts hinzugekommen waren. Pyers lud nun Versuchspersonen ein, die in den siebziger Jahren die Sprache ohne diese Gebärden erworben hatten, und andere, die in den achtziger Jahren die erweiterte Version mit den Zeichen für links und rechts gelernt hatten. Und tatsächlich schnitten Letztere in dem Versuch weit besser ab.[117] Offenbar hilft es doch sehr bei der Orientierung, Wörter für links und rechts zu haben, auch wenn sie in diesem Fall nicht explizit gebraucht wurden. Ob dieser Effekt aber darauf beruht, dass mittels der Sprache Informationen aus verschiedenen Hirnmodulen miteinander kombiniert werden können, konnte dieses Experiment natürlich nicht klären. Möglicherweise fungieren Wörter auch hier vor allem als Merkhilfe.

Ist Denken lautloses Sprechen?

Die Idee, dass Worte das gemeinsame Datenformat sind, in dem Informationen verschiedener Hirnmodule – zum Beispiel über Geometrie und Farben – verrechnet werden, erscheint in der Rückschau etwas simpel und holzschnittartig, doch sie hat spannende Gedankenspiele angestoßen, die zunehmend verfeinert wurden. Viele Forscher, die versuchen herauszufinden, wie der Mensch eigentlich denkt, glauben inzwischen, dass in unserem Gehirn zwei Systeme am Werk sind.

Der prominenteste Vertreter dieser Theorie ist sicher der

Nobelpreisträger Daniel Kahneman, mit seinem Buch *Schnelles Denken, langsames Denken* hat er sie populär gemacht.[118] Für das schnelle Denken ist demnach System 1 zuständig: Es funktioniert unbewusst und automatisch, lässt sich leicht von Emotionen beeinflussen, nutzt Daumenregeln (Heuristiken) für Entscheidungen und kann so mühelos große Mengen an Informationen verarbeiten. Es arbeitet nach dem Motto «quick and dirty». Kahneman nennt es «Intuition», man könnte auch «Bauchgefühl» sagen. Die Prinzipien, nach denen es funktioniert, sind bei allen Menschen gleich, und sie lassen sich kaum verändern. Sie haben sich früh in der Evolution entwickelt, auch viele Tiere verfügen über Mechanismen des Systems 1.

System 2 dagegen existiert nur beim Menschen; es ist für das langsame Denken zuständig: Es funktioniert bewusst und kontrolliert, wägt Fakten nach logischen Regeln ab, erfordert Anstrengung und kann nur wenige Informationen gleichzeitig verarbeiten. Die Prinzipien, nach denen System 2 arbeitet, sind veränderbar und können beeinflusst werden, auch durch sprachliche Anweisungen. Und einige Forscher sind überzeugt davon, dass die sogenannte innere Stimme oder der innere Monolog, also das Selbstgespräch in Gedanken, eine wichtige Rolle im System 2 spielt.

Der Philosoph Peter Carruthers hat darüber nachgedacht, wie dieses System 2 in der Evolution des Menschen entstanden sein könnte – und welche Funktion die Sprache darin übernimmt. Er glaubt, dass sich dieses bewusste Denksystem aus dem mentalen Durchspielen von Handlungen entwickelt hat. Irgendwann hätten die Gehirne unserer Vorfahren damit begonnen, Informationen aus den motorischen Hirnbereichen an die für die Wahrnehmung zuständigen Areale zurückzufunken, zunächst, um aktuelle Aktionen besser zu kontrollieren. Doch dann hätten sie ebendiese Verknüpfungen genutzt, um Handlungsoptionen gedanklich durchzuspielen – ganz ohne äußere Aktion. Aus motorischen Informationen generierten sie visuelle Bilder, die an das System 1 gesendet wurden, das daraufhin Gefühle, Vorhersagen und Motivationen produzierte, ganz so, als sei die Handlung echt und bestünde nicht bloß aus Impulsen im Hirn. Diese Fähigkeit zum Probehandeln in Gedanken besitzen wahrscheinlich auch einige Menschenaffen.

Der eigentliche Durchbruch kam dann, so denkt es sich Carruthers, mit der Sprache. Zunächst bekam das System 1 ein paar zusätzliche Funktionen, darunter Sprachproduktion und -verständnis. Dann wurde das Probehandeln auch auf die Sprache ausgedehnt. Unsere Vorfahren formulierten Sätze, ohne sie auszusprechen, sie redeten lautlos mit sich selbst – mit anderen Worten: Sie dachten, und zwar bewusst. Das revolutionierte das System 2. Die dort fabrizierten, unausgesprochenen Sätze werden nach der Theorie von Carruthers an das System 1 gefunkt, das sie durchspielt und wiederum entsprechende Gefühle und Motivationen produziert, aber auch Gedanken darüber, was andere denken könnten, Gedanken darüber, wie man denken sollte, und Gedanken darüber, was als Nächstes zu denken ist. Das kann dann wieder in lautlosen Sätzen formuliert und weiter durchgespielt werden. Carruthers stellt sich das System 2 also im Wesentlichen als Zyklen von Operationen des Systems 1 vor. Das könnte erklären, warum System 2 so langsam ist. Und weil seine in Sprache gefassten, wenn auch unausgesprochenen Ergebnisse an das gesamte Gehirn gefunkt werden, werden sie bewusst.

Wir sagen oft, dass wir laut denken. Nach der Theorie von Carruthers war der Beginn des bewussten Denkens das genaue Gegenteil: lautloses Sprechen. Demnach spielte die Sprache eine ganz grundlegende Rolle bei der Entwicklung von Denkprozessen, wie sie nur dem Menschen eigen sind. Aber – und das betont Carruthers ausdrücklich – die Sprache ist nicht das einzige Medium des Denkens. Ganz im Gegenteil: Auch alle anderen Handlungen können ja im Hirn testweise durchgespielt werden, dieses Probehandeln lässt dann visuelle oder anders geartete Bilder entstehen, die ebenfalls in Entscheidungsprozesse einfließen. Demnach bedarf nicht alles Denken der Worte, aber Worte machen das Denken bewusst.[119]

Viele Vermutungen über die Bedeutung der Sprache für spezifische Denkvorgänge sind also inzwischen widerlegt: Wir brauchen Wörter und Grammatik nicht, um Konzepte zu bilden, wir brauchen sie nicht, um mit kleinen exakten und großen ungefähren Mengen umzugehen, und wir brauchen sie noch nicht einmal, um uns in andere hineinzuversetzen. Dafür gibt es mehr und mehr Hinweise darauf, was die allgemeinen Funktionen der Sprache im Denken sein könnten: Möglicherweise dient sie als Gerüst für Denkprozesse und ganz sicher als Speichermedium, höchstwahrscheinlich aber nicht als gemeinsames Datenformat für die Kommunikation verschiedener Hirnmodule untereinander. Die fundamentalste Wirkung der Sprache aber war es wohl, dass sie die Entwicklung des bewussten Denkens, wie es nur dem Menschen eigen ist, erst ermöglicht hat.

5 Worte als Fenster zur Welt
Denken wir in verschiedenen Sprachen unterschiedlich?

«In jeder Sprache sitzen andere Augen.»
Herta Müller

Es muss Ironie des Schicksals sein: Ausgerechnet jener Mann, der einen der hitzigsten Streite der Sprach- und Kognitionswissenschaft entfachte, verdiente sein Geld ursprünglich damit, Brände zu verhindern. Wir haben Benjamin Lee Whorf schon im vorigen Kapitel kennengelernt. Whorf war jener Linguist, der in den dreißiger Jahren die These aufstellte, die Hopi-Indianer hätten ein anderes Konzept von Zeit, weil es in ihrer Sprache keine Wörter und grammatischen Formen gebe, die sich direkt auf die Zeit bezögen. Whorfs These über die enge Verbindung von Sprache und Denken heizte einen erbittert geführten Streit unter den Wissenschaftlern an – dabei war Benjamin Whorf hauptberuflich Brandverhütungsinspektor. Im Auftrag einer amerikanischen Versicherungsgesellschaft klärte er die Ursachen von Bränden und Explosionen auf, um sie künftig zu verhindern. Nach Whorfs Ansicht waren entgegen allen Erwartungen nicht immer defekte Kabel oder andere physikalische Probleme die größte Gefahrenquelle. Oft waren es Wörter.

So glaubte er zum Beispiel, dass Menschen sich unachtsam verhielten, wenn das Wort «leer» auf einem Benzinfass stand. Sie rauchten dann neben dem Fass und warfen die Zigarettenkippen einfach auf den Boden. Dass die Ausdünstungen eines Benzinbehälters entflammbar sind, auch wenn er kein Benzin mehr enthält, wüssten viele nicht. Das Wort «leer» verleugne die Gefahr, folgerte Whorf. In einem Aufsatz beschreibt er eine Reihe ähnlicher Fälle. Mal fackelte das Dach einer Bleischmelze ab, weil die Arbeiter einen Haufen sorglos als «Bleiabfall» bezeichneten, ohne zu ahnen, dass Teile darin noch brennbares Paraffinpapier enthielten. Mal ging eine Destillationsanlage in Flammen auf, weil die Arbeiter nicht davon ausgegangen waren, dass auch eine Isolierung aus «Kalkstein» brennen kann, wenn sie nur lange genug bestimmten Dämpfen ausgesetzt ist.[120]

Es ist zweifelhaft, wie viel Verantwortung Wörter wirklich für solche Unfälle tragen. Aber Whorf war überzeugt, dass sprachliche Gewohnheiten großen Einfluss auf das Verhalten von Menschen haben: Wer nur lange genug auf eine bestimmte Art redet, der denkt und handelt mit der Zeit auch entsprechend. Diese Erkenntnis aus seiner Zeit als Brandaufklärer prägte auch seine spätere Arbeit als Linguist. Sie erschien ihm besonders bedeutsam im Hinblick darauf, wie sehr Sprachen voneinander abweichen können. Menschen, die eine unterschiedliche Grammatik benutzen, müssten ihm zufolge auf verschiedene Beobachtungen und Urteile stoßen und daher «zu ziemlich unterschiedlichen Ansichten der Welt kommen», postulierte er.[121]

Auch wenn Whorfs These in Bezug auf die Zeitwahrnehmung der Hopi-Indianer widerlegt worden ist – die Idee des linguistischen Relativismus lebt weiter. Tatsächlich variieren die Sprachen der Welt erheblich. Ihre Grammatiken stellen sehr unterschiedliche Anforderungen an die Sprecher, und ihre Wortschätze statten sie mit anderen Ausdrucksmöglichkeiten aus. Schon ein einfacher Satz wie «Mein Onkel trug ein blaues T-Shirt» kann uns vor sehr unterschiedliche Herausforderungen stellen. In Mandarin etwa könnte man nicht einfach «Onkel» sagen. Ein Chinese müsste ein Wort wählen, das ausdrückt, ob es sich um einen Onkel vonseiten des Vaters oder der Mutter handelt, ob er verwandt oder bloß angeheiratet ist und – angenommen, es handelt sich um einen Bruder des Vaters – ob dieser älter oder jünger ist als er.[122] Ein Russe könnte nicht einfach «blau» sagen, sondern müsste sich festlegen, ob es sich um ein T-Shirt in Dunkelblau (Sinij) oder eines in Hellblau (Goluboj) handelt. Und ein Türke müsste explizit sagen, woher er diese Information überhaupt hat. Seine Sprache verlangt von ihm anzugeben, ob er den Onkel im T-Shirt mit eigenen Augen gesehen oder bloß davon gehört hat.

Solche Unterschiede sind unbestreitbar. Die Frage ist aber: Beeinflussen sie den Menschen? Denkt ein Türke kritischer über Informationsquellen nach als ein Deutscher? Nimmt ein Russe Blautöne anders wahr als ein Amerikaner? Die Vertreter des linguistischen Relativismus sind davon überzeugt. Allerdings konnte man in den vergangenen Jahrzehnten mit dieser Ansicht in der Wissenschaft keine Lorbeeren ernten. Im Gegenteil: Wer sich mit Whorf gemeinmachte, lief Gefahr, sich ins wissenschaftliche Abseits zu befördern. Zu vehement war Whorf widerlegt worden, und zu laut waren die Stimmen seiner Gegner, die der Universalisten um Noam Chomsky. Ihre These von einer universalen Grammatik, die allen Menschen von Natur aus gleichermaßen gegeben ist, ließ keinen Raum für den Einfluss unterschiedlicher Sprachen auf das Denken. Sämtliche Unterschiede zwischen den Sprachen sind dieser Logik nach nur oberflächliche Details. Darunter verberge sich stets dasselbe Geflecht. Und wenn es keinen nennenswerten Unterschied zwischen den Sprachen gibt, dann ist es natürlich müßig, darüber zu spekulieren, ob einzelne Sprachen das Denken auf unterschiedliche Weise lenken.

Allmählich scheint sich das Blatt jedoch zu wenden. Eine neue Generation von Wissenschaftlern – von manchen Neo-Whorfianer genannt – greift die alten Ideen mit neuem Enthusiasmus und beispielloser Gründlichkeit auf. Längst sind es nicht mehr nur Linguisten. Heute treiben vor allem Psychologen und Kognitionswissenschaftler diese Forschung voran. Denn sie wollen die Mechanismen des menschlichen Geistes durchdringen. Sie gehen nicht mehr von einem strikten Determinismus aus – dass die Sprache unser Denken vollends bestimmt, nimmt heute niemand mehr an. Allerdings war Whorf selbst nie von einem solchen Determinismus ausgegangen, auch wenn manche Kritiker seine Aussagen so auslegten. Dass die Grenzen der Sprache auch die Grenzen der eigenen Welt bedeuten, wie Ludwig Wittgenstein einst formulierte, war ihm nicht in den Sinn gekommen.

Die Neo-Whorfianer glauben nun, dass die Muttersprache die Wahrnehmung nicht einengt wie ein Gefängnis, sondern sie unterstützt und in bestimmte Richtungen lenken kann. Sie bestimmt nicht das Denken, nimmt aber durchaus subtilen Einfluss darauf. Anders als Whorf in den dreißiger Jahren versuchen die Forscher von heute diesen Einfluss systematisch nachzuweisen, mit Hilfe neuer technologischer Methoden und durchdachter Experimente. Ihre Thesen sind vielfältig und weit reichend. Manche behaupten, je nach Muttersprache würden Menschen Farben unterschiedlich wahrnehmen, einen ausgeprägteren Orientierungssinn besitzen, Situationen oder gar Personen anders in Erinnerung behalten. Einer besonders kühnen These zufolge hängt sogar die Sparquote eines Landes davon ab, welche Sprache seine Bewohner sprechen. An immer neuen Ideen scheint es nicht zu mangeln. Doch die Sache bleibt umstritten. Noch immer zanken die Forscher – über viele kleine Fragen wie die methodischen Details der Studien, aber auch über die große Frage nach dem Menschenbild. Das Thema rührt an eine der wichtigsten Kontroversen unserer Zeit, an die Frage nach *nature* oder *nurture*: Wie stark wird das Wesen eines Menschen durch seine Biologie festgelegt? In welchem Maße haben Erfahrung und Kultur Einfluss darauf? Was bestimmt das menschliche Denken? Und denken alle Menschen gleich?

Südlich des Salzstreuers

Es gibt einen Ort, an dem man eine Gruppe Wissenschaftler finden kann, die sich nie gescheut hat, den Kampf mit den Chomskianern aufzunehmen, und die entgegen der Mehrheitsmeinung weiter nach Belegen für Whorfs Ideen gesucht haben. Im niederländischen Nijmegen, versteckt in einem kleinen Waldstück, liegt eine Enklave der Relativisten: das *Max-Planck-Institut für Psycholinguistik*. Hier befindet sich ein Teil des größten Spracharchivs der Welt. Unermüdlich reisen die Forscher um den Globus, bis in die entlegensten Gebiete ferner Länder, um die Vielfalt der Sprachen zu dokumentieren. Sie wollen den Klang, die Begriffe und die grammatischen Strukturen besonders seltener Sprachen erforschen und konservieren, bevor diese aussterben.

Die Flure des Instituts erinnern an ein Völkerkundemuseum. An den Wänden hängen bedruckte tongalesische Baumrindenfasern, wuchtige Holztafeln mit Schnitzereien aus Papua-Neuguinea, ein mit Papageienfedern geschmückter Pfeil mit Bogen aus Brasilien. Es sind Andenken, die die Forscher von ihren Expeditionen mitgebracht haben. Mit den Reisen wuchs neben der Souvenirsammlung auch ihre Überzeugung: Die Unterschiede zwischen den Sprachen der Welt sind so gravierend, dass sie mit einer Universalgrammatik nicht vereinbar sind. Sie *müssen* Konsequenzen für das Denken haben. Mit jeder Sprache, die heute ausstirbt, geht somit ein besonderer Blick auf die Welt unwiederbringlich verloren.

Einer, der von der Vielfalt der Sprachen und ihrer Macht besonders gut erzählen kann, ist Stephen Levinson. Er gehört zu den Direktoren des MPI in Nijmegen und leitet das Arbeitsgebiet Sprache und Kognition. Levinson trägt eine runde Gelehrtenbrille mit feinem, goldfarbenem Rand. Er wirkt auf den ersten Blick nicht wie jemand, der sich auf Expeditionen durch Urwaldgebüsch schlägt. Doch Levinson ist viel unterwegs, mal im mexikanischen Hochland, mal im endlos weiten australischen Flachland. Auf seinen Reisen hat er etwas herausgefunden, das die Sprach- und Kognitionsforschung auf den Kopf stellte.

Levinson hat in Australien bei den Aborigines der Hopevale-Gemeinde in Northern Queensland gelebt. Was er dort über deren Sprache Guugu Yimithirr herausfand, ist inzwischen legendär. Seine Erkenntnisse deuten darauf hin, dass Sprache womöglich etwas so Grundlegendes wie das räumliche Denken prägen kann. Die Guugu Yimithirr verwenden keine relativen räumlichen Beschreibungen oder egozentrischen Bezüge: Bei ihnen befinden sich Dinge nicht «hinter» dem Haus, «vor» dem Baum, «rechts» oder «links» vom eigenen Körper. Stattdessen nutzen sie absolute Beschreibungen nach Himmelsrichtungen. Auf Guugu Yimithirr sagt man nicht: «Auf deinem rechten Fuß sitzt eine Ameise», sondern «Auf deinem nördlichen Fuß sitzt eine Ameise». Ein Gegenstand liegt auf der westlichen Ecke des nördlichen Tisches. Die Pfeffermühle steht südlich vom Salzstreuer. Den Hahn einer Gasflasche dreht man womöglich nach Osten zu. Und selbst in einem Buch blättert man nicht vor oder zurück, sondern ost-, süd-, west- oder nordwärts. All das hängt natürlich immer von der konkreten Position der Personen und Gegenstände ab. Der nördliche Fuß wird augenblicklich zum südlichen Fuß, sobald die betreffende Person sich umdreht. Und wer eben noch sein Buch in südöstlicher Richtung gelesen hat, blättert in eine andere Himmelsrichtung, sobald er sich woanders hinsetzt. Klingt kompliziert? Ist es auch.

Um Guugu Yimithirr sprechen zu können, muss man ständig die Orientierung behalten. Wer nicht weiß, wo Norden, Süden, Osten und Westen liegen, kann nicht einmal einfachste Dinge ausdrücken. Selbst wenn die Guugu Yimithirr mal gerade gar nicht sprechen, müssen sie perfekt orientiert sein, denn möglicherweise wollen sie von einem Ereignis später noch erzählen. Wenn sie sich die Himmelsrichtungen nicht gemerkt haben, könnte das jedoch schwierig werden. Die Guugu Yimithirr haben sie so verinnerlicht, dass sie sie sogar in ihre Gesten integrieren. Noch Jahre nach einem Ereignis wissen sie genau, ob etwa ein Fischerboot nach Süden oder Westen kippte, und ihre Hände zeigen bei der Schilderung automatisch in die richtige Richtung.

Wollten wir so reden, müssten wir immer einen Kompass bei uns tragen. Und in gewissem Sinne tun die Guugu Yimithirr das auch. Allerdings befindet sich ihr Kompass in ihrem Kopf. Sie haben eine Art extra Sinn entwickelt. Diese These stellte zumindest Stephen Levinson auf, als er ihre erstaunlichen Fähigkeiten kennenlernte.

Die Guugu Yimithirr müssen den Gast aus Nijmegen sehr gemocht haben. Denn sie ließen sich für ihn auf alle möglichen bizarren Versuche ein. Immer wieder stellte Levinson ihre Fähigkeiten auf die Probe, etwa bei Orientierungstests im Gelände. Mit einigen Männern kurvte er in finsterer Nacht über rumplige Pisten, ließ den Wagen ständig anhalten und bat seine Probanden, die Himmelsrichtungen anzugeben oder die Lage bestimmter Orte anzuzeigen. Meist versperrten Büsche und Bäume, Berge oder Dünen die Sicht. Außerdem legten sie verschlungene Wege zurück, die Fahrgemeinschaft musste Mangrovensümpfe, Flüsse oder undurchdringlichen Regenwald umfahren. Für Levinson selbst war es bei dem

Gekurve nahezu unmöglich, die Orientierung zu behalten. Nicht so für seine Versuchspersonen. Sie zeigten innerhalb von Sekunden die gewünschten Richtungen an. Es fiel ihnen nicht schwer abzuschätzen, wo eine bestimmte Insel, Viehstation oder Missionarsherberge lag, selbst wenn diese Orte mehr als hundert Kilometer entfernt waren. Ihre Angaben wichen allenfalls um ein paar Grad von der korrekten Richtung ab. Sogar in fensterlosen Räumen einer fremden Stadt verloren die Guugu Yimithirr nie ihre Orientierung.[123]

Levinson geht davon aus, dass es die speziellen Erfordernisse ihrer Sprache sind, die diese Fähigkeit hervorbringen. Weil sie die Himmelsrichtungen ständig angeben müssten, trainiere das Sprechen automatisch ihren Orientierungssinn. Plausibel klingt das durchaus. Wer selbst für triviale Alltagsplaudereien oft Norden, Süden, Osten und Westen unterscheiden muss, wird sich sicher schnell angewöhnen, stets darauf zu achten. Und wenn Kinder von klein auf mit dem Sprechen auch diese Art des Orientierens lernen, scheint es fast unausweichlich, dass sie im Laufe der Jahre zu wandelnden Kompassen werden. Wenn Levinsons These stimmt, dann prägt die Sprache die Weltsicht dieser Menschen in einer Weise, wie es niemand für möglich gehalten hätte. Es wäre ein klarer Fall von sprachlichem Einfluss auf das Denken. Whorf wäre sicher überzeugt.

Allerdings ist die These schwer zu beweisen. Anders als in einem Laborversuch lassen sich die Lebensbedingungen einer echten Bevölkerungsgruppe nicht so manipulieren, dass man andere Faktoren als Erklärung ausschließen könnte. Ob die Sprache die kausale Bedingung ist, kann daher niemand mit Sicherheit sagen.

Kritiker wie der US-Linguist John McWhorter von der *Columbia University* wenden ein, es seien vielmehr die Umweltbedingungen, die diese Menschen gelehrt hätten, auf

Himmelsrichtungen und geographische Marker zu achten. «Sie sind menschliche Kompasse, das ist faszinierend. Aber dass es ihre Sprache ist, die sie dazu bringt, ergibt keinen Sinn. Eher ist die Tatsache dafür verantwortlich, dass sie im Flachland leben», sagt McWhorter. Da sei es schwieriger, sich zurechtzufinden, zumal es kaum Wegweiser gebe. Die Guugu Yimithirr hätten demnach den Orientierungssinn entwickelt, um sich in ihrem Lebensraum besser zurechtzufinden. In der Stadt oder dichtem Regenwald hätten sie sich dies nicht angewöhnt. Die Sprache spiegelt McWhorters These zufolge die Lebens- und Denkgewohnheiten lediglich wider, formt sie aber nicht.

Einleuchtend klingen beide Erklärungsansätze. Sie müssen sich allerdings nicht ausschließen. So sieht es zumindest Christiane von Stutterheim, eine renommierte Sprachwissenschaftlerin von der *Ruprecht-Karls-Universität* in Heidelberg. Auch sie erforscht die Wirkung der Sprache auf das Denken und betreut gerade eine Doktorarbeit über die Sprache Tungag aus Polynesien. Tungag fordert seinen Sprechern noch einiges mehr ab: Wenn sie beispielsweise über das Rudern im Meer sprechen, müssen sie angeben, ob das Boot sich mit oder gegen die Meeresströmung bewegt, ob es durch fischreiches oder fischarmes Wasser fährt. Die Tungag-Muttersprachler unterscheiden nicht bloß zwischen Himmelsrichtungen, sondern stellen auch genaue Bezüge zu topologischen Eigenschaften her. Sehr häufig müssen sie sich beim Reden darüber im Klaren sein, ob eine Bewegung etwa zum Strand hin, den Fluss entlang oder den Berg hinauf verläuft. Selbst wenn es einst die Lebensbedingungen waren, die sie dies lehrten, heute ist es zu einer sprachlichen Gewohnheit geworden. «Sprache ist gefrorene Kultur», sagt von Stutterheim. «Das kleine Kind lernt diese Dinge ja nicht auf hoher See, sondern über die Sprache, die man ihm beibringt.» Insofern wäre die Sprache ein Trainingsinstrument, ein Hilfsmittel, in dem sich kulturelles Wissen verfestigt hat, damit jede Generation aufs Neue dieselben Eigenschaften lernt.

Es ist nur eine These, doch zumindest zeichnet sich eine Korrelation ab. Denn inzwischen sind eine ganze Reihe von Sprachen bekannt, deren Sprecher absolute Orientierungsmaße verwenden – und über ähnliche Fähigkeiten im räumlichen Denken verfügen wie die Guugu Yimithirr. Ihre Lebensbedingungen sind sehr unterschiedlich, wie Stephen Levinson betont. Die Bewohner von Tenejapa etwa leben im zerklüfteten Hochland von Chiapas in Mexiko. Sie sprechen die Maya-Sprache Tzeltal und verwenden ebenfalls absolute geographische Marker, um die Lage von Dingen zu beschreiben: Sie sagen «bergauf» und «bergab». Bei ihnen steht zum Beispiel ein Stuhl bergauf vom Tisch. Damit ist allerdings nicht gemeint, dass der Stuhl höher steht als der Tisch. Es bedeutet, dass der Stuhl auf jener Seite des Tisches steht, auf der die Berge höher werden. Im Fall von Tenejapa heißt das: ungefähr im Süden. Zwar ist die Umgebung von zahlreichen tiefen Tälern durchzogen, aber insgesamt steigt sie nach Süden hin auf und fällt nach Norden hin ab. Insofern bezeichnen «bergauf» und «bergab» ebenfalls grobe Himmelsrichtungen. Wo es bergauf und bergab geht, haben die Einwohner von Tenejapa so verinnerlicht, dass sie selbst in fremden Gebäuden und bei Nacht darauf zurückgreifen. Levinson hat den bemerkenswerten Satz einer Frau festgehalten, die das erste Mal in einem Hotel in einer fremden Stadt übernachtete und rätselnd vor der Badezimmerarmatur stand. Sie fragte ihren Mann: «Ist das heiße Wasser in dem Hahn bergauf?»[124]

Für Levinson ist offensichtlich, dass die Menschen aus Tenejapa wie die Guugu Yimithirr eine Art mentalen Kompass besitzen, der permanent im Hintergrund arbeitet. Ihr Orientierungssinn ist ebenfalls sehr ausgeprägt. Im Gegenzug können sie schlecht zwischen links und rechts unterscheiden.

Für eines seiner Experimente baute Levinson eine Parade Spielzeugfiguren auf einem Tisch auf: ein Schwein, eine Kuh, ein Pferd und ein Schaf im Miniaturformat, und es sah so aus, als marschierten sie – angeführt vom Schwein – auf dem Tisch von rechts nach links. Levinson bat die Probanden, sich diese Formation einzuprägen. Dann sollten sie sich um 180 Grad drehen und die Figurenreihe auf einem anderen Tisch nachstellen. Was die meisten von ihnen dann taten, ist in unseren Augen falsch: Denn nun standen das Schwein, die Kuh, das Pferd und das Schaf so, als würden sie von links nach rechts gehen. Auf den ersten Blick wirkte es, als hätten die Tiere die Richtung gewechselt. In den Augen der Tzeltal-Sprecher war es aber richtig so, denn auf beiden Tischen zog die kleine Herde in dieselbe Himmelsrichtung, sagen wir ungefähr nach Süden (bergauf). Sie hatten die Richtung eben gerade nicht gewechselt. Die Tzeltal-Sprecher richten sich nicht danach, ob sich Gegenstände links oder rechts von ihnen befinden, wie wir, für sie zählt die Himmelsrichtung beziehungsweise die Bergrichtung, und die ändert sich nicht, wenn man sich um 180 Grad dreht.

Bei uns würden die Tiere in die entgegengesetzte Richtung laufen, weil wir nicht die Himmelsrichtungen zur Orientierung nutzen, sondern unseren eigenen Körper. Wir orientieren uns egozentrisch, die Tzeltal-Sprecher nicht. Ihr Maßstab sind die Koordinaten der Welt. Ebenso ist es bei den Guugu Yimithirr, bei ihnen hatten ähnliche Rotationstests dasselbe ergeben.

Allerdings gibt es einen kleinen, aber wichtigen Unterschied zu den Guugu Yimithirr: In Tzeltal unterscheiden die Menschen explizit nur zwischen bergab und bergauf, also grob gesagt, Norden und Süden. Für Osten und Westen verwenden sie ein und dasselbe Wort, «jejch», das Levinson mit «across» ins Englische übersetzt (zu Deutsch etwa: quer, hinüber, darüber). Sie müssen es in diesem Fall also nicht so genau nehmen. Und das tun sie auch nicht, wie ein Versuch ergab. Ihr Orientierungssinn auf der Ost-West-Achse ist weniger ausgeprägt als auf der Nord-Süd-Achse – laut Levinson ein Indiz dafür, dass es tatsächlich die Sprache ist, die den Orientierungssinn fördert.[125]

Einen endgültigen Beweis gibt es jedoch nicht, und vielleicht wird es den in dieser Frage auch nie geben. Um den Einfluss der Sprache stichhaltig zu belegen, müsste man Menschen aus anderen Kulturkreisen von klein auf gezielt beibringen, so zu reden wie die Guugu Yimithirr oder die Menschen aus Tenejapa, und dann schauen, ob sie einen besseren Orientierungssinn entwickeln als andere Personen. Aber wie soll das gehen? Es wäre auch ziemlich schwierig, dabei all jene Faktoren zu kontrollieren, die den Orientierungssinn ebenfalls fördern könnten. Ein solcher Versuch ist also eigentlich gar nicht möglich. Glücklicherweise hat er dennoch so ähnlich in Nicaragua stattgefunden, und zwar ganz ohne Zutun der Wissenschaft.

Schon im vorangegangenen Kapitel haben wir von den gehörlosen Kindern in Nicaragua erfahren, die in den siebziger Jahren eine neue Gebärdensprache erfunden haben. Da sich diese Sprache mit der Zeit kontinuierlich weiterentwickelt hat, bot sich für die Wissenschaft eine einmalige Gelegenheit, die Konsequenzen der sprachlichen Unterschiede unter realen Bedingungen zu untersuchen. Sie konnten hier nämlich überprüfen, ob sich mit der Weiterentwicklung der Sprache auch das Denken der Gehörlosen veränderte. Ein wichtiger Unterschied zwischen den beiden Sprachversionen besteht in den räumlichen Beschreibungen: Erst das neuere Gebärdenvokabular ermöglicht es, konsistent und explizit zwischen rechts und links zu unterscheiden. Die Gehörlosen, die als Kinder in den achtziger Jahren die neueren Gebärden lernten, verfügen heute tatsächlich über deutlich bessere Fähigkeiten im räumlichen Denken als ihre Vorgänger aus den siebziger Jahren. Obwohl die Kinder der ersten Generation heute im Schnitt zehn Jahre älter sind, hat ihre höhere Lebenserfahrung offenbar nicht die Lücken des Vokabulars kompensieren können.[126] Jahrelanges Training durch sprachliche Gewohnheiten, das legen diese Beispiele nahe, kann sehr grundlegende sinnliche Fähigkeiten prägen.

Bis hierhin könnte der Eindruck entstanden sein, nur exotische Sprachen kleiner Völker im Hinterland hätten einen solchen Effekt. Das stimmt aber nicht. Kürzlich ergab eine Studie, dass auch Kantonesisch, Mandarin und Thailändisch die Sinne schärfen können. Genau genommen das Gehör. Diese Sprachen sind tonal, das heißt, die Bedeutung eines Wortes variiert je nach Betonung. Es ist daher sehr wichtig, auf die richtige Betonung zu achten, um sich verständlich auszudrücken. Jeder, der mal einen Chinesisch-Kurs gemacht hat, weiß, wie schwer das fällt, wenn man Deutsch als Muttersprache spricht. Bei einem ungeübten Sprecher wird aus einem «Qǐng wèn» («Eine Frage, bitte») schnell ein «Qǐng wén» («Ein Kuss, bitte»). Wir sind nicht daran gewöhnt, auf akustische Feinheiten beim Sprechen zu achten. Chinesische oder thailändische Kinder dagegen trainieren von klein auf ihr Gehör – und haben daher beste Voraussetzungen, Musiker zu werden. Forscher aus Toronto und Tennessee stellten fest, dass kantonesische Versuchspersonen deutlich besser darin sind als englischsprachige Probanden, Melodien und musikalische Töne zu unterscheiden und sich einzuprägen. Sie schnitten in den Tests zum musikalischen Gehör ähnlich gut ab wie erfahrene Musiker.[127]

Und wenn die Rose ein Mann wäre?

Man könnte fast ein bisschen neidisch werden auf solche Muttersprachler. Kaum machen sie als kleines Kind den Mund auf, scheinen sie ihre Sinne zu trainieren. Doch das Deutsche hat etwas Ähnliches zu bieten, behaupten manche Forscher. Zugegeben, verglichen mit einem perfekten Gehör oder kompassähnlicher Orientierung ist das Denkmuster, das unsere Sprache formen soll, weniger nützlich. Aber interessant ist es allemal und auch ein bisschen poetisch. Es heißt, uns prägten unscheinbare grammatische Details, Wörter mit nur drei Buchstaben: der, die und das.

Das Deutsche unterscheidet zwischen den grammatischen Geschlechtern Femininum, Maskulinum und Neutrum. Uns erscheint das selbstverständlich. Aber viele Sprachen wie das Französische oder Spanische haben nur zwei geschlechtliche Artikel, und andere wie das Englische oder Japanische gar keine. Eigentlich sollte das keine Bedeutung haben. Warum sollte eine Gabel weiblich sein, ein Löffel männlich und ein Messer ein Neutrum? Die Zuordnungen gelten als willkürlich. Das zeigt sich schon daran, dass unterschiedliche Sprachen mitunter gegensätzliche Geschlechter verwenden. Im Deutschen heißt es «der Mond» und «die Sonne», im Italienischen dagegen «la luna» und «il sole». Der Apfel ist im Spanischen eine Die. Und im Rumänischen sind Rosen männlich.

Ganz so bedeutungslos sind diese Unterschiede aber womöglich nicht. «Sicher schaut *die* Rose einen anders an als *der* Rose. Man hat es auf Deutsch mit einer Rosendame, auf Rumänisch mit einem Herrn zu tun», hat die Literatur-Nobelpreisträgerin Herta Müller einmal gesagt.[128] Sie wuchs als Angehörige einer deutschen Minderheit in Rumänien auf und spricht daher beide Sprachen. Obwohl Herta Müller so kunstvoll mit Wörtern umgehen kann, kommt es vor, dass sie im Deutschen einen falschen Artikel verwendet. Denn manchmal ist sie es aus dem Rumänischen eben anders gewohnt.

Eine männliche Rose würde uns Deutschen sicher merkwürdig vorkommen, vielleicht sogar undenkbar. Einige Wissenschaftler glauben, das grammatische Geschlecht in der eigenen Muttersprache lenke Assoziationen. Einer männlichen Rose würden wir demnach andere Eigenschaften unterstellen als einer weiblichen. Die Rosen, Äpfel und Gabeln dieser Welt wären je nach Sprache unterschiedliche Wesen.

Intuitiv würden wir dem sicher zustimmen – ein Wissenschaftler aber braucht harte Fakten. Und dafür sind replizierbare Analysen nötig, die wenig Raum für Intuition lassen. Man muss den Forschern allerdings eines lassen: Auch sie haben phantasievolle Momente. Zu dieser Sorte Forscher gehört die Psychologin Lera Boroditsky von der *University of California* in San Diego, die wir bereits im Metaphern-Kapitel kennengelernt haben. Boroditsky ist eine besonders prominente Vertreterin der Neo-Whorfianer. Sie weiß Studien mit großem Unterhaltungswert zu gestalten. In einem Experiment etwa kamen sie und ihre Kollegen auf die Idee, Äpfeln, Brücken und anderen Dingen Vornamen zu geben. Dann baten sie Versuchspersonen, sich diese Namen zu merken. Und wie sich herausstellte, fiel den Probanden das leichter, wenn der Name dem grammatischen Geschlecht entsprach, wenn also Gegenstände mit maskulinem Genus einen Jungennamen erhalten hatten. So konnten sich deutschsprachige Probanden den Namen eines Apfels besser einprägen, wenn er «Patrick» lautete, spanischen Muttersprachlern hingegen war «Patricia» eingängiger.[129]

Andere Forscher hatten eine ebenso ungewöhnliche Idee. Sie ließen Versuchspersonen glauben, verschiedene Gegenstände sollten in einem Film auftreten. Die Forscher baten französische und spanische Muttersprachler um Hilfe beim Auswählen passender Synchronstimmen. Zum Beispiel ging es darum, den Auftritt einer Gabel akustisch authentisch zu gestalten. Wie aber spricht eine Gabel? Die meisten französischen Teilnehmer wollten, dass sie eine weibliche Stimme bekommt, die Spanier dagegen verliehen ihr eher eine männliche Stimme – ganz so, wie es dem grammatischen Geschlecht ihrer jeweiligen Sprache entspricht (la fourchette und el tenedor).[130]

Lera Boroditsky vermutet, das grammatische Geschlecht lenke die Aufmerksamkeit auf bestimmte Aspekte. Spanier würden demnach mehr auf die männlichen «Eigenschaften» einer Gabel achten, Franzosen und Deutsche dagegen eher auf die weiblichen. Ob eine Gabel über solche Eigenschaften verfügt, ist natürlich fraglich. Deshalb machte Boroditsky die Probe aufs Exempel. Sie bat deutsche und spanische Testpersonen um spontane Assoziationen zu verschiedenen Begriffen. Boroditsky wollte wissen, welche Eigenschaften sie mit Wörtern wie «Brücke» oder «Schlüssel» in Verbindung brachten. Man könnte annehmen, dass Spanier ähnlich wie Deutsche darüber denken. Aber bei der Studie kam etwas anderes heraus. So beschrieben deutsche Muttersprachler Brücken als «elegant», «schön», «schlank» und «friedfertig», spanische Sprecher dagegen fanden eher Begriffe wie «groß», «stark», «robust» und «gefährlich» besonders passend. Beim Wort «Schlüssel» dachten die Deutschen an «hart», «metallisch» und «zackig», während den Spaniern eher Wörter wie «klein», «glänzend» oder «hübsch» in den Sinn kamen.[131] Wie vermutet, schienen die Assoziationen etwas mit den grammatischen Geschlechtern zu tun zu haben. Diese waren bei den ausgewählten Beispielwörtern nämlich stets gegensätzlich.

Boroditsky sieht dies als Indiz dafür, dass das grammatische Geschlecht in die Gedanken hineinwirkt. Sie hält sogar Auswirkungen auf die reale Welt für möglich – dass etwa Brücken in Deutschland mit einer «feminineren» Note gebaut werden als in Spanien.

Bevor nun jemand loszieht, um die Weiblichkeit von Brücken zu entdecken, lohnt es sich, die wissenschaftliche Evidenz genauer zu betrachten. Denn die Studienlage ist nicht eindeutig. Nur weil ein paar Experimente Effekte gezeigt haben, ist die These noch nicht bewiesen. Es ist auch nicht klar, wie tief die Suggestionskraft der Artikel überhaupt in unser Denken eingreift. Eine wichtige Frage der Neo-Whorfianer ist ja, ob Sprache auch das nichtsprachliche Denken beeinflusst. Halten Franzosen Gabeln grundsätzlich für weiblich, oder drängt sich ihnen dieser Gedanke nur auf, wenn sie das Wort lesen oder über Gabeln sprechen? Forscher haben versucht das zu klären, indem sie Versuchspersonen lediglich Bilder von Brücken, Schlüsseln, Äpfeln und ähnlichen Dingen zeigten. In einigen Studien schien das grammatische Geschlecht die Assoziationen zu wecken und zu lenken. In anderen Untersuchungen jedoch verschwanden die geschlechtsspezifischen Assoziationen, wenn den Probanden nur Bilder vorgelegt wurden. Manchmal zeigte sich der Effekt auch bloß bei bestimmten Personengruppen: In der Studie mit der sprechenden Film-Gabel etwa ließen sich zwar Franzosen und Spanier vom grammatischen Geschlecht ihrer Sprache leiten, deutsche Probanden jedoch nicht so sehr. Insofern ist eine eindeutige Aussage kaum möglich. Wie so oft in der Wissenschaft ist der Weg zur Erkenntnis mit Widersprüchen gepflastert. Es kann sein, dass das grammatische Geschlecht einer Sache unsere Assoziationen zwar beeinflusst, aber möglicherweise nur dann, wenn wir über sie sprechen. Und auch das womöglich nicht immer. Selbst die

Bilderstudien – angenommen, sie kämen zu einheitlichen Ergebnissen – wären kein endgültiger Beweis für einen Einfluss auf nichtsprachliches Denken. Denn es könnte ja sein, dass Probanden auch Bilderaufgaben mit Hilfe von Worten lösen. Vielleicht sprechen sie im Geiste mit und fragen sich: «Was sehe ich da auf dem Bild? Aha, eine Gabel.» Und schon wäre die sprachliche Geschlechtskategorie im Geiste aktiviert.

Glücklicherweise muss sich die Poesie nicht um solch vertrackte Analysen scheren. Sie kommt ohne objektive Wahrheit aus. Für die mehrsprachige Schriftstellerin Herta Müller stellt sich die Sache auf ganz eigene Weise dar. Was in ihrer Phantasie geschieht, wenn die deutsche Rosendame und der rumänische Rosenherr zusammentreffen, hat sie sehr poetisch beschrieben: «Was ist die Rose in zwei gleichzeitig laufenden Sprachen? Sie ist ein Frauenmund in einem Männergesicht, sie ist ein zehenlanges Frauenkleid, in dem eingerollt ein Männerherz sitzt. Sie ist Frauenhandschuh und Männerfaust in einem. Aus der abgeschlossenen Rose jeder Sprache wird im Zusammentreffen beider Rosenwörter eine rätselhafte, niemals endende Handlung.»[132]

Das russische Blau

Wie das Beispiel des grammatischen Geschlechts zeigt, ist es nicht so einfach, Sprache und Denken voneinander zu trennen. Tatsächlich mischt sich Sprache in weitaus mehr kognitive Prozesse ein, als Wissenschaftler lange angenommen haben. Das legen jüngere Studien über Farbwahrnehmung nahe. Sie ist ein besonders akribisch bearbeitetes Versuchsfeld der Relativisten. Manche sagen sogar, sie sei ein klassisches Schlachtfeld der Psycholinguistik. Zunächst erscheint das kaum plausibel. Was sollten Worte schon den Farben anhaben können? Farben sind doch Farben, oder? Es stimmt, verschiedene Farben grenzen sich objektiv betrachtet klar voneinander ab. Aber nicht alle Sprachen unterteilen sie in dieselben Kategorien. Manche Sprachen unterscheiden zum Beispiel nicht zwischen Blau und Grün, andere haben dagegen gleich zwei Wörter für unterschiedliche Blautöne wie das Griechische oder das Russische. Und dann gibt es noch Völker wie die Dani in Papua-Neuguinea, die nur Begriffe für hell und dunkel kennen. Daraus ergibt sich eine spannende Frage: Beeinflusst, wie man über Farben spricht, auch, wie man sie sieht? Hat der Wortschatz der Muttersprache Einfluss auf etwas so Elementares wie die visuelle Wahrnehmung?

Schon vor Jahrzehnten trieb diese Frage Wissenschaftler um. Allerdings waren die Thesen mancher Whorf-Anhänger geradezu abenteuerlich. Manche glaubten gar, dass Menschen wie die Dani überhaupt keine Farben sehen könnten, weil ihre Sprache keine Wörter dafür hat. Das ist natürlich Unsinn, wie die Psychologin Eleanor Rosch unter Beweis stellte. Bald setzte sich die Erkenntnis durch: Es gibt grundlegende Gemeinsamkeiten im visuellen System der Menschen, und die Wahrnehmung der Grundfarbtöne gehört dazu. «Das war ein weiterer Nagel für den whorfianischen Sarg», sagt Stephen Levinson.

Doch ganz falsch ist die Grundannahme nicht. Das zeigen aktuelle Arbeiten der Relativisten, allen voran die bereits erwähnte Lera Boroditsky. Kaum jemand verbreitet die These der sprachlichen Relativität so enthusiastisch in der Öffentlichkeit wie die Psychologin aus Kalifornien. Wer sie bei einem Vortrag erlebt, wird kaum annehmen, dass sie Englisch erst recht spät gelernt hat. Ursprünglich stammt Boroditsky aus Weißrussland, ihre Muttersprache ist Russisch. Erst im Alter von zwölf Jahren zog sie mit ihren Eltern in die USA.

Sie war offenbar schon damals ambitioniert. Nach ihrer Ankunft in dem neuen Land verkündete sie ihren Eltern einen Entschluss: Ein Jahr lang wollte sie kein Russisch mehr sprechen, sondern nur noch Englisch, um die Sprache gut zu lernen. Mit ähnlicher Entschlossenheit versucht sie heute, den Einfluss der Sprache auf das Denken zu belegen. Zufällig eignet sich ihre Muttersprache gut für einen Versuch. Denn im Russischen gibt es nicht ein einzelnes Wort für die Farbe Blau. Russen unterscheiden zwischen Sinij (dunklem Blau) und Goluboj (hellem Blau). Sie können nicht einfach «blau» sagen, sondern müssen die exakte Farbnuance festlegen. Der israelische Linguist Guy Deutscher hält es daher für möglich, dass sie ein Chagall-Gemälde anders wahrnehmen als andere Muttersprachler.[133] So konkret hat das zwar selbst Lera Boroditsky noch nicht untersucht, aber immerhin verglich sie in einer Studie gemeinsam mit Jonathan Winawer und weiteren Kollegen die Farbwahrnehmung englisch- und russischsprachiger Probanden an einem Computerbildschirm. Beide Gruppen sollten verschiedene blaue Vierecke einander zuordnen. In mehreren Durchgängen mussten sie entscheiden, welche zwei der gezeigten Vierecke farblich identisch waren. Niemanden stellte das vor ernsthafte Probleme. Aber den Russen fiel es offenbar leichter. Sie waren deutlich schneller, und zwar immer dann, wenn die Blautöne die Grenze zwischen Sinij und Goluboj überschritten. Jene Grenze also, die Russen tagtäglich beim Sprechen berücksichtigen müssen. Vom genaueren Hinsehen haben sie anscheinend einen schärferen Blick bekommen.[134]

Um zu demonstrieren, dass tatsächlich die Sprache der Grund dafür war, versuchten die Forscher sie als Ursache auszuhebeln. Während die Probanden den Farbtest absolvierten, mussten sie zusätzlich eine verbale Aufgabe bewältigen, sich eine Zahlenfolge merken und laut wiederholen. Das Ganze war ein Ablenkungsmanöver. Unser Gehirn beherrscht Multitasking zwar bis zu einem gewissen Grad, aber wenn zwei Aufgaben dieselben kognitiven Ressourcen anzapfen, dann leidet die Leistung. Die Rechnung ging auf: Als sich die Probanden zusätzlich Zahlenreihen merken mussten, verschwand der Wahrnehmungsvorteil der Russen. Sie konnten die Blautöne nicht mehr schneller unterscheiden als die englischsprachigen Probanden.

Man kann darüber streiten, ob das Wiederholen von Zahlenreihen wirklich eine sprachliche Aufgabe darstellt. Aber die Forscher selbst sehen ihr Ergebnis als Beleg dafür, dass die Russen unbewusst sprachliche Prozesse rekrutierten, um die Blautöne zu sortieren. Die Kategorien ihrer Muttersprache hätten ihnen dabei geholfen, die Farben zu unterscheiden.

Mehrere Studien stützen diese These. Auch Griechen und Japaner, deren Sprachen ebenfalls zwei unterschiedliche Wörter für Blautöne haben, sind besonders sensibel für Farbunterschiede nahe dieser sprachlichen Grenze. Die sprachlichen Kategorien verzerren allerdings zum Teil auch ihren Blick: Griechen und Japaner halten Blautöne für ähnlicher, wenn sie semantisch derselben Kategorie angehören, wenn sie also den gleichen Namen tragen, obwohl sie rein objektiv betrachtet gar nicht mehr Ähnlichkeit zueinander haben als zu einem Randfarbton aus der anderen Kategorie.[135]

Eine Studie anderer Forscher verfeinert diese These noch. Sie ergab, dass solche Wahrnehmungsunterschiede immer dann auftreten, wenn die Farbstimuli den Personen im rechten Sichtfeld präsentiert werden.

Um zu verstehen, warum dieser Befund so bemerkenswert ist, muss man sich die Anatomie des menschlichen Gehirns vergegenwärtigen. Das Gehirn besteht aus zwei Hälften, die unterschiedliche Funktionen ausüben. Für viele sprachliche Prozesse ist vor allem die linke Hemisphäre zuständig. Immer wenn wir etwas sagen, werden also bestimmte Netzwerke in der linken Hirnhälfte in besonderem Maße aktiviert. Zugleich verarbeitet der linke Teil des Gehirns all jene Reize, die aus dem rechten Sichtfeld einströmen. Die Signalverarbeitung verläuft also über Kreuz. Mit Blick auf die Studie lässt sich daraus folgende These ableiten: Die visuelle Unterscheidung der Farbtöne war immer dann schneller und präziser, wenn die linke Hirnhälfte beteiligt war, wenn also sprachliche Prozesse beim Sortieren mithelfen konnten. Die Forscher werten ihr Resultat daher als weiteren Beleg dafür, dass die sprachlichen Farbkategorien die Wahrnehmung mitbeeinflussen. Zumindest dann, wenn sich die Farbtöne im rechten Sichtfeld befinden. Whorf hatte demnach zur Hälfte recht, folgern die Forscher in ihrem Fazit.[136]

Ein letztes Puzzlestück in der Beweiskette sind Studien mit bilingualen Personen. Angenommen, jemand spricht zwei Sprachen, die über verschiedene Farbkategorien verfügen, etwa Englisch und Griechisch – hat das dann Einfluss auf seine Farbwahrnehmung? Eine Studie mit griechischen Muttersprachlern, die eine Weile in Großbritannien gelebt hatten, ergab, dass ihre Sensibilität gegenüber Blautonunterschieden sich der von englischen Muttersprachlern angenähert hatte. Je länger die Griechen unter Briten gelebt und Englisch gesprochen hatten, desto mehr ähnelte auch ihr Verhalten in der Farbunterscheidung dem eines Briten. Sie hatten gewissermaßen ihren scharfen Blick für die Blaugrenze ihrer Muttersprache verloren.[137]

Es ist nicht zu übersehen: Die Relativisten haben sich Mühe gegeben, zahlreiche Belege für ihre These zusammenzutragen. Die Farbstudien sind für die Kognitionsforschung deshalb so interessant, weil sie ein anderes Licht auf basale Wahrnehmungsprozesse werfen. «Wir gingen lange davon aus, dass Systeme wie die Farbwahrnehmung gar nicht kognitiv zu durchdringen sind», sagt Lera Boroditsky. Denn dieser Prozess ereignet sich sehr früh und rasend schnell. Dass er von einer höheren kognitiven Instanz wie Sprache beeinflusst werden kann, hätten viele nicht für möglich gehalten. «Sprache ist zwar keine Voraussetzung, um Farben zu unterscheiden», schränkt Boroditsky ein. Auch eine Taube könnte solche Farbtests absolvieren. «Aber es zeigt sich, dass Menschen unbewusst sprachliche Prozesse aktiveren, wenn sie diese scheinbar nichtsprachlichen Aufgaben lösen sollen. Die Sprache kann sich also in solche Prozesse einmischen und bei den Aufgaben helfen.» Und das tut sie automatisch, ohne dass die betreffende Person es bemerkt. Ein Grieche hätte niemals genügend Zeit, sich zu fragen, ob er nun «ghalazio» oder «ble» vor sich hat. Manche Forscher halten es sogar für möglich, dass der visuelle Kortex im Gehirn von Griechen oder Russen anders strukturiert ist als etwa bei Engländern oder Deutschen – dass die permanente sprachliche Unterscheidung über Jahre physiologische Spuren hinterlässt. Das volle Ausmaß der verborgenen Sprachmacht ist somit noch nicht geklärt. Aber Wissenschaftler arbeiten mit Hochdruck an der Frage.

Wozu der Aufwand, könnte man sich fragen. Spielt all das in unserem Alltag überhaupt eine Rolle? Sieht ein Picasso- oder Chagall-Gemälde für Russen und Griechen wirklich anders aus? Und selbst wenn, wäre das so eine große Sache? Der amerikanische Linguist John McWhorter merkt in einer kritischen Auseinandersetzung mit diesen Studien süffisant an, es könne von einer anderen Weltsicht ja wohl kaum die Rede sein, nur weil manche Leute ein paar Millisekunden früher hauchfeine Farbunterschiede entdecken.[138] Er nennt dies einen «cute psychological blip», ein putziges psychologisches Phänomen. «Es ist aber kein Weltbild», bekräftigt McWhorter.

In der Tat: Ein anderes Weltbild können diese Studien allein noch nicht belegen. Farbwahrnehmung eignet sich für die Erforschung von Sprache und Denken deshalb so gut, weil sie ein so grundlegender Prozess der Wahrnehmung ist, ein vergleichsweise simpler, gut messbarer kognitiver Vorgang. Daher ist die Beweislage auf diesem Gebiet geradezu luxuriös für die Verhältnisse in der linguistischen Relativitätsforschung. Die Thesen der Neo-Whorfianer gehen aber noch weit darüber hinaus. Nur sind sie eben noch nicht so gut erforscht. Lera Boroditsky widerspricht dennoch McWhorters Einschätzung: «Je mehr Belege wir in ganz verschiedenen Bereichen sammeln, desto mehr muss man sagen, in dem Maße, in dem das Weltbild der Menschen daraus besteht, wie sie über Raum und Zeit und Kausalität nachdenken, wie sie sich an Dinge erinnern, wie sie Dinge wahrnehmen, wie sie Dinge unterscheiden können – dann muss man sicher sagen, dass die Sprache das Weltbild beeinflusst.»

Neuer Schmuck im Geisterhaus

Sprachen unterscheiden sich auch darin, wie Menschen Ereignisse schildern. In manchen wird zum Beispiel mehr Wert darauf gelegt, die Art und Weise einer Bewegung zu beschreiben. Andere lenken die Aufmerksamkeit stärker auf die Richtung von Bewegungen. Im Französischen, Italienischen oder Türkischen etwa enthalten Bewegungsverben häufig einen Hinweis auf die Richtung. Da heißt es zum Beispiel: «Peter *entre* dans la maison.» (Peter betritt das Haus.) Ob Peter dabei rennt oder schleicht, trottet oder wankt, bleibt offen. Wer darauf eingehen möchte, muss einen gesonderten Hinweis hinzufügen: «Peter entre dans la maison courant.»

Im Englischen, Russischen oder Deutschen etwa ist es umgekehrt, da enthält das Verb eher einen Hinweis auf die Art der Bewegung, lässt aber die Richtung offen. Dass Peter sich beim Rennen in ein Haus begibt, muss ein sogenannter Satellit verbildlichen, im Englisch etwa das Wort *into*: «Peter runs into the house.» Je nachdem, welche Sprache jemand spricht, muss er also tendenziell, wenn auch unbewusst, auf unterschiedliche Details achten, entweder auf die Art der Bewegung oder auf die Richtung. Jede Sprache erfordert somit eine bestimmte Art des Denkens, sagt der amerikanische Psychologe und Linguist Dan Slobin. Er hat dafür den Begriff *Thinking for Speaking* geschaffen.

Slobin geht darüber hinaus davon aus, dass sich im Kopf eines Menschen unterschiedliche Bilder formen, je nachdem, wie lebhaft seine Sprache Bewegungen beschreibt. Er ist dieser Vermutung in einem kleinen Experiment nachgegangen. Slobin gab spanisch- und englischsprachigen Versuchspersonen unter anderem einen Auszug aus Isabel Allendes Buch *Das Geisterhaus* zu lesen. Die englische Version war eine wortwörtliche Übersetzung des spanischen Originals, dennoch wichen die Nacherzählungen der englischsprachigen Leser von denen der spanischen Muttersprachler ab. In der betreffenden Passage ging der Protagonist mit schwerem Gepäck einen schlammigen und steinigen Weg entlang. *Wie* er dabei ging, war nicht explizit beschrieben. Die englischsprachigen Probanden ergänzten jedoch in ihrer Nacherzählung kurzerhand einige Details. Ihren Schilderungen nach «schwankte», «stolperte» oder «stapfte» der Protagonist plötzlich den Weg entlang. Ganz freimütig schmückten sie die Geschichte aus. In den Beschreibungen der Spanier gab es kaum Ausschmückungen dieser Art. Sie hielten sich in der Nacherzählung dichter an das Original. Das bedeutet nicht, dass die englischsprachigen Leser falschlagen. Vielleicht hatte Isabel Allende in der Tat «stapfende» oder «stolpernde» Bewegungen vor Augen, als sie die Szene schrieb. Aber die Verben ihrer Sprache implizieren dies eben nicht so deutlich.[139]

Menschen beobachten Ereignisse sogar unterschiedlich, je nachdem, welche Sprache sie sprechen beziehungsweise in welcher Sprache sie die Situationen beschreiben. *Seeing for Speaking* nennt das die Sprachwissenschaftlerin Christiane von Stutterheim von der *Ruprecht-Karls-Universität* in Heidelberg. Sie untersucht mit Hilfe von Eye-Tracking-Technologie, wohin Menschen schauen, wenn sie beispielsweise eine Videosequenz ansehen und zeitgleich beschreiben sollen, was darin zu sehen ist. Englisch-, russisch- oder arabischsprachige Personen lenken ihren Fokus auf andere Dinge als Deutsche oder Niederländer. Und das hat etwas mit der Grammatik zu tun, meint von Stutterheim.

Genauer gesagt, mit dem sogenannten Aspekt, den manche Sprachen markieren. Ein bekanntes Beispiel dafür ist die ing-Form im Englischen. Sätze wie «He was going» oder «he was eating» implizieren, dass ein Ereignis noch andauerte. «He went» und «He ate» beschreiben dagegen abgeschlossene Handlungen. Im Englischen muss man diese Unterscheidung treffen, im Deutschen nicht. Zwar können wir sagen: «Er aß gerade», um klarzumachen, dass es in diesem einen Moment geschah. Und manche werden vielleicht die im Rheinischen mögliche Verlaufsform «Er war am Essen» kennen. Aber in der Regel sind solche Formulierungen in der deutschen Sprache nicht üblich, geschweige denn nötig. Wir müssen nicht so reden, englischsprachige Menschen dagegen schon. Im Arabischen, Spanischen und Russischen sind noch differenziertere Aspekt-Markierungen erforderlich. Niederländische Sprecher dagegen handhaben es tendenziell eher so wie deutsche.

Um zu testen, wie genau diese grammatischen Anforderungen die Aufmerksamkeit lenken, zeigten sie und ihre Kollegen Probanden aus verschiedenen Ländern kurze Videosequenzen: Ein Auto fährt eine Landstraße entlang, eine Mutter schlendert mit ihrem Kind durch einen Park, eine Katze tapst durch eine Wohnung. Die Forscher analysierten, wie Versuchspersonen solche Ereignisse beschreiben und wie dabei ihre Blicke über den Bildschirm wandern. Und tatsächlich korrelieren die Muster mit der Grammatik der Sprachen. Angenommen, ein Film zeigt ein Auto auf einer Landstraße, dann beschränken sich russisch-, englisch- oder arabischsprachige Probanden tendenziell darauf, zu sagen: «Ein Auto fährt auf einer Landstraße.» Dass das Auto aber auf ein Dorf zufährt, das am Bildrand zu erkennen ist, erwähnen sie meist nicht. Sie konzentrieren sich auf das, was in diesem Moment geschieht, und dafür hat das Dorf am Bildrand keine Bedeutung. Sie segmentieren Ereignisse in einzelne Phasen, sagt von Stutterheim. Denn sie haben gelernt, darauf zu achten, ob eine Handlung abgeschlossen ist oder nicht. Nicht so deutsche und niederländische Probanden. Sie sagen eher so etwas wie «Ein Auto fährt auf ein Dorf zu». Das heißt, sie betrachten die Ereignisse ganzheitlich und tendenziell von ihrem Ende her. Obwohl aus dem Video gar nicht hervorgeht, ob das Auto wirklich im Dorf ankommt, erwähnen sie das Dorf als Ziel. Und so wie die Personen in diesen Versuchen reden, so gucken sie auch. Eyetracking-Untersuchungen bestätigen, dass englische, russische und arabische Sprecher ihren Blick nicht so sehr auf mögliche Ziele einer Bewegung richten, sondern auf die Details des laufenden Geschehens. Deutsche und Niederländer dagegen nehmen häufiger, früher und auch länger mögliche Zielpunkte ins Visier. Bevor sie anfangen zu sprechen, versuchen sie erst einmal die gesamte Situation zu erfassen. Man könnte vereinfacht sagen: Sprecher von Aspekt-Sprachen zoomen einzelne Abschnitte des Geschehens heran, während andere Muttersprachler eher das große Ganze erfassen. Diese Lenkung der Aufmerksamkeit hat sogar Einfluss auf die Erinnerung: Nach einer solchen Aufgabe können sich deutschsprachige und niederländische Probanden besser daran erinnern, welche möglichen Zielpunkte in den Videos zu sehen waren.

Eine ungeklärte Frage ist jedoch, ob diese Unterschiede nur dann auftreten, wenn Menschen über ein Ereignis sprechen, oder ob sie auch darüber hinaus von Bedeutung sind. Betrachten Sprecher unterschiedlicher Muttersprachen alltägliche Situationen grundsätzlich anders? Achten sie auf andere Dinge? Christiane von Stutterheim hält dies für möglich. In einer Studie konnten sie und ihre Kollegen kürzlich zeigen, dass die Blicke der Versuchspersonen auch dann unterschiedlich über den Bildschirm wanderten, wenn die Probanden beim Betrachten der Videos gar nicht sprachen, sondern nur zuschauten und dabei auf bestimmte Tonsignale achten sollten. Die Evidenzlage ist allerdings nicht eindeutig. Untersuchungen anderer Forscher fanden unter nonverbalen Versuchsbedingungen keine Unterschiede.

Doch selbst wenn Sprache die Aufmerksamkeit nur dann lenkt, wenn wir über ein Ereignis reden, können unsere Sprechgewohnheiten Einfluss auf Erinnerungen haben. Dan Slobin, der den Begriff *Thinking for Speaking* prägte, weist darauf hin, dass Erlebnisse schnell Teil einer persönlichen Erzählung werden und somit unsere Sprache die Erinnerungen daran formen könnte.[140]

Wir erinnern uns auch deshalb an Dinge, weil wir davon erzählen. Und in diesen Momenten kann Sprache eine mächtige Wirkung entfalten. Zahlreiche Studien belegen, wie leicht Erinnerungen zu manipulieren sind. Die berühmten Experimente der Psychologin Elizabeth Loftus etwa demonstrieren, wie schon suggestive Fragen Gedächtnisinhalte verändern können. Allein das Wort «zusammenkrachen» («smash») anstelle von «zusammenstoßen» («hit») in einer Frage führt dazu, dass manche Augenzeugen plötzlich meinen, bei einem Autounfall zersplittertes Glas gesehen zu haben.[141] Und wie schnell wandelt man beim Erzählen ein paar Details ab und hält sie später selbst für bare Münze? «Jeder Mensch erfindet sich früher oder später eine Geschichte, die er für sein Leben hält», hat der Schriftsteller Max Frisch geschrieben. Indem wir von unserem Leben erzählen, verändern wir es auch. Insofern wäre es nicht verwunderlich, wenn sprachliche Gewohnheiten einen Einfluss hätten – wenn eine bestimmte Schilderung schon von Anfang an die Erinnerung an Ereignisse prägen würde.

Wer war der Täter?

Manche Forscher gehen noch einen Schritt weiter. Lera Boroditsky etwa hält es für möglich, dass die Grammatik der Muttersprache beeinflusst, wie gut wir uns an andere Personen erinnern. Das könnte für Zeugenaussagen in Gerichtsprozessen von Bedeutung sein. Im Englischen etwa tendieren Sprecher dazu, stets zu benennen, *wer* etwas getan hat. Selbst wenn Peter aus Versehen eine Vase umwirft, heißt es «Peter hat die Vase kaputt gemacht». Wer den Verantwortlichen verschweigt, mache sich sogar verdächtig. Das wirke dann so wie der berühmte Ausspruch «Mistakes were made», den etwa der ehemalige US-Präsident Ronald Reagan bemühte, als er Fehler eingestehen musste, aber wohl von sich selbst ablenken wollte. Im Spanischen und Japanischen ist es anders. Wenn etwas aus Versehen geschehen ist, dann ist es eher unüblich, den Verursacher zu benennen. Da heißt es dann «Die Vase ist zerbrochen» oder sogar wörtlich «Die Vase hat sich zerbrochen». In verschiedenen Experimenten zeigten Lera Boroditsky und ihre Mitarbeiterin Caitlin Fausey Amerikanern, Japanern und spanischsprachigen Probanden Videoaufnahmen von Personen, die mal absichtlich, mal aus Versehen einen Gegenstand zerstörten: Sie zerbrachen ein Ei, ließen einen Luftballon platzen oder verschütteten Wasser beim Blumengießen. Hinterher mussten die Probanden auf Fotos den jeweiligen «Täter» identifizieren. Hatte dieser mit Absicht gehandelt, erkannten alle Probanden ihn gleichermaßen wieder. War es aber ein Versehen gewesen, konnten sich Spanier und Japaner weniger gut an den Tollpatsch erinnern als Amerikaner.[142] Boroditsky zufolge könnte dies daran liegen, dass es in ihrer Sprache nicht erforderlich ist, den Verursacher eines Versehens zu benennen. «Wahrscheinlich achten sie eher auf andere Details, etwa die Begleitumstände oder das Ergebnis, und erinnern sich daran besser.»

Tatsächlich gibt es eine Studie einer anderen Forscherin, die diese Vermutung stützt. Luna Filipović von der *University of East Anglia* in Großbritannien hat ebenfalls das Gedächtnis von englisch- und spanischsprachigen «Zeugen» auf die Probe gestellt. Auch hier gingen dafür im Namen der Wissenschaft diverse Gegenstände zu Bruch. Filipović fand heraus, dass sich spanischsprachige Probanden tendenziell besser als Engländer daran erinnern konnten, ob etwas aus Versehen kaputtgegangen oder absichtlich zerstört worden war. Sie hält das für brisant und höchst bedeutsam für Zeugenaussagen. Womöglich würde ein englischer Muttersprachler vor Gericht ausführlicher den Täter beschreiben, dafür aber nicht so stark differenzieren, ob dieser mutwillig handelte oder versehentlich. Ein spanischsprachiger Zeuge dagegen würde vielleicht mehr Details zum Tat- oder Unfallhergang spezifizieren, dagegen aber weniger über die verantwortliche Person sagen können. Vor allem unter Stress, so vermutet Filipović, kommen sprachliche Gewohnheiten zum Tragen: Sie fand heraus, dass das Gehirn bei kognitiver Belastung sprachliche Strukturen zu Hilfe nimmt, um Ereignisse zu verarbeiten, abzuspeichern und abzurufen.[143]

Dennoch ist die Beweislage bislang dünn. Für ein abschließendes Urteil reicht sie nicht aus. Die These ist gewagt und die Kausalität fraglich. Möglicherweise lässt sich der Effekt auch anders erklären, etwa durch eine unterschiedliche kulturelle Prägung. Die Sprache würde dann bloß spiegeln, welche Aspekte in einer Kultur als beachtenswert gelten. Lera Boroditsky kennt diesen Einwand natürlich – und verweist auf ein weiteres Experiment. Sie hat damit versucht zu demonstrieren, wie massiv Sprache zumindest kurzfristig die Aufmerksamkeit manipulieren kann. Dafür bombardierte sie Versuchspersonen regelrecht mit Sätzen, die einen verantwortlichen Akteur entweder erwähnten oder unterschlugen. Bei einer Variante des Versuchs bekamen sie Botschaften zu hören wie: «Sie hat den Toast verbrannt», «Sie hat die Halskette gelockert» oder «Sie hat die Farbe verspritzt». Bei einer weiteren lauteten die Sätze: «Der Toast verbrannte», «Die Halskette lockerte sich» und «Die Farbe spritzte».

Die schnelle Konfrontation mit diesen Sätzen wirkte offenbar wie ein sogenanntes Priming: Sie manipulierte die Aufmerksamkeit der Probanden, indem sie bestimmten Vorstellungen den Weg bahnte. Im Anschluss sollten die Probanden ebenfalls Videos ansehen, in denen Dinge zu Bruch gingen. Später mussten sie anhand von Fotos die verantwortlichen Personen identifizieren. Diesmal sprachen alle Versuchsteilnehmer Englisch, dennoch wichen ihre Antworten voneinander ab. Dabei spielte offenbar eine Rolle, welchen Botschaften sie zuvor ausgesetzt waren. Wer Sätze wie «Der Toast verbrannte» oder «Die Farbe spritzte» gehört hatte, konnte sich bei der simulierten Gegenüberstellung weniger gut daran erinnern, wer im Video etwas zerstört hatte. Die Probanden hatten offenbar weniger auf die Übeltäter geachtet – die sprachliche Manipulation hatte ihre Aufmerksamkeit möglicherweise in andere Bahnen gelenkt.

Wenn Sprache schon so kurzfristig die Wahrnehmung beeinflussen kann, welche Wirkung muss sie dann erst über viele Jahre entfalten? Formen die vom täglichen Sprechen geschulten Aufmerksamkeitsmuster unseren Blick auf die Welt und die Welt in unserem Kopf?

Lera Boroditsky hat einmal von «7000 Paralleluniversen» gesprochen, in Anlehnung an die geschätzte Zahl aller Sprachen auf der Welt. «7000 Universen» – das klingt faszinierend und romantisch. Ein interessanter Gedanke ist es allemal. Allerdings nur, solange niemand auf die Ideen kommt, eine Rangliste dieser Universen aufzustellen. Solange nicht bestimmte Zeugen vor Gericht als weniger glaubwürdig gelten, bloß weil sie die «falsche» Sprache sprechen.

Was, wenn jemand auf die Idee käme, manche Sprachen wären «besser», mehr wert als andere, weil sie ein erwünschteres Verhalten hervorbringen? Die ethischen Implikationen der sprachlichen Relativität sind ein weiterer Streitpunkt unter den Wissenschaftlern. Jetzt, da die empirische Forschung zunehmend Belege für die Macht der Muttersprache zutage fördert, fragen manche: Wollen wir das überhaupt wissen? «Mein größtes Problem mit dem Whorfianismus ist, dass er ungewollt ungefähr die Hälfte der Menschen auf dieser Welt wegen ihrer Sprache für ein bisschen beschränkt erklärt», sagt John McWhorter. «Einerseits gibt es da Sprachen wie die der amerikanischen Ureinwohner, die viele Unterscheidungen machen. Aber dann schaut man sich eine Sprache wie Chinesisch an und denkt, na ja, wenn sich ein amerikanischer Ureinwohner all dieser feinen Unterschiede so wunderbar bewusst ist, dann muss dieser Mensch aus Peking ein kleiner Dummkopf sein.» John McWhorter ist ein Meister der Zuspitzung und berühmt für seine süffisante Kritik. Er bezeichnet sich sogar selbst als einen «launischen Polemiker». Aber so ganz unrecht hat er nicht. Die Studien mancher Forscher hinterlassen in der Tat ein gewisses Unbehagen. Vielleicht musste Keith Chen deshalb so viel Kritik einstecken.

Die Zukunft der Chinesen

Keith Chen forscht an der *University of California* in Los Angeles und hat eine verwegene These aufgestellt: Er glaubt, die Sprache eines Landes könne den Umgang mit Geld und womöglich auch die Gesundheit der ganzen Bevölkerung beeinflussen. Chen ist kein Sprachforscher, sondern Ökonom. Der Reiz des Geldes interessiert ihn mehr als die Macht der Worte. Doch Chen glaubt eine Verbindung zwischen beiden entdeckt zu haben: das Sparverhalten. In der Verhaltensökonomie ist seit langem bekannt, dass Menschen in der Regel wenig motiviert sind, Geld für später beiseitezulegen, denn dieses Später fühlt sich meist sehr weit weg an. Wer für die Zukunft spart, verzichtet heute auf etwas, und das fällt uns schwer. Wir wollen möglichst schnell an Geld kommen, auch wenn es vernünftiger wäre, noch etwas zu warten, dafür dann aber mehr zu erhalten. Was interessiert uns schon die ferne Zukunft? Offensichtlich ist diese Neigung aber unterschiedlich ausgeprägt, denn einige Leute sparen mehr als andere. Das gilt auch für ganze Länder. Keith Chen glaubt, das liege nicht nur daran, wie viel Geld jemand am Monatsende noch übrig hat. Sondern an der Sprache, die er spricht. Erstaunlicherweise hätten seiner These zufolge gerade jene

Menschen einen Vorteil, deren Ruf John McWhorter für gefährdet hält: Chinesen.

Chen wuchs in den USA auf, seine Familie stammt jedoch aus China. Er lernte daher nicht nur Englisch, sondern auch Mandarin. Die Unterschiede zwischen beiden Sprachen faszinieren ihn, besonders der Umgang mit der Zeit. Im Englischen verändert sich ein Verb je nach Zeit – man sagt: «It rained yesterday», «It rains today» und «It will rain tomorrow». Nicht so in Mandarin, da heißt es: «Gestern regnet es», «Heute regnet es», «Morgen regnet es». Ob Vergangenheit, Gegenwart oder Zukunft – den Chinesen ist das grammatisch gesehen einerlei. Und dieser sprachliche Unterschied manifestiert sich Chen zufolge auch im Denken.

Wer sich nun an die alte These von Benjamin Whorf über die Hopi-Indianer erinnert fühlt, liegt ganz richtig. Etwas Skepsis ist angebracht. Allerdings behauptet Chen nicht, Chinesen hätten kein Zeitgefühl. Er glaubt lediglich, die Zukunft fühle sich für sie näher an als für einen Amerikaner oder Engländer. Denn sie seien durch ihre Grammatik nicht gezwungen, die Zukunft permanent von der Gegenwart abzuspalten. Damit sind die Chinesen nicht allein, eine ganze Reihe von Sprachen erfordert keine zeitliche Unterteilung. Auch im Deutschen können wir über die Zukunft so reden wie über die Gegenwart. Wir können sagen: «Morgen regnet es.» Oder: «Nächstes Jahr kaufe ich mir ein Auto.» Glück gehabt. Denn wer so über die Zukunft spricht, handelt weitsichtiger, behauptet Chen. Er spare mehr für später und achte besser auf seine Gesundheit.

Chen hat sich viel Mühe gemacht, seine These mit Daten zu untermauern. Er hat die Sparquoten verschiedener Länder und die Grammatik ihrer Sprachen verglichen – und fand tatsächlich einen Zusammenhang. Im Schnitt liegt die Sparquote von Ländern, deren Sprachen Zukunftsformen haben, um fast fünf Prozentpunkte niedriger als in anderen Ländern. In den USA, Großbritannien und Griechenland etwa sparen die Menschen ziemlich wenig. Länder wie Luxemburg, Norwegen, Japan und die Niederlande, deren Sprachen Chen als «zukunftslos» bezeichnet, gehören dagegen zu den größten Sparern der Welt. Alternative Faktoren wie Bildung, Einkommen oder Familiengröße versuchte er als Erklärung auszuschließen. Selbst als er Familien in ein und demselben Land verglich, etwa in Belgien oder Nigeria, die den ökonomisch messbaren Parametern zufolge ein fast identisches Leben führen, aber unterschiedliche Sprachen sprechen, hielt die Korrelation. Und unterm Strich gehen Menschen, deren Sprache die Zukunft wie die Gegenwart behandelt, mit 25 Prozent mehr Ersparnis in Rente.

Für Chens Fachkollegen waren die Daten Grund genug, die Studie in einem angesehenen Fachmagazin zu veröffentlichen.[144] Dennoch wurde sie heftig kritisiert, zumal manche Ergebnisse so gar nicht in seine Argumentation passen: Deutschland etwa hat laut den OECD-Daten eine deutlich niedrigere Sparquote als Südkorea – der Sprache nach müsste es aber umgekehrt sein.

John McWhorter, der «launische Polemiker», weist auf eine weitere Ungereimtheit hin: Die Grammatiken slawischer Sprachen seien sehr ähnlich, doch die Sparquoten dieser Länder variieren erheblich. Obwohl Chen also statistisch eine Korrelation gefunden hat, lassen diese Ausreißer die Sache fragwürdig erscheinen. Einen Beweis für den Einfluss der Sprache liefert die Studie ohnehin nicht. Das ist die Krux bei allen Studien dieser Art: Die Analyse echter Bevölkerungsparameter bringt zwar riesige Datensätze hervor, sie erlaubt aber nicht, daraus mit Sicherheit Kausalzusammenhänge abzulesen. Mit Experimenten im Labor dagegen ist dies zwar möglich, aber man kann immer daran zweifeln, ob die Resultate aus einem künstlichen Versuch auf das echte Leben und die Gesamtheit der Menschen übertragbar sind. Um Chens These wirklich überprüfen zu können, müsste man Versuchspersonen beibringen, anders zu reden, und dann beobachten, ob sich das auf ihr Sparverhalten auswirkt. Ein solcher Versuch ist aber kaum möglich.

Die Sprache des Herzens

So schnell wird der Kampf um Sprache und Denken wohl nicht beizulegen sein. Schon gar nicht, solange es immer wieder Forscher gibt, die mit spekulativen Thesen Öl ins Feuer der Debatte gießen. Die Verflechtung von Sprache und Denken stellt die Forscher auch achtzig Jahre nach Benjamin Whorfs Erkundung der Hopi-Sprache vor Herausforderungen. So leicht lässt sich der menschliche Geist seine Geheimnisse eben nicht entlocken. Einige Forscher argumentieren, es sei Zeit, das Kriegsbeil zwischen Universalisten und Relativisten zu begraben. Denn der Streit, der zwischenzeitlich fast religiöse Züge angenommen hatte, bringe die Wissenschaft nicht weiter. Vielmehr sollten Linguisten, Psychologen und Kognitionswissenschaftler gemeinsam daran arbeiten, die Methoden zu verbessern. Die Sprachwissenschaftlerin Aneta Pavlenko fordert zum Beispiel, noch mehr Studien mit bilingualen Personen einzubeziehen. Denn Mehrsprachigkeit ist nichts Exotisches: Etwa die Hälfte der Weltbevölkerung lebt in mehreren Sprachen. Zu untersuchen, was geschieht, wenn zwei Sprachen sich in einem Kopf vereinigen, könnte der entscheidende Schlüssel zur Erkenntnis sein. Benjamin Whorf würde das sicher freuen. Ihm persönlich ging es nie darum, fremde Sprachen als unterlegen darzustellen oder gar die Vorherrschaft des Englischen zu belegen. Im Gegenteil: Er war der Ansicht, die Menschen sollten viel mehr Sprachen lernen, um ihren Blick auf die Welt zu erweitern: «Ich glaube, dass jene, die sich eine Welt ausmalen, die nur eine Sprache spricht, sei es Englisch, Deutsch oder Russisch, einem törichten Ideal anhängen und der Evolution des menschlichen Geistes größten Schaden zufügen würden.»[145]

Wer viele Sprachen spricht, schützt sich vor einer einseitigen, ignoranten Weltsicht, ganz egal, welche Rolle letztlich die Grammatik beim Denken spielt. Tatsächlich ist die Diskussion um sprachliche Relativität unvollständig, wenn sie nicht auch die Lebenswelten der Mehrsprachigen einbezieht. Aneta Pavlenko fordert, das Relativitätsprinzip zu erweitern: um Gefühle. Ihr zufolge reicht es nicht, nur auf strukturelle Unterschiede der Sprachen zu achten. Denn die Muttersprache entfaltet ganz unabhängig von ihren Farbbegriffen, Orientierungsmaßen, Zeitformen oder grammatischen Geschlechtern ihre Macht. Jenseits von Grammatik und Semantik legt sie einen emotionalen Resonanzraum in uns an, verwurzelt sich in unseren Gefühlen. Sie ist die Sprache, mit der wir aufgewachsen sind, deren Klang wir von der ersten Lebensminute an hörten. Ihre Worte halfen uns, uns die Welt zu erschließen und eine Identität zu finden. Es ist diejenige Sprache, in der die Eltern mit uns schimpften und Trost spendeten. Kein «I love you» oder «Je t'aime» kann uns das «Ich liebe dich» ersetzen. Keine Schimpfwörter treffen uns so hart wie jene unserer Muttersprache.

«Niemand wird je sein Herz mit Englisch brechen», schrieb der belgische Schriftsteller Luc Sante über den kindlichen Protagonisten in seinen Memoiren. Das Englische war für Sante emotional weniger wirksam, obwohl er schon früh in die USA umsiedelte.[146]

Die Schriftstellerin Herta Müller verglich die Muttersprache mit der eigenen Haut, weil sie ebenso bedingungslos da sei. Sie schrieb: «Ich habe meine Muttersprache nie geliebt, weil sie die bessere ist, sondern die vertrauteste.»[147]

Selbst wenn Menschen in ein anderes Land ziehen, wo eine andere Sprache ihre Lebenswelt bestimmt, verliert sie nicht ihre emotionale Kraft. Es gibt Frauen, die plötzlich wieder anfangen, ihre Muttersprache zu sprechen, wenn sie selbst Mutter werden – weil sie so ihre Gefühle für das Baby ausdrücken können. Andersherum brechen manchmal in einer Psychotherapie Traumata auf, wenn bilinguale Patienten in ihre Muttersprache wechseln. Verdrängte Erlebnisse und unterdrückte Gefühle kommen dann an die Oberfläche. Das kann schmerzlich sein, aber auch notwendig, um sich mit der Vergangenheit auseinanderzusetzen und die Ursache tiefsitzender Ängste zu ergründen.

Die Linguistin Aneta Pavlenko vergleicht die Muttersprache mit dem Geschmack der Madeleine in Marcel Prousts Werk *Auf der Suche nach der verlorenen Zeit*. In einer berühmten Passage des Romans weckt ein solches, in Tee getunktes Gebäckstück beim Erzähler intensive Erinnerungen an seine Kindheit. Ganz ähnlich wie ein vertrauter Geruch oder Geschmack könnten auch die Worte der Muttersprache tief Verborgenes ans Licht fördern, kostbare, aber auch unangenehme Erinnerungen. In ihrem Buch *The Bilingual Mind* schildert Pavlenko die Geschichte des Schriftstellers Vladimir Nabokov, genau genommen die Geschichte seiner Biographie.[148] Nabokov lebte schon lange in Amerika, als er seine Lebenserinnerungen aufschrieb. Er fühlte sich daher sprachlich versiert genug, um sie auf Englisch zu verfassen. Als er sie wenig später für einen russischsprachigen Verlag in seine Muttersprache übersetzte, geschah etwas Merkwürdiges: Seine Erinnerungen veränderten sich. Plötzlich fielen ihm zahlreiche Dinge ein, die er vergessen hatte. Es war, als wäre das Russische der Schlüssel zu seiner Kindheitswelt. Und nun waren auf einmal all die Erinnerungen wieder da. Nabokov blieb nichts anderes übrig, als seine Biographie noch einmal neu zu schreiben.

Aneta Pavlenko kennt noch dramatischere Geschichten, darunter die einer österreichischen Jüdin, die 1939 als junge Frau nach Amerika floh.[149] Sie wandte sich völlig von der deutschen Sprache ab. Nie wieder sollte ein Wort in der Sprache der Nazis über ihre Lippen kommen. Schon der Klang widerte sie an. Fast vierzig Jahre hielt die Frau durch. Sogar mit ihrer jüngeren Schwester sprach sie nur Englisch. Diese war ebenfalls geflohen, hatte eine Zeitlang in Großbritannien gelebt und war schließlich auch in die USA emigriert. Doch das Verhältnis der einst so nahen Schwestern war distanziert geworden. Vergeblich versuchten sie, die frühere Nähe wiederherzustellen. Erst Jahrzehnte später sollte ihnen dies gelingen: erst als sie – mit großem zeitlichen Abstand zu den Schrecken ihrer Vergangenheit – begannen, wieder auf Deutsch miteinander zu reden. Als sie gemeinsam über die alten Kinderwitze lachen konnten, fanden sie endlich wieder zueinander. Jahrzehntealte Erinnerungen an die gemeinsamen frühen Jahre belebten die einst enge Verbindung. Der Klang ihrer Muttersprache hatte die beiden Schwestern vereint.

Ganz gleich, wie reich ihr Wortschatz ist, wie komplex ihre Strukturen sein mögen, die Sprache, die ein Mensch von klein auf lernt, beeinflusst ihn sein gesamtes Leben lang. Sie prägt seine Gefühle und seinen Blick auf die Welt.

Das volle Ausmaß der Sprachmacht wird sich vielleicht nie vollends entschlüsseln lassen. Aber immerhin fügt sich allmählich ein Bild zusammen. Sprache ist kein Gefängnis, sie determiniert nicht das Denken, wie manche von Whorfs besonders verbohrten Nachfolgern behaupteten. Doch sie lenkt die Aufmerksamkeit in bestimmte Richtungen. Mal mehr, mal weniger subtil. Die Experimente der Wissenschaftler deuten auf vielfältige Einflüsse hin – sei es bei der Farbwahrnehmung, dem räumlichen Denken oder der Erinnerung an Ereignisse. Noch ist die Beweislage nicht in allen Bereichen solide. Und man kann darüber streiten, welche Bedeutung die Unterschiede für das tägliche Leben haben. Aber es wird deutlich, dass Whorf nicht völlig unrecht hatte. Zweifellos gaben seine Thesen Anstoß zu einer der spannendsten Erkundungen des menschlichen Geistes, die bis heute immer wieder Menschen in ihren Bann zieht.

6 Worte als Schlüssel zum Selbst
Was verrät Sprache über uns?

> «Es ist schon lange meine Maxime,
> dass die kleinen Dinge
> die wichtigsten sind.»
> *Sherlock Holmes,*
> *Eine Frage der Identität*

Wie sieht Ihr beruflicher oder privater Alltag aus? Bitte beschreiben Sie ausführlich einen beispielhaften Tag», fordert mich die Computerstimme am anderen Ende der Leitung auf. Ich erzähle also: Wecker um halb acht, Dusche, Kaffee und Zeitung, ins Büro, Mails checken, recherchieren und schreiben, abends Joggen oder Türkisch-Kurs oder Kino. Der Computer fragt weiter: Was mir in meinem Beruf am meisten Freude macht, wie ich den Kontakt zu Kollegen beschreiben würde, wie ich mit Belastungen umgehe, an welches schöne Erlebnis aus der letzten Zeit ich mich erinnere. Und ich antworte, exakt 1447 Wörter. Die zählt der Computer mit. Aus diesen 1447 Wörtern soll er meine Persönlichkeit herauslesen. Dabei hört er mir nicht mal richtig zu. Das heißt, er analysiert nicht den Inhalt dieses recht einseitigen Telefongesprächs, sondern zerlegt meine Sätze in ihre Bausteine, untersucht, welche Wörter und Wortarten ich wie oft benutze und wie ich sie aneinanderreihe. Der Computer zählt, wie oft ich «Freund», «schiefgehen» oder «bisschen» sage, aber er registriert auch, welche Pronomen, Fragewörter, Adverbien, Konjunktionen und Negationen ich benutze, wie oft ich «ich» sage und «wir», «und» und «oder» und «nicht». Gerade in diesen winzigen Wörtern soll sich meine Persönlichkeit zeigen. Ich bin gespannt.

Die Auswertung bekomme ich nicht vom Computer am Telefon, sondern von Dirk Gratzel in Aachen. Der Jurist hat 2012 zusammen mit einem Psychologen und einem Wirtschaftswissenschaftler die Firma *Psyware* gegründet; sie entwickeln automatisierte Sprachanalysen. Ihre Software *Precire* soll in der Sprache unter anderem Hinweise auf psychische Belastungen aufspüren. Für eine private Krankenkasse haben sie bereits einen telefonischen Stress-Check entworfen: Die Versicherten können unter einer speziellen Nummer anrufen und wie ich dem Computer acht Minuten lang etwas erzählen. Stuft er sie als belastet ein, werden den Kunden Entspannungsmethoden empfohlen.

Gratzel zielt aber auch auf Personalabteilungen. «*Precire* könnte in Coachings eingesetzt werden, um herauszufinden, welche Persönlichkeitseigenschaften und Fähigkeiten Mitarbeiter haben und wie sie sich in einem Training weiterentwickeln», erklärt er. Auch bei der Kundenbetreuung sei die Software hilfreich, sie könne schnell erkennen, wie ein Kunde ticke, und so einen besseren Service ermöglichen. Versicherungen interessierten sich ebenfalls für die Sprachanalyse, denn die Software soll sogar erkennen können, ob jemand lügt, zum Beispiel, wenn er einen Versicherungsschaden meldet.

Das klingt zunächst durchaus fragwürdig und auch etwas unheimlich: Was, wenn die Krankenversicherung in Zukunft nach dem Sprachcheck nicht nur einen Yoga-Kurs empfiehlt, sondern die Beiträge anhebt, wegen erhöhten Krankheitsrisikos? Oder wenn sie nach dem ersten Telefongespräch den Antrag auf Versicherung gleich ganz ablehnt? Was, wenn der digitale Sprachanalytiker irgendwann nicht nur im Coaching aushilft, sondern heimlich Bewerbungsgespräche belauscht? Schon ein paar Minuten Plauderei könnten weitreichende Folgen haben.

Umso mehr stellt sich die Frage, wie zuverlässig die Software arbeitet. Das Motto von *Psyware* stammt von Robert Musil: «Persönlichkeit ist der Ausgangspunkt und Fluchtpunkt alles dessen, was gesagt wird, und dessen, wie es gesagt wird.» Also: Was sagen meine 1447 Wörter über mich aus?

«Ihre Affekte sind deutlich stärker ausgeprägt als beim Durchschnitt», sagt Gratzel. Er hat sechs Seiten mit Graphiken, Tabellen, Zahlen vor sich – die Essenz dessen, was die Software aus meiner Sprachprobe herausgefiltert hat. Ich hätte ein ausgeprägtes soziales Interesse, steht da, sei überdurchschnittlich neugierig, aber zurückhaltend, was die Beeinflussung anderer Menschen angehe. Ich sei außerdem durchschnittlich ängstlich, nicht depressiv, aber empfindlich, brauchte Bestätigung von anderen. Und ich sei bereit, einiges von mir preiszugeben. Der Computer liegt oft richtig und manchmal richtig daneben, so viel kann ich hier preisgeben.

Aber wie kommt die Maschine zu dieser Einschätzung? Die Software fertigt eine Art sprachlichen Fingerabdruck von mir an und sortiert die Wörter und die Art, wie ich sie benutze, in ein System von bis zu 3200 Kategorien ein. «Und aus vielen Untersuchungen wissen wir, wie bestimmte Persönlichkeitsmerkmale in der Sprache codiert sind», erklärt Gratzel.

Psyware hat die Sprachmuster von 1500 Personen analysiert und gespeichert. Diese Menschen haben außerdem herkömmliche psychologische Persönlichkeitstests gemacht. «Wenn darunter fünfzig Menschen sind, die besonders ängstlich, besonders neugierig oder besonders ordnungsorientiert sind, schauen wir uns ihre Sprache an», sagt der *Psyware*-Chef. «Fast immer stellen wir fest, dass sich ihre Sprache in einigen Kategorien von der Sprache anderer Menschen unterscheidet. So können wir die Gesetzmäßigkeiten aufdecken, mit denen sich bestimmte psychologische Merkmale in der Sprache zeigen.»

Aber was in meiner Sprache deutet zum Beispiel darauf hin, dass ich neugierig bin oder empfindlich oder gesellig? Sind es bestimmte Konjunktionen, spezielle Kombinationen aus Pronomen und Adverbien, das häufige Vorkommen von Fragewörtern? So simpel ist es nicht, da es keine einfachen Korrelationen zwischen irgendeiner Wortgruppe und einem Merkmal gibt. Muster werden erst sichtbar, wenn viele Kategorien gleichzeitig analysiert werden. «Hochdimensionale Verfahren» nennen das die Statistiker. Sie untersuchen nicht bloß zwei, drei oder vier Dimensionen – sondern Dutzende. Mein sprachlicher Fingerabdruck hat an die sechzig Dimensionen. Nur in Ausnahmefällen nutzt das Programm einfache Zusammenhänge: Ich habe selten «man» gesagt, daraus leitet es ab, dass meine Sprache nicht unpersönlich, sondern eher emotional ist. Und ich habe wenige Negationen verwendet, daraus schließt es, dass ich höchstwahrscheinlich nicht depressiv bin. Alles andere ist reine Statistik, die Beschreibung eines Phänomens. Woher die Muster kommen, erklärt das Programm nicht. Es scheint allerdings erstaunlich treffsicher zu sein: Im Schnitt liege es in achtzig Prozent der Fälle richtig, sagt Gratzel. Das heißt, von hundert sehr neugierigen Menschen sortiert die Software achtzig tatsächlich in die Kategorie «sehr neugierig». «Eine hundertprozentig richtige Einschätzung wird mit einer IT-Lösung nicht gelingen», sagt Gratzel. «Aber wenn ein Psychologe anhand der gleichen Menge an Gesagtem auf diese Merkmale schließen soll, dann ist er darin wesentlich schlechter als die Maschine.»

Ob man diese relative Zuverlässigkeit der Software beruhigend findet, hängt allerdings von der Anwendung ab. Heimliche Lauschangriffe – sei es auf Jobbewerber, Krankenversicherte oder sonst irgendjemanden – sind selbstverständlich inakzeptabel. Spannend aber ist das Phänomen, auf das die Ergebnisse von *Precire* hindeuten: Im Geflecht der winzigen Wörter verstecken sich offenbar Hinweise auf die Persönlichkeit, die wir durch bloßes Zuhören nicht entdecken.

Unter der Oberfläche der Worte

Aus Worten die geheimsten Gedanken und Gefühle eines anderen herauszulesen, reizt die Menschen seit jeher. Besondere Faszination geht von Methoden aus, die versprechen, über den reinen Inhalt des Gesagten oder Geschriebenen hinaus in tiefere Schichten des Seelenlebens vorzudringen: An welchen Stellen sagt einer mehr, als er zu sagen glaubt? Was verrät er, ohne es zu ahnen? Der Kitzel liegt auch darin, einen Blick in Regionen des Innenlebens eines Menschen zu erhaschen, die sogar demjenigen selbst nicht bewusst sind – über die er also noch nicht einmal Auskunft geben könnte, wenn er wollte. Zugleich verheißen solche Methoden die schaurig-schöne Aussicht auf Selbsterkenntnis.

Der Bekannteste unter all jenen, die unter der Oberfläche der Sprache nach Erkenntnissen suchten, ist sicher Sigmund Freud. Den Psychoanalytiker interessierte beides: der Einblick in das Innenleben der Anderen und die Selbsterkenntnis. Er glaubte zum Beispiel, dass Versprecher ähnlich wie Träume über das Unbewusste Aufschluss geben. Der «Freud'sche Versprecher» ist längst Folklore, und wenn jemandem ein falsches oder verdrehtes Wort herausrutscht, wird er noch heute mit ironisch hochgezogener Augenbraue gefragt, was das denn wohl zu bedeuten habe. In seiner Abhandlung *Zur Psychopathologie des Alltagslebens* schrieb

Freud 1904, beim Aufspüren von verborgenen Gedanken «leistet oft das Versprechen die wertvollsten Dienste, wie ich an den überzeugendsten und andererseits sonderbarsten Beispielen dartun könnte».[150]

So habe er einmal eine Patientin damit konfrontiert, dass sie früher ihrem Vater einen unbewussten Vorwurf gemacht habe. Sie habe das für unwahrscheinlich erklärt und dann über ihre Familie gesagt: «Man muss ihnen das eine lassen: Es sind doch besondere Menschen, sie haben alle Geiz – ich wollte sagen Geist.» Übertriebene Knauserigkeit sei dann tatsächlich ihr verdrängter Vorwurf an den Vater gewesen, schreibt Freud.

Eine andere Patientin habe ihm erzählt, sie habe von einem Kind geträumt, das beschlossen habe, sich durch einen Schlangenbiss zu töten. Der Auslöser sei womöglich ein Vortrag über Erste Hilfe bei Schlangenbissen gewesen. Als Freud nachfragte, welche heimischen Giftschlangen der Vortragende erwähnt habe, habe die Patientin geantwortet: «Er hat die Klapperschlange hervorgehoben.» Das fand der Psychoanalytiker höchst aufschlussreich. Denn in Österreich kommen Klapperschlangen überhaupt nicht vor. Die Patientin korrigierte sich dann auch, der Redner habe von der Viper gesprochen. Warum aber hatte sie «Klapperschlange» gesagt anstatt «Viper»? Freud vermutete, dass der Traum etwas damit zu tun hatte. Denn: «Der Selbstmord durch Schlangenbiss kann kaum etwas anderes sein als eine Anspielung auf die schöne Kleopatra.» (Die soll sich auf diese Weise das Leben genommen haben.) Und *Klapper*schlange und *Kleopatra*, das klinge doch verdächtig ähnlich!

In der Tat – überzeugende und andererseits sonderbare Beispiele für das Potenzial von Versprechern, unsere geheimen Gedanken aufzudecken.

Auch heute noch erforschen Psychologen und Linguisten

Versprecher. Manche vermuten wie Freud psychologische Ursachen. So hat der Kommunikationsforscher Michael Motley in einem Experiment gezeigt, dass jungen Männern beim Schnelllesen häufiger Versprecher mit sexueller Bedeutung herausrutschten, wenn eine Frau in einem durchscheinenden, schulterlosen Top und einem superkurzen Rock den Versuch durchführte, als wenn er selbst das tat.[151]

Die meisten Experten sehen jedoch in organisch bedingten (zum Beispiel durch Fehlbildungen in den Spracharealen) oder zufällig auftretenden Störungen der Sprachproduktion die Ursache von sprachlichen Ausrutschern – oder in bestimmten Strukturen der Sprache. So werden beim Versprechen häufig Wörter durch der Form nach ähnliche ersetzt («renommiert» statt «renoviert»), Laute aus späteren Wörtern vorgezogen («Ich wollte sie stockbrieflich verfolgen lassen») oder aus früheren nachgeschleppt («sozialistische Zekten») sowie zwei konkurrierende Elemente vermischt («Hinwaltspunkt» statt «Hinweis» oder «Anhaltspunkt»).[152]

Dass Versprecher «wertvollste Dienste» beim Ergründen verborgener Gedanken leisten, glaubt kaum noch ein Forscher.

Das geheime Leben der Pronomen

Stattdessen begannen Psychiater wie Louis Gottschalk[153] und Walter Weintraub[154], sich sämtliche Wörter ihrer Patienten genauer anzusehen und von ihnen darauf zu schließen, was in den Menschen vorging. In den neunziger Jahren wurde der Psychologe James Pennebaker von der *Southern Methodist University* auf diese Methode aufmerksam – unter anderem auf seine Erkenntnisse berufen sich die Sprachanalytiker von der Firma *Psyware* in Aachen. Eigentlich forschte er seit Anfang der achtziger Jahre daran, ob es Menschen, die Traumatisches erlebt haben, hilft, ihre Erfahrungen aufzuschreiben (mehr dazu in Kapitel 8). Er wollte wissen, ob sich der Erfolg der Schreibtherapie vorhersagen lässt, und zwar aus dem Geschriebenen selbst. Profitierten zum Beispiel diejenigen mehr, die immer über dasselbe schrieben, oder diejenigen, die ihr Thema von Aufsatz zu Aufsatz wechselten? Mit einem Computerprogramm, das Veränderungen im Gebrauch von Wörtern nachverfolgte, analysierten er und seine Mitarbeiter Hunderte von Texten, die Menschen über ihre traumatischen Erfahrungen geschrieben hatten. Aber sie fanden keine Belege für einen Zusammenhang zwischen dem Inhalt der Aufsätze und dem Therapieerfolg. Das brachte ihn und seinen Doktoranden Sherlock Campbell auf eine Idee: Vielleicht ging es gar nicht um den Inhalt – sondern um den Stil! Sie ließen das Programm nach all den kleinen Wörtern suchen, die unseren individuellen Schreibstil ausmachen: Pronomen, Artikel, Präpositionen, Negationen, Konjunktionen, Hilfsverben, Mengenwörter. Diese kurzen, unscheinbaren Funktionswörter ergeben für sich genommen keinen Sinn – aber sie sind es, die den Inhaltswörtern Bedeutung verleihen, indem sie sie verbinden, formen und ordnen.

«Die Ergebnisse waren atemberaubend», berichtet Pennebaker. «Alles, was ich über Worte zu wissen geglaubt hatte, war komplett falsch.» Je stärker die Versuchspersonen ihren Gebrauch von Funktionswörtern von Text zu Text veränderten, desto mehr sollte sich später ihr Gesundheitszustand verbessern!

Besonders die Personalpronomen erwiesen sich als wichtige Indizien: Je stärker die Probanden von Mal zu Mal zwischen Pronomen der 1. Person Singular (ich, mein) und anderen Pronomen (du, er, wir, sie) wechselten, desto besser ging es ihnen später. Offenbar schrieben diese Menschen mal über ihre eigenen Gedanken und Gefühle, mal über andere Menschen und dann wieder über sich selbst – sie wechselten die Perspektive. Das half ihnen offenbar dabei, ihr Trauma zu überwinden. Bei der Inhaltsanalyse der vielen hundert Aufsätze war das den Psychologen nicht aufgefallen. Der Schlüssel zum Innenleben der Patienten lag in den kleinen Wörtern. Der Doktorand Sherlock Campbell formulierte es so: Sie hätten das «geheime Leben der Pronomen»[155] entdeckt.

Nachdem sie den Untergrundaktivitäten von Pronomen, Konjunktionen und Artikeln auf die Spur gekommen waren, wurden James Pennebaker und seine Kollegen zu regelrechten Wortdetektiven: Sie nahmen 25 000 Aufsätze aus Aufnahmeprüfungen der *University of Texas* unter die Lupe und 100 000 Blogbeiträge, dazu Reden von Politikern, SMS von Verliebten, Gedichte, Beatles-Songs, E-Mails, Selbstdarstellungen in Online-Partnerbörsen, Filmskripte, Twitter-Nachrichten, Zeugenaussagen, die Mitschnitte der Gespräche von Nixon und seinen Mitarbeitern im Weißen Haus, Dialoge beim Speed-Dating und die Videobotschaften von Osama bin Laden.

Aus der Masse der Wörter filterte der Psychologe Indizien heraus, die auf Geschlecht und Alter der Schreiber hinweisen sowie auf ihren sozialen Status; die auf ihre Persönlichkeit schließen lassen, zum Beispiel, ob jemand zu Depressionen neigt oder gar suizidgefährdet ist; die darauf hindeuten, dass jemand lügt, dass zwei Menschen eine Liebesbeziehung eingehen werden oder dass ein Krieg bevorsteht.

Die meisten von uns wissen kaum etwas über das geheime Leben der Pronomen und anderer kleiner Verräter, kein Wunder also, dass wir mit unseren Vermutungen über sie und ihre Nutzer oft ordentlich danebenliegen.

Zum Beispiel: Benutzen Frauen oder Männer häufiger das

Wort «ich»? Und wie sieht es mit «wir» aus? Und mit Artikeln? Pennebaker führt die Leute gern aufs Glatteis mit solchen Fragen. «In jedem Land, in dem ich war, hatten die Leute dieselben falschen Annahmen und tippten, Männer würden häufiger ‹ich› sagen.» Tatsächlich seien es aber die Frauen. Der Psychologe erklärt das so: Pronomen zeigten an, worauf jemand seine Aufmerksamkeit richte. Und Frauen beschäftigten sich im Durchschnitt häufiger mit sich selbst und seien sich ihrer selbst bewusster als Männer.

Das Wort «wir» dagegen benutzen Frauen und Männer gleich häufig. Allerdings kann es sehr verschiedene, geradezu gegensätzliche Bedeutungen haben. Entweder es vermittelt Gemeinschaft, Zusammenhalt – oder es sorgt für Distanz, ist unpersönlich. Die zweite Variante ist sehr beliebt, wenn unangenehme Aufgaben zu erledigen sind: «Wir müssen noch die Abrechnung fertig machen.» Frauen tendieren eher zum kuscheligen «Wir», Männer eher zum distanzierten, hat Pennebaker festgestellt.

Männer benutzen auch häufiger Artikel. Wieso? Weil sie öfter über Dinge reden als Frauen, sagt der Psychologe. Deshalb verwenden sie mehr Substantive, und die wiederum erfordern Artikel, besonders wenn sie konkret und spezifisch sind.

Diese und weitere Erkenntnisse fütterte Pennebaker in sein Computerprogramm und ließ es 100 000 Blogbeiträge auf Funktionswörter hin analysieren. Welche stammten von Frauen, welche von Männern? Der Computer lag in 72 Prozent der Fälle richtig. Die Trefferquote stieg nur leicht, nämlich auf 76 Prozent, als das Programm auch den Inhalt miteinbezog. Auch hier zeigten sich Menschen weit weniger treffsicher: Nur in 55 bis 65 Prozent der Fälle schaffen sie es, zu erraten, ob ein Mann oder eine Frau einen Text geschrieben hat. Pennebaker ist darüber immer noch erstaunt: «Seit unserer Geburt hören wir jeden Tag unseres Lebens, wie Männer und Frauen reden. Aber irgendwie durchschauen wir es trotzdem nicht.»

Selbst PR-Profis erkennen die wahre Wirkung der kleinen Wörter oft nicht. So rieten die Berater von John Kerry dem Präsidentschaftskandidaten im Wahlkampf gegen George W. Bush 2004 dazu, weniger «ich» und öfter «wir» zu sagen. «Als ich das las, wusste ich, dass Kerry in Schwierigkeiten war», meint Pennebaker. Denn wenn ein Politiker «wir» sage, klinge das eher kalt, streng und distanziert. Genau diesen Eindruck wollten Kerrys Berater vermeiden. «Ich» dagegen klinge persönlich und werde mit Ehrlichkeit assoziiert, sagt der Psychologe.

Aber die Profis schätzten nicht nur die Wirkung der Pronomen völlig falsch ein – sie waren sich auch gar nicht bewusst, welche ihr Kandidat überhaupt verwendete. «Zu dem Zeitpunkt benutzte Kerry ‹wir› schon doppelt so häufig wie Bush», sagt Pennebaker, «und ‹ich› nur halb so häufig.» Auch bei Barack Obama liegen die Sprachkritiker falsch. Die Konservativen kritisieren immer wieder, dass er so oft «ich» sage und arrogant sei. Pennebaker hat nachgezählt: «Obama benutzt ‹ich› seltener als jeder andere Präsident der USA in den vergangenen Jahrzehnten.»

Warum sind wir so schlecht darin, diese aufschlussreichen kleinen Wörter zu bemerken? Diese «Tarnkappenwörter», wie Pennebaker sie nennt, machen immerhin mehr als die Hälfte aller Wörter aus, die wir sagen oder schreiben. Aber sie sind zum einen kurz und werden sehr schnell gesprochen, damit liegen sie nur knapp über der Wahrnehmungsschwelle. Zum anderen verarbeitet unser Hirn sie ganz anders als Wörter, die Inhalte transportieren, erklärt Pennebaker: «Diese beiden Arten von Wörtern werden schon auf einer ziemlich grundlegenden Ebene im Hirn unterschieden.» Das lässt sich aus Sprachstörungen schließen, für die man die hirnphysiologische Ursache sehr genau kennt. Menschen, deren Hirn in einem bestimmten Bereich, dem Broca-Areal, geschädigt ist, können oft keine Funktionswörter mehr verwenden. Manche können noch sprechen, doch nur in einer Art Telegrammstil, die Inhaltswörter folgen unverbunden aufeinander. Patienten dagegen, bei denen eine andere Hirnregion, das Wernicke-Areal, geschädigt ist, geht es genau umgekehrt: Sie können häufig keine Substantive und Verben mehr benutzen, Funktionswörter dagegen bereiten ihnen keine Schwierigkeiten. Ihre Äußerungen sind deshalb kaum zu verstehen, wenn man den Kontext nicht kennt.

«Es wäre zu simpel zu sagen, dass das Broca-Areal für Funktionswörter zuständig ist und das Wernicke-Areal für Inhaltswörter», schränkt Pennebaker ein. «Aber offenbar gibt es eine ganz fundamentale Unterscheidung.» Besonders interessant sei, dass das Broca-Areal im Stirnlappen liege. Diese Hirnregion ist für viele soziale Fähigkeiten wichtig. «Tarnkappenwörter sind von Natur aus sozial», folgert der Psychologe. Um sie richtig zu benutzen, muss man eine sehr gute Vorstellung davon haben, was der andere weiß und was nicht, denn sie nehmen Bezug auf bereits Bekanntes. Darüber hinaus muss der Zuhörer sehr aufmerksam sein, um den Anschluss nicht zu verpassen. Ein Gespräch, das zum großen Teil aus Funktionswörtern besteht, kann ein Außenstehender gar nicht verstehen. «Unser Hirn verarbeitet diese Wörter extrem schnell und effizient», fasst Pennebaker zusammen. «Und meist unbewusst.»

Deshalb braucht es Computerprogramme, um dem geheimen Treiben der kleinen Wörter auf die Schliche zu kommen. Die Software zählt akribisch und unermüdlich Pronomen, Artikel, Konjunktionen. So gelang es Pennebaker, auch Indizien für das Alter von Schreibern ausfindig zu machen:

Junge benutzen mehr Personalpronomen und Hilfsverben, ältere mehr Artikel und Präpositionen. Junge Menschen zeigen also ein ähnliches Sprachmuster wie Frauen und ältere wie Männer. Eine mögliche Erklärung könnte sein, dass Menschen sich in jungen Jahren eher mit sich selbst beschäftigen. Je älter wir werden, desto stärker rücken die Menschen und Dinge, die uns umgeben, in unseren Fokus.

Für den sozialen Status hat Pennebaker einen noch eindeutigeren – und zugleich unerwarteten – Indikator gefunden: Menschen aus niedrigen gesellschaftlichen Schichten und mit geringerem sozialen Status benutzen häufiger Pronomen der 1. Person Singular («ich», «mein», «mir»), Menschen mit hohem Status dagegen Pronomen der 1. Person Plural («wir», «unser», «uns») und der 2. Person Singular («du», «Sie»). Menschen mit geringerem Status reden also häufiger von sich selbst. Das erscheint zunächst widersinnig. Doch tatsächlich weisen Forschungsergebnisse darauf hin, dass Menschen in einer untergeordneten Position mehr auf sich selbst achten. In Gesprächen schauen sie Höhergestellte an, solange diese reden; wenn sie selbst sprechen, schauen sie weg. Personen mit höherem Status verhalten sich genau andersherum. Das könnte auch erklären, warum sie häufiger «Sie» und «du» sagen.

Und das «Wir» der Mächtigen? Das ist häufig das Wir-müssen-noch-die-Abrechnung-fertig-machen-Wir.

James Pennebaker glaubt, dass man es noch weiter vereinfachen kann: Wer häufiger «ich» sagt, steht tiefer in der sozialen Hierarchie. Der Psychologe hat das anhand von Hunderten E-Mails überprüft; bei den meisten Menschen war der Effekt deutlich. Auch bei ihm selbst – wie er einigermaßen bestürzt feststellen musste. «Ich habe immer die Illusion gehegt, ein sehr egalitärer Typ zu sein», erzählt Pennebaker. Er versuche, Studenten, Doktoranden, Mitarbeiter und Vorgesetzte gleichermaßen mit Respekt zu behandeln. «Ich habe dann meine Daten analysiert, und das war der Tag, an dem ich meine Ich-behandele-alle-gleich-Sicht aufgegeben habe.» In seinem Buch führt er zwei Beispiele an. Einer Studentin antwortete er in einer Mail:

Liebe Pam –
das wäre prima. Diese Woche ist nicht so gut wegen einer Reise. Wie wäre es nächsten Dienstag zwischen 9 und 10:30. Schön, Sie dann zu sehen.
Jamie Pennebaker

Einem weltberühmten Mitglied seiner Fakultät schrieb er:

Lieber ...:
Ich schreibe Ihnen, weil ich dabei helfe, eine Konferenz über ... zusammenzustellen. [...] Ich würde mich sehr freuen, wenn Sie kommen könnten. [...] Ich hoffe wirklich, dass Sie es schaffen.
Jamie Pennebaker

Ein klarer Fall.

Der Wort-Detektiv

Bald bekam Pennebaker Anfragen von den unterschiedlichsten Menschen, die sich dafür interessierten, Geheimnisse zu lüften: von verlassenen Ehefrauen und -männern bis hin zu Geheimdienstagenten. Eines Tages rief der Seniorpartner einer Anwaltskanzlei an. Er wollte wissen, ob der Professor für ihn eine E-Mail analysieren könne. Eine seiner Mitarbeiterinnen hatte sie erhalten. Der Inhalt sei heikel, er müsse unbedingt mit dem Absender persönlich sprechen. Das Problem: Die E-Mail war anonym verschickt worden. Pennebaker wurde neugierig und analysierte die Mail Wort für Wort:

Ms. Livingston:
Ich denke, Sie sollten wissen, dass David Simpson die Idee verbreitet hat, dass Sie keine Glaubwürdigkeit unter Ihren Kollegen genießen. Er sagt, Sie hätten in Ihrem letzten Job in New York eidesstattliche Aussagen verändert und Spesenabrechnungen gefälscht. Er sagt, das sei der Grund, weshalb Sie so plötzlich gegangen seien.
Er hat diese Geschichten in verschiedenen Abteilungen verbreitet, unter anderem im Rechnungswesen, in der Personal- und PR-Abteilung sowie der Unternehmensspitze. Es ist ungewiss, wie und wann unsere Seniorpartner damit umgehen werden. Aber wenn Sie die kalte Schulter gezeigt bekommen, wissen Sie, warum.
Als ich davon zum ersten Mal hörte, war ich überrascht, aber ich glaubte unbesehen, was er sagte. Natürlich war das, bevor ich von seinem unersättlichen Appetit auf das Verbreiten von Halbwahrheiten, Klatsch und glatten Lügen erfuhr, alles nur, um sich selbst irgendwie sachkundig und «besser» erscheinen zu lassen.
Schade. Er hat offensichtlich Talent, aber das wird alles zunichtegemacht von seiner niederträchtigen, boshaften Zunge. Alles, was mir in den Sinn kommt, ist ein ungeheures Gefühl der Unsicherheit. Aber ich schweife ab. Ich dachte einfach, Sie würden es gern wissen.
Ein Freund

Das Ergebnis der Analyse: Mit 71-prozentiger Wahrscheinlichkeit war der Absender eine Frau, mit 75-prozentiger

Wahrscheinlichkeit war sie zwischen 35 und 45 Jahre alt, am ehesten zwischen 42 und 45. Sie fühlte sich eng mit der Firma verbunden. Und sie hatte offenbar entweder das Tippen nach 1985 gelernt, als der PC aufkam, oder vor 1985 im publizistischen Bereich gearbeitet.

Der Professor schickte seinen Steckbrief an den Chef der Anwaltskanzlei. Der war erleichtert, denn das Profil passte genau auf die Person, die er im Verdacht hatte: eine gewissenhafte Frau Anfang 40, die Erfahrungen in der Zeitungsbranche hatte und seit Jahren für die Firma arbeitete. Wie der Fall letztlich ausging, erfuhr der Sprach-Detektiv nicht. Aber Ms. Livingston, die in Wirklichkeit natürlich anders heißt, ist inzwischen selbst Seniorpartnerin in der Kanzlei.[156]

Es ist schon beeindruckend, was James Pennebaker aus diesen wenigen Sätzen herauslas. Wie war er vorgegangen?

Zunächst hatte er die Funktionswörter analysiert. Schon sie verrieten ihm Geschlecht und ungefähres Alter der Person. Ein bestimmtes Pronomen ließ darauf schließen, dass die Absenderin sich der Kanzlei stark verbunden fühlte: Sie schrieb von «unseren» Seniorpartnern. Dann fielen dem Psychologen außergewöhnliche Wörter wie «unersättlicher Appetit», «niederträchtig» und «boshafte Zunge» auf. Solche Ausdrücke, die an das Alte Testament erinnern, werden Studien zufolge vor allem von Menschen zwischen 42 und 45 Jahren verwendet. Das Layout der Mail und die Zeichensetzung (gleich lange Absätze und jeweils nur ein Leerzeichen nach dem Punkt) deuteten schließlich auf den Hintergrund der Person hin: Im Journalismus und im Verlagswesen war das einzelne Leerzeichen in den USA bereits vor Mitte der achtziger Jahre üblich. Bei aller Kunst der Schlussfolgerung in bester Sherlock-Holmes-Manier – am erstaunlichsten ist doch, was James Pennebaker gerade den kleinen, unscheinbaren Wörtern entlockte: Pronomen, Artikel, Präpositionen.

Der Psychologe wollte nun herausfinden, ob diese winzigen Wörter nicht nur etwas über unsere Person, sondern auch über unsere Persönlichkeit verraten. Zusammen mit seiner Kollegin Laura King nahm er sich 8000 Aufsätze vor, die Studenten in seinen Psychologie-Kursen geschrieben hatten. Die Aufgabe war immer dieselbe gewesen: «Schreiben Sie zwanzig Minuten lang auf, was Ihnen gerade durch den Kopf geht.» Auf diese Weise sollten die Studenten etwas über das Bewusstsein lernen. Pennebaker nutzte ihre Texte – mit ihrem Einverständnis –, um etwas über ihre Persönlichkeit zu erfahren. Er ließ den Computer wieder die verschiedenen Arten von Funktionswörtern herausfiltern und dann bestimmen, welche besonders oft zusammen vorkommen. Zusätzlich befragte er die Studenten, unterzog sie Persönlichkeitstests und führte Verhaltensexperimente mit ihnen durch. So konnte er drei Denkstile unterscheiden: den formalen, den analytischen und den erzählenden.

Die formalen Denker benutzten viele Artikel, Zahlen, Präpositionen und selten Pronomen der 1. Person Singular, Wörter, die einen Widerspruch ausdrücken (würde, sollte, könnte), und geläufige Adverbien (wirklich, sehr, also). Aus den anderen Tests wusste Pennebaker, dass sie häufig intellektuell, distanziert und wenig selbstreflektiert sind, ihnen Macht wichtig ist, sie weniger trinken und rauchen, sie psychisch gesünder sind, aber weniger ehrlich.

Die analytischen Denker verwendeten oft Wörter, die ausschließen (aber, ohne, außer), begründen (weil), Vorsicht ausdrücken (vielleicht) oder Sicherheit (unbedingt, immer), dazu Negationen und Mengenwörter. Solche Menschen haben bessere Noten an der Universität, sie sind tendenziell ehrlicher und offen für neue Erfahrungen.

Die erzählenden Denker wiederum gebrauchten viele Personalpronomen sowie Konjunktionen. Sie bezeichnen sich selbst als extrovertierter, haben eine hohe Sozialkompetenz und mehr Freunde.[157]

Und jetzt wird es richtig spannend: Lässt sich anhand dieser Muster, die der Computer aus Tausenden Texten Unbekannter herausdestilliert hat, auch auf die Persönlichkeit anderer Menschen schließen? Hier kommen die Geheimdienste ins Spiel. Das FBI zum Beispiel wollte gern mehr über den Terroristenführer Osama bin Laden erfahren. Es kontaktierte Pennebaker. Dieser besorgte sich die Reden, Interviews und Briefe von Osama bin Laden und analysierte sie, teils auf Arabisch, teils in der englischen Übersetzung. Das erste Ergebnis war wenig überraschend: Der Mitbegründer der al-Qaida benutzte sehr selten «ich», dagegen häufig «wir» und «du» oder «ihr». Das lasse auf extremes Selbstbewusstsein schließen, sagt Pennebaker. Der Psychologe konnte an den Funktionswörtern aber auch ablesen, wann der zweite Mann der al-Qaida, Aiman az-Zawahiri, begann, mehr Macht zu gewinnen. Und er fand in der Sprache der Terroristen Indizien dafür, wenn ein Anschlag kurz bevorstand: Ihre Mitteilungen wurden dann einfacher, wütender, weniger komplex.[158] Genau dasselbe Muster fand Pennebaker aber auch bei dem Mann, der al-Qaida den Kampf ansagte: «Die Reden und Interviews von George W. Bush haben sich vor dem Afghanistan- und dem Irakkrieg auf exakt dieselbe Art verändert.»

Die Metaphern-Spione

Die Geheimdienste verfolgen in der Sprachforschung jedoch noch viel umfassendere Pläne. 2011 rief die *Intelligence Advanced Research Projects Activity* (IARPA) der USA Sprachwissenschaftler, Kognitionsforscher und Informatiker auf, sich für ein Forschungsprojekt zu bewerben.[159] Die Behörde, erst fünf Jahre zuvor gegründet, finanziert Forschung «mit hohem Risiko und hohem potenziellen Nutzen, die das Potenzial hat, die Vereinigten Staaten mit einer überwältigenden Überlegenheit der Geheimdienste über zukünftige Gegner auszustatten». Sie wird gern mit der Forschungsabteilung von «Q» verglichen, die James Bond mit schießenden Füllfederhaltern, Laserstrahl-Uhren und neuerdings auch mit Smartphones ausstattet. Aber das ist ein bisschen untertrieben.

Der Auftrag der IARPA an die Wissenschaftler: Entwickeln Sie eine Software, die Metaphern automatisch erkennt und analysiert.

Das klingt so, als interessierten sich CIA, NSA und FBI plötzlich für Poesie, doch das Forschungsinstitut der Geheimdienste verfolgt ganz handfeste Ziele – und lässt sich das «Metaphor Program» angeblich hunderte Millionen Dollar kosten.[160] Der Grund für das Interesse der Spione an Sprachbildern ist die Erkenntnis von Linguisten und Hirnforschern, dass Metaphern eine große Rolle in unserem Denken spielen, wie wir in Kapitel 2 gesehen haben. Wenn Metaphern so eng mit dem Denken verknüpft sind, so das Kalkül, dann sollten sie auch Aufschluss über die Einstellungen, die Haltung und Mentalität von Menschen geben – und zwar, ohne dass sich diese dessen bewusst sind.

Texte für die Analyse finden sich massenweise im Internet, auf Facebook, Twitter und in Blogs. Für deren linguistische Interpretation können die Geheimdienste natürlich nicht Zigtausende Agenten abstellen, deshalb die Anfrage an die Forscher. Ein Computerprogramm, das Metaphern versteht und aus ihnen schließen kann, wie Menschen ticken – das würde einen automatisierten Lauschangriff auf unser Weltbild möglich machen: Denkt jemand konservativ oder eher fortschrittlich, was hält er für unmoralisch, und welche Einstellung hat er zu Krisen, Krieg und Korruption?

Benjamin Bergen sieht frisch aus im Gesicht, das machen wohl der Wind und die Sonne in Kalifornien. Lachfalten, die Andeutung eines Seitenscheitels; wenn er einen Anzug trägt, wirkt er ein bisschen glatt, aber oft tut er das nicht.

Bergen ist Kognitionsforscher, Professor an der *University of California* in San Diego, er erforscht, wie wir Sprache verstehen, wie unser Gehirn Wörter und Sätze mit Bedeutung füllt.[161] Und er interessiert sich für Metaphern, weshalb er sich mit seinen Kollegen für das «Metaphor Program» der IARPA beworben hat. Drei Teams bekamen den Zuschlag, seines war eins davon. Jetzt arbeitet der 38-Jährige für die amerikanische Regierung.

«Damit Computer Metaphern wirklich verstehen, müsste man eigentlich alles einbauen, was Menschen wissen. Das ist natürlich unmöglich», sagt Bergen. «Deshalb finde ich das Projekt ja so cool.» Der Kognitionsforscher hat bei George Lakoff studiert, dem Metaphern-Guru, 800 Kilometer weiter nördlich, in Berkeley. «Fast jeder Schlüsselbegriff ist metaphorisch», sagt Bergen. Das ist unverkennbar Lakoffs Mantra. «Aber Computer werden damit noch überhaupt nicht fertig.» Spracherkennungsprogramme, die gut funktionieren, gibt es zwar reichlich. Aber eines stellt sie vor ein schier unlösbares Problem: Wörter und Sätze, die nicht wörtlich gemeint sind. Das hat Bergen gereizt. «Das Problem tritt immer auf, wenn Computer mit Sprache zu tun haben. Was passiert, wenn ich auf meinem iPhone *Siri* aufrufe und eine Metapher benutze? *Siri* versagt.»

Jetzt versucht Bergen zusammen mit Informatikern und Linguisten, dem Computer beizubringen, uns wirklich zu verstehen. Dazu trichterten die Forscher dem Programm zunächst Metaphern aus zahlreichen Datenbanken ein. Aber weil die natürlich nicht vollständig sind, und es auch gar nicht sein können, müssen die Wissenschaftler die Software so programmieren, dass sie von selbst Metaphern erkennt. Dazu lassen sie das Programm den Kontext analysieren und bauen Heuristiken ein, Daumenregeln also, anhand derer es entscheidet, ob etwas wörtlich gemeint sein könnte oder nicht. Stößt es auf den Satz «Die Demokratie ist zerbrochen», dann weiß es, dass «zerbrochen» im wörtlichen Sinn meist im Zusammenhang mit Vasen, Geschirr oder anderen physischen Dingen vorkommt, und schließt daraus, dass es sich in diesem Fall wohl um eine Metapher handelt.

«Wir sind wirklich gut darin, Dinge zu identifizieren, die Metaphern sein *könnten*», sagt Bergen und grinst dabei. Den ganz großen Durchbruch kann er noch nicht vermelden, und der lässt sicher auch noch eine ganze Weile auf sich warten. Immerhin: Wenn Bergen der Software ein Wort wie «Demokratie» vorgibt, dann sucht sie im Text nach allen Kombinationen, in denen dieses vorkommt, und bewertet jeweils, wie wahrscheinlich es ist, dass es sich um eine Metapher handelt. Im Englischen funktioniert das schon leidlich, im Spanischen, Russischen und Persischen weniger gut. Bergens Team hat noch einiges zu tun.

Die vier Sprachen hat die IARPA vorgegeben, und damit ist auch klar, welche Regionen sie bei ihrem Lauschangriff auf das Weltbild besonders interessieren: Lateinamerika, Russland, Afghanistan, Iran. Vom Metaphern-Programm erhofft sich das Geheimdienst-Institut «tiefe Einsichten in menschliche Kulturen», heißt es in seiner Ausschreibung. Das soll offenbar Zeit und Geld sparen: «Normalerweise erfordert das beträchtliche persönliche Kontakte über eine ausgedehnte Zeitspanne.»

Metaphernanalyse als Schnelltest der Befindlichkeiten in potenziellen Krisengebieten – eine gruselige Vorstellung:

Werden Geheimdienste eines Tages womöglich allein aus Sprachbildern, die sie mit ihren Datennetzen einfangen, auf die Mentalitäten, Stimmungen und Konflikte in brisanten Regionen schließen können? Oder schlimmer: glauben es zu können? Ganz so einfach ist das nämlich nicht. Zum einen werden Metaphern häufig bewusst eingesetzt, zum Beispiel, um Menschen zu beeinflussen. In dem Fall sagt ihre Verwendung nichts über die tatsächliche Einstellung der Leute aus. «Wir haben keine Möglichkeit, um zu unterscheiden, ob es sich bei einer Metapher um einen natürlichen Ausdruck der innersten Gedanken handelt oder ob es darum geht, jemanden zu manipulieren», sagt Bergen.

Zum anderen ist noch gar nicht klar, was Metaphern überhaupt über unser Denken und Fühlen verraten. Wie wir in Kapitel 2 gesehen haben, haben Hirnforscher und Psychologen inzwischen viele Belege dafür gefunden, dass Sprachbilder eng mit unserem Denken verknüpft sind. Und sie haben es in einigen Fällen geschafft, die genauen Zusammenhänge zu entwirren, und Beispiele gefunden, in denen Metaphern tatsächlich einen deutlichen Einfluss auf uns haben. Aber darüber, was sie über uns preisgeben, existieren noch kaum gesicherte Erkenntnisse. Das muss auch Benjamin Bergen zugeben: «Wir wissen einfach nicht, wie diagnostisch Metaphern sind. Das ist eine der schwierigsten Fragen, die wir zu klären haben.»

Das «Metaphor Program» sei ein erster Schritt, nicht mehr und nicht weniger: «Wir können damit eine Menge Daten sammeln, um Hypothesen darüber zu entwickeln, wie Menschen denken, die unterschiedliche Metaphern benutzen.» Zum Beispiel kann man mit Hilfe der Software enorme Textmengen daraufhin durchsuchen, mit welchen Metaphern Menschen in den USA wirtschaftliche Ungleichheit beschreiben. Bergen hat das getan und Muster entdeckt:

Aktivisten, die eine Umverteilung anstreben, sprechen häufiger von einem «Rennen», bei dem manche von Anfang an einen Vorsprung haben und andere auf der Strecke bleiben, während Anhänger des Status quo lieber von einer «Lücke» zwischen Arm und Reich reden. «Aber das sind nur Korrelationen», betont der Kognitionsforscher. Welche Schlüsse man daraus ziehen kann, müssen die Wissenschaftler noch herausfinden. «Wenn wir mit großer Rechenpower solche statistischen Regelmäßigkeiten finden, ist das nicht das Ende der Geschichte – sondern erst der Anfang.» Bergen erhofft sich von dem Forschungsprogramm grundlegende Erkenntnisse darüber, was Metaphern überhaupt über uns aussagen. Und er denkt noch weiter: Wenn man einem Computer das Prinzip Metapher, also die urmenschliche Fähigkeit, konkrete Erfahrungen zu destillieren und auf Abstraktes zu übertragen, beibringen könnte, dann wäre das ein großer Schritt zur Künstlichen Intelligenz.

Eine gigantische Weltanschauungsentzifferungsmaschine, die aus unseren mehr oder weniger unüberlegten Worten auf Facebook, Twitter oder in Blogs unsere geheimsten Gedanken herausliest, wird das «Metaphor Program» in nächster Zukunft aber wohl kaum hervorbringen, meint Bergen. «Unsere Software wird nicht erschließen können, was eine bestimmte Person zu einem bestimmten Zeitpunkt denkt. Das ist nahezu unmöglich.» Darum habe er auch kein Problem damit, für die Geheimdienste zu arbeiten.

Bleibt zu hoffen, dass sich auch die NSA und andere potenzielle Anwender der begrenzten Aussagefähigkeit der bisherigen Forschungsergebnisse bewusst sind. So faszinierend das «Metaphor Program» aus wissenschaftlicher Sicht ist, so unheimlich ist es aus gesellschaftlicher Perspektive – gerade in Zeiten, in denen die Datensammelwut der Geheimdienste keinen Halt vor Gesetzen macht.

Sich selbst belauschen

Doch auch wenn wir den Wissensdrang der Nachrichtendienste zu Recht fürchten und kritisieren – neugierig, das müssen wir zugeben, sind wir alle, auch und besonders, was unser eigenes Innenleben betrifft. Wenn also Wörter etwas über die Person und Persönlichkeit von Menschen verraten, dann sollten sie uns doch auch helfen können, mehr über uns selbst zu erfahren, uns selbst besser kennenzulernen. Man müsste sie nur sammeln. Genau das hat der Psychologe James Pennebaker getan – im Selbstversuch. Tagelang lief er mit einem digitalen Recorder herum, der sich selbständig alle paar Minuten für dreißig Sekunden einschaltete. Er ahnte nicht, welch erschütternde Erkenntnis auf ihn wartete. Als er die Aufnahme analysierte, war er bestürzt darüber, wie er mit seinem 12-jährigen Sohn sprach: «Ich redete wie ein kalter, distanzierter Kotzbrocken!» Er benutzte viele Artikel und wenige Pronomen, vor allem sagte er nur selten «ich» oder «mein». Seiner Tochter und seiner Frau gegenüber war er viel herzlicher. Der Psychologe war völlig überrascht von dieser Selbsterkenntnis: «Ich wäre nie auf die Idee gekommen. Ich dachte immer, ich sei warmherzig und einfühlsam.» Er beschloss, an sich zu arbeiten. «Ich versuchte ganz bewusst, meinem Sohn mehr zuzuhören und verständnisvoller zu sein.»

Der Psychologe hat aber nicht nur seine Gespräche mit seiner Familie oder seine E-Mails analysiert, sondern auch seine Vorlesungen, seine wissenschaftlichen Artikel und seine Empfehlungsschreiben. «Wörter sind ein Feedback-System, wie der Tacho im Auto. Wenn man auf seine Wörter achtet, weiß man, ob man sich verändert.»

Eines tat Pennebaker jedoch nicht: Er versuchte nicht, seine *Sprache* zu verändern, zum Beispiel weniger Artikel und mehr Pronomen zu benutzen, wenn er mit seinem Sohn redete. «Das bringt nichts», meint er. «Jede einzelne Studie, in der ich versucht habe, zu manipulieren, welche Wörter die Probanden benutzten, ging schief. Das gilt besonders für Funktionswörter.» Wir könnten zwar durchaus steuern, welche Pronomen wir verwenden, aber das beeinflusse unser Denken und Fühlen nicht. Für Pennebaker sind Funktionswörter eine Art Einbahnstraße: Sie geben viel über unsere Person und unsere Persönlichkeit preis, aber sie verändern weder die eine noch die andere.

Sie haben jedoch Einfluss darauf, wie andere uns wahrnehmen und auf uns reagieren – zumindest bis zu einem gewissen Grad. «Wenn ich eine Rede halten und wollen würde, dass die Leute mich für einen herzlichen und kuscheligen Typ halten, würde ich versuchen, häufiger ‹ich› zu sagen», erklärt der Psychologe. Das würde wahrscheinlich funktionieren. Bloß: Es wäre recht aufwendig. «Viel einfacher wäre es, seinen psychischen Zustand zu verändern, also zum Beispiel daran zu arbeiten, ein bisschen herzlicher und kuscheliger zu *sein*. Denn dann benutzen wir automatisch andere Wörter.»

Pennebaker glaubt deshalb auch nicht, dass John Kerry bessere Chancen bei den Präsidentschaftswahlen gehabt hätte, wenn er öfter «ich» und seltener «wir» gesagt hätte. Wenn der Kandidat dagegen versucht hätte, persönlicher und authentischer zu sein, hätte sich das in seinen Funktionswörtern gespiegelt.

Pronomen, Artikel und Konjunktionen sind also kaum zu gebrauchen, um Persönlichkeitsmerkmale zu verändern. Doch sie können helfen, diese – und ihre Entwicklung – zu erkennen.

Die Wahrheit, nichts als die Wahrheit?

Der Sprachdetektiv Pennebaker kann also aus den Wortspuren, die wir tagtäglich hinterlassen, sei es in E-Mails oder Plaudereien, ein recht gutes Profil von uns erstellen. Aber wie sieht es aus, wenn Menschen lügen – kann man ihnen anhand ihrer Sprache auf die Schliche kommen? Könnte man gar einen linguistischen Lügendetektor bauen?

Genau das hatte Denise Huddle im Sinn, als sie sich bei Pennebaker als Doktorandin bewarb. Zuvor hatte sie mehr als zwanzig Jahre lang als Privatdetektivin gearbeitet. Um herauszufinden, ob Lügner sich durch bestimmte Sprachmuster verraten, brauchte sie erst einmal Daten – viele Daten: Texte, die mit Sicherheit gelogen waren, und solche, die definitiv der Wahrheit entsprachen. Damit kannte sich die ehemalige Detektivin aus. Sie fahndete nach Angeklagten, die des Meineids überführt worden waren, und nach Verurteilten, die später entlastet worden waren, zum Beispiel durch DNA-Analysen. Sie machte fünfunddreißig Lügner und elf Aufrichtige ausfindig sowie die dazugehörigen Gerichtsprotokolle, Tausende von Seiten. Jetzt konnte der Computer seine Arbeit tun. Und er fand vielsagende Unterschiede zwischen Aussagen, die der Wahrheit entsprachen, und solchen, die gelogen waren: Lügner benutzen viel seltener das Wort «ich» als Menschen, die die Wahrheit sagen. Dafür verwenden sie häufiger Pronomen der 3. Person: «er» und «sie». Zudem sind ihre Aussagen weniger detailliert und komplex.

Lügner reden also ganz offenbar mehr über andere als über sich selbst, sie versuchen, die Aufmerksamkeit abzulenken. Das erscheint nicht weiter überraschend, aber es ist erstaunlich, dass sich dieses Muster mit einer einfachen Computeranalyse in der Sprache klar nachweisen lässt – anhand der so unscheinbaren Funktionswörter, die wir kaum kontrollieren oder manipulieren können, weil sie unserer Aufmerksamkeit entgehen. Diese Eigenschaft der «Tarnkappenwörter» ist natürlich außerordentlich nützlich für einen linguistischen Lügendetektor. Die ehemalige Privatdetektivin Huddle war mit dem Ergebnis ihrer Nachforschungen dennoch nicht zufrieden: Sie hatte gehofft, dass der Computer in 95 Prozent der Fälle die Lügner entdeckt, tatsächlich schafft er es nur in 76 Prozent. Damit ist er aber immer noch zuverlässiger als die Jurys bei Gericht – und als andere technische Lösungen: Der Polygraph, der Blutdruck, Puls, Atemfrequenz und Leitfähigkeit der Haut aufzeichnet, hat eine Trefferquote von 60 bis 65 Prozent. Mehr schaffen auch Hirnscans sowie Gestik- und Mimikanalysen nicht. Pronomen entlarven damit – zumindest in dieser Pilotstudie – am zuverlässigsten.

Der linguistische Liebesdetektor

Bisher ging es immer darum, mehr über *einzelne* Menschen zu erfahren: Ist der Autor ein Mann oder eine Frau, mächtig oder nicht, unehrlich oder aufrichtig? Richtig spannend wird es aber erst, wenn andere Menschen hinzukommen, schließlich reden wir meist nicht mit uns selbst, sondern mit anderen. Und in der Zweisamkeit stellen sich die wirklich aufregenden Fragen: Passen wir zusammen, werden wir uns wiedersehen, werden wir gar zusammen alt werden? Wie praktisch – und unterhaltsam – wäre es doch, wenn man das schon aus dem ersten Smalltalk, den ersten SMS herauslesen könnte. Ein Fall für Pronomen-Inspektor James Pennebaker und seine Mitarbeiter.

Nun geht kaum jemand mit einem Sprachrecorder zu seinem ersten Date, und wie die anderen Studien gezeigt haben, braucht man große Datenmengen, um Sprachmuster herausfiltern zu können. Noch dazu sollten sie unter vergleichbaren und möglichst realistischen Bedingungen gewonnen werden. Deshalb mögen Psychologen Speed-Dating: fast so real wie in der Realität, fast so kontrolliert wie im Labor!

Tatsächlich durfte Molly Ireland, eine Mitarbeiterin von Pennebaker, die Gespräche von etwa achtzig Speed-Datern analysieren, die für ein anderes Projekt aufgezeichnet worden waren; jedes dauerte vier Minuten. Sie untersuchte, wie ähnlich sich die Sprachfetzen waren, die die Männer und Frauen austauschten. Natürlich hielt sie besonders nach Funktionswörtern Ausschau. Ihre Hypothese: Je mehr sich der Sprachstil von zwei Speed-Datern ähnelt, desto größer ist die Wahrscheinlichkeit, dass sie sich wiedersehen wollen.

Dabei geht es nicht einfach darum, ob zwei Menschen zufällig denselben Sprachstil haben – sondern vor allem darum, ob sie sich im Gespräch aneinander anpassen. Aus früheren Versuchen wusste Ireland, dass Menschen ihre Art zu reden sehr schnell an ihr Gegenüber angleichen, wenn es aus irgendeinem Grund ihre Aufmerksamkeit erregt. Sie synchronisieren sich.

Und tatsächlich: Die Partner mit einer hohen Übereinstimmung in ihren Funktionswörtern wollten einander doppelt so oft wiedersehen wie die mit einer niedrigen Übereinstimmung.[162] Kein besonders romantisches Indiz, aber ein sehr eindeutiges. Und ein zuverlässiges: Die Synchronität der Pronomen, Artikel und Konjunktionen sagte sicherer voraus, ob es ein weiteres Treffen geben würde, als die Kandidaten selbst. Diese bewerteten ihr Gegenüber nach dem kurzen Gespräch anhand eines Fragebogens; natürlich hing die Wahrscheinlichkeit für ein Wiedersehen auch von dieser Einschätzung ab. Aber eben nicht so stark wie von der Passung der Pronomen. Die spiegelt schließlich nicht nur die

Attraktivität der Partner wider, sondern die Harmonie des Paares.

Der Psychologe Richard Slatcher wollte wissen, ob sich der Verlauf einer Beziehung auch jenseits der ersten Augenblicke anhand von Wörtern vorhersagen lässt. Er trieb 86 frisch verliebte Pärchen auf, die einander Sofortnachrichten über das Internet schrieben, zum Beispiel über *Skype*, den *Yahoo Messenger* oder *WhatsApp*. Diese Unterhaltungen analysierte Slatcher nun auf die Übereinstimmung des Sprachstils hin. Und dann wartete er ab, drei Monate lang. Welche Paare würden auch nach der allerersten Flatterphase der Verliebtheit zusammenbleiben?

Die Antwort war eindeutig: Von denen mit geringer Funktionswort-Synchronität waren es 52 Prozent – von denen mit hoher dagegen 77 Prozent.[163] Die Pronomen hatten gesprochen, wieder einmal. Und sie waren erneut aussagekräftiger als die Einschätzung der Beteiligten selbst. Denn auch Partner, deren Sprachstile nur wenig übereinstimmten, gaben oft an, sehr zufrieden mit ihrer Beziehung zu sein. Bis sie sich trennten.

Also doch besser mit dem Sprachrecorder zum Date, das Gespräch in den linguistischen Liebesdetektor einspeisen und anhand der Pronomen-Synchronität entscheiden, ob man sich wiedersieht? Ganz so einfach ist es leider nicht, warnt James Pennebaker. Denn die Übereinstimmung des Sprachstils zeigt zwar, dass eine Beziehung synchron ist, aber nicht, auf welche Art und Weise. Die Synchronität ist zum Beispiel auch dann hoch, wenn sich zwei Menschen leidenschaftlich hassen. Und sie steigt interessanterweise ebenfalls an, wenn einer von beiden anfängt zu lügen. Das erscheint paradox, denn wenn jemand lügt, verändert sich ja seine Sprache, wie wir gesehen haben. Also müsste die Synchronität sinken. Doch der Belogene gleicht seinen Sprachstil offenbar unbewusst an, und zwar so stark, dass die Synchronität steigt, anstatt zu fallen. Er höre dem Lügner intuitiv aufmerksamer zu, vermutet Pennebaker, und zwar um der Veränderung in dessen Sprache auf die Spur zu kommen. Und dabei passe er sich dieser Veränderung an. Wer es trotzdem auf einen Versuch mit dem linguistischen Liebesdetektor ankommen lassen will, findet auf Pennebakers Seite *www.secretlifeofpronouns.com/synch* ein Programm, das die Synchronität von Funktionswörtern berechnet. Auf eigene Gefahr!

In den kleinen, unscheinbaren Funktionswörtern liegt also eine Menge verborgen: Hinweise auf unsere Person – Geschlecht, Alter, sozialer Status – und auf unsere Persönlichkeit, ja sogar Indizien dafür, ob wir lügen und wen wir lieben. Doch weil wir sie meist unbewusst benutzen und verarbeiten, brauchen wir Computerprogramme, um ihre Botschaft zu entschlüsseln. Das ist keine Science-Fiction: Die ersten Anwendungen sind bereits im Einsatz. Von Metaphern versprechen sich manche Wissenschaftler noch tiefere Einblicke, zugleich stellen Sprachbilder die Informatiker vor weit größere Herausforderungen. Noch ist keine Metaphern-Analyse-Maschine in Sicht. Doch die Geheimdienste werden die Entwicklung interessiert beobachten.

Wie wir Wörter für uns nutzen können

7 Die Worte der Macht
Wie Politiker mit Sprache manipulieren

> «Sprechen ist Macht. Die Wörter sind Verführer, Generale und Scharfrichter.
> Sie verführen heimlich durch Parteilichkeit, sie verführen öffentlich durch Predigt, Plädoyer, Reklame, Propaganda,
> sie erteilen pauschale Weisungen durch Norm und Gesetz und gezielte durch Befehle, und die Macht des Henkers haben sie auch.»
> *Wolf Schneider*

Nina Janich sagt von sich selbst, sie sei nicht so leicht zu entmutigen. Trotzdem könnten sie sie schon manchmal zur Verzweiflung treiben: die «Sozialtouristen», die «Dönermorde», die «notleidenden Banken», die «alternativlosen» Entscheidungen – und all die anderen Wortschöpfungen, die die Wahrheit verzerren, in die Irre führen, Menschen diskriminieren und ihre Würde verletzen.

Nina Janich ist Linguistin an der *TU Darmstadt* und Sprecherin der Jury für das «Unwort des Jahres». Sie und ihre Jury-Kollegen sammeln verbale Entgleisungen. Auf ihrem Tisch landen jedes Jahr Tausende bedenkliche Wörter und Formulierungen, eingesendete Vorschläge aus der Bevölkerung. Es sind die Worte der Mächtigen, in Umlauf gebracht, um aufzustacheln, auszugrenzen oder zu täuschen. Die meisten stammen aus der Politik, viele von Konzernen, manche von der Kirche.

Seit mehr als zwanzig Jahren schauen Sprachwissenschaftler und Journalisten in dieser Jury den Mächtigen aufs Maul. Sie rügen, wenn als «freiwillige Ausreise» deklariert wird, was in Wahrheit Abschiebung ist; wenn Versicherungen das hohe Alter ihrer Kunden für ein «Langlebigkeitsrisiko» halten; wenn Menschen bloß noch als «Humankapital» in die Berechnungen der Wirtschaft eingehen, Banken dagegen aber mit Begriffen wie «notleidend» zu leidensfähigen Wesen erklärt werden.

Nina Janich weiß: Ihre Arbeit ist ein Tropfen auf den heißen Stein. Einmal im Jahr Presserummel, dann läuft alles wie gehabt. «Dummheit, Ignoranz und Intoleranz werden nicht aussterben, egal, was wir Sprachwissenschaftler tun», sagt sie. Aber zumindest wecke die Unwort-Aktion das Bewusstsein für den Umgang mit Sprache: «Die Leute tauschen sich darüber aus, manche reiben sich an unserer Wahl, selbst wenn es nur ein paar Tage sind.»

Manche finden die Arbeit der Unwort-Kritiker albern und überzogen. Wozu die Nörgelei?, fragen sie. So viel Aufhebens um ein paar zynische Wörter? Ist das nötig? Ja, betont Nina Janich. Denn es sind eben nicht nur Wörter. Es geht um gesellschaftliche Realität, um die Welt in den Köpfen der Menschen. Wörter machen Politik, sie schaffen Fakten und sie beeinflussen Entscheidungen. «Wir können die Wörter benützen, um zu beten, zu segnen, zu heilen, zu töten, zu verstümmeln und zu foltern. Der Mensch schafft – und zerstört – durch Vermittlung der Sprache», hat der amerikanische Linguist und Philosoph George Steiner geschrieben. Worte sind nicht bloß Waffen zum Überwältigen der Gegner, wie Max Weber meinte, sie manipulieren auch das Verhalten der Bevölkerung.

Politiker lenken unsere Gedanken in Bahnen: Mal locken sie uns mit Metaphern in Bilderwelten und erzeugen mächtige Assoziationen, die komplexe Dinge so eingängig erscheinen lassen, dass wir meinen, sie bis ins Detail zu verstehen. Ein anderes Mal geben sie sich wortkarg, flüchten sich in Floskeln und bemühen einen spröden Fachjargon, der jede Nachfrage auf den Lippen antrocknen lässt.

Dies ist keine neue Entwicklung, schon bei den alten Griechen wurde mit Worten Politik gemacht. Und schon immer ging es darum, Begriffe zu schaffen und zu besetzen wie die «soziale Marktwirtschaft» in den fünfziger Jahren oder Willy Brandts legendäre «Ostpolitik». Allerdings waren solche Wörter früher sehr viel häufiger als heute die gereiften Früchte intensiver Diskurse und realer Entscheidungen. Inzwischen jedoch betreiben die Parteien eine feldzugartige Besetzung von Begriffen, die sich vom politischen Handeln losgelöst hat, kritisiert SPD-Urgestein Erhard Eppler.[164]

Die Geschwindigkeit im politischen Tagesgeschäft hat sich geändert. Während Politiker sich früher mehr Zeit für Erörterungen nahmen und eine umfassende Argumentation entfalten konnten, sind sie heute zunehmend auf kurze Statements beschränkt. Wer hört sich noch ganze Reden im Bundestag an? Der Germanist und Rhetorikexperte Uwe Pörksen beklagt den Verlust der Debattenkultur, das Verschwinden der großen Entscheidungsrede und das «politische Kurzgebell», das an ihre Stelle getreten ist.[165] Ob im Talkshowsessel, im Interview vor der Fernsehkamera oder auf Twitter: Wenn ein Politiker heute etwas sagen will, dann muss er es kurz machen. Es gilt, Schlaglichter zu setzen, zuzuspitzen. Immer häufiger bleiben nur einzelne Wörter oder Sätze im öffentlichen Bewusstsein hängen, die ein Thema verdichten. Mitunter kann eine einzige Metapher eine ganze Argumentationskette ersetzen. Assoziationen treten an die

Stelle von Analysen. Die Macht des einzelnen Wortes: In Zeiten des allgemeinen Aufmerksamkeitsdefizits ist sie so groß wie nie.

Längst geht es nicht mehr nur darum, Zusammenhänge zu erklären, Probleme darzulegen und Lösungen zu erläutern. Worte sollen in der Politik vor allem auch Gefühle erzeugen. Denn der Wähler ist kein rationales Wesen. Ebenso wie der Homo oeconomicus, der stets rational agierende Wirtschaftsmensch, ist auch der überlegt handelnde, stets informierte Wähler ein Mythos. Menschen handeln emotional und nicht immer vernünftig. Das ist spätestens seit den bahnbrechenden Erkenntnissen des Ökonomie-Nobelpreisträgers Daniel Kahneman bekannt.[166] Menschen kaufen Produkte aus der Laune des Augenblicks heraus, vielleicht, weil im Laden gerade ein schönes Lied läuft oder die Verkäuferin lächelt. Und sie wählen manchmal Parteien, ohne zu wissen, wofür diese im Einzelnen stehen. Sie wählen, was sich für sie «richtig» anfühlt. Emotionen sind Entscheidungshilfen, sagt Kahneman. Wir können nicht immer alle nötigen Fakten analysieren und sorgsam abwägen, deshalb nehmen wir oft die Abkürzung über unsere Emotionen. Das ist sehr nützlich: Intuition kann sogar Leben retten. Aber sie macht uns eben auch anfällig für Manipulation – und für die Tricks mit den Worten.

Dämme gegen die Flut!

Einzelne Wörter können Angst oder Wut erzeugen, ein Gefühl der Bedrohung vermitteln. George W. Bush nutzte diese Wortmacht, als er von der «Achse des Bösen» sprach. Als er mit Kriegsmetaphorik sein Land und den Rest der Welt auf den realen Kriegseinsatz in Afghanistan und im Irak einschwor. Erinnern wir uns an die Mahnung des US-amerikanischen Linguisten George Lakoff, der sagte: «Metaphern können töten» (Kapitel 2).

Auch Silvio Berlusconi nutzte mächtige Sprachbilder, als er das Rechtssystem und die in seinen Augen ideologischen Richter Italiens mit «Metastasen» verglich. Er sprach von einer «schrecklichen Krankheit», von einem «Krebs», der die Demokratie befallen habe und der «herausgeschnitten werden muss».[167] Auch deutsche Politiker nutzen bildhafte Sprache, etwa wenn sie über Migranten und Flüchtlinge sprechen. Dann scheinen sich wahre Naturkatastrophen anzubahnen. Dann werden «Flutwellen» oder gar «Tsunamis» heraufbeschworen, die unser Land zu überschwemmen drohen. «Die Wassermetaphorik ist beim Thema Migration sehr ausgeprägt», hat der Aachener Sprachwissenschaftler Thomas Niehr festgestellt. Wassermassen können einem Land gefährlich werden. Die Konsequenz erscheint logisch: «Dämme» müssen errichtet werden, die Flut muss «kanalisiert» werden, um das Land vor dem «Zustrom» zu schützen. «Es gibt ganze Metaphernnetze, die in solchen Fällen greifen, mit denen subkutan eine Argumentation mitgeliefert wird, ohne sie explizit ausführen zu müssen», sagt Thomas Niehr.

Naturkatastrophen, Krankheiten oder Kriege – glaubt man den Worten der Politiker, lauern die Gefahren für die Menschheit überall. Metaphern sind hervorragende Instrumente, um Ängste zu erzeugen, weil sie die Dinge so drastisch zuspitzen. Sprache bildet die Realität nie bloß ab. «Durch Sprache schaffen wir unsere Wirklichkeit erst», sagt Thomas Niehr. Die Welt in unserem Kopf ist kein objektives Abbild der Realität. Sie ist das Ergebnis unserer Interpretation. Und Metaphern liefern die Interpretation der Dinge gleich mit. So manipulieren sie unseren Blick, unser Denken und letztlich unsere Entscheidungen.

Komplexe Zusammenhänge in verständliche Bilder zu übersetzen, um Menschen damit vielleicht sogar zu beruhigen, ist per se nichts Schlechtes – aber die Konsequenz dessen sollte man nicht unterschätzen. Literaturwissenschaftler der *Freien Universität Berlin* haben untersucht, wie der frühere Bundesfinanzminister Peer Steinbrück in den Jahren 2008 und 2009 die globale Wirtschafts- und Finanzkrise darstellte. Er benutzte häufig Sprachbilder, die die Lage als beherrschbar erscheinen ließen. Statt von einem unberechenbaren «Finanz-Tsunami» zu sprechen, wie *Der Spiegel* es tat, habe Steinbrück in seinen Reden immer wieder unterstrichen, dass die Krise menschengemacht sei und auch von Menschen behoben werden könne.[168] «Er versuchte, die Emotionen niedrig zu halten und die eigenen Handlungsmöglichkeiten beruhigend in den Vordergrund zu stellen», sagt die Literaturwissenschaftlerin Nina Peter. In seiner Regierungserklärung zur Lage der Finanzmärkte im September 2008 beschrieb Steinbrück die Situation folgendermaßen: «Wie bei einem Patienten, der unter akuten Kreislaufproblemen leidet, kommt es auch bei einer Finanzmarktkrise im Rahmen des akuten Krisenmanagements zuallererst darauf an, einen Kollaps zu verhindern. Dazu müssen lebenserhaltende Prozesse und Funktionen stabilisiert werden, die in Stresssituationen nur noch eingeschränkt oder gar nicht ablaufen.»[169] Die Analogie zum menschlichen Körper stellt ein Problem zwar als gefährlich dar, sie suggeriert aber zugleich, dass es – wie in der Medizin – eine Therapie dafür gibt. Die Politiker sind in diesem Bild die Chefärzte. Sie verfügen über einen gewissen Handlungsspielraum, und das ist beruhigend. Die Metapher vom Finanzmarkt auf der Intensivstation legt jedoch noch einen anderen Schluss nahe: Wenn man einem schwerkranken Patienten helfen kann, dann muss man es auch! Kein Arzt würde einen Menschen sterben lassen, er darf es gar nicht. Und so sind auch die Politiker in diesem Bild verpflichtet, alles für das Weiterleben der Finanzmärkte zu tun. Welcher Bürger wollte ihnen dies angesichts der ethischen Verantwortung untersagen?

Genau hier beginnt die eigentliche Macht der Metaphern. In solchen Momenten übernehmen sie die Kontrolle. Sie helfen nicht bloß, komplexe Zusammenhänge zu veranschaulichen, sie drängen uns auch die Lesart auf. Sie beeinflussen, welche Politik wir für richtig halten. Denken wir an die Studie von Paul Thibodeau und Lera Boroditsky aus Kapitel 2 zurück: Wenn das Verbrechen in einer Stadt als «Bestie» beschrieben wird, dann sprechen sich Menschen für besonders harte Strafen aus. Ist dagegen von einem «Virus» die Rede, wollen sie den Ursachen auf den Grund gehen, etwa Armut bekämpfen und Bildung fördern.

Es gibt weitere Studien, die diesen Befund untermauern. Der belgische Linguist Frank Boers hat eine solche Wirkung von Metaphern in Fragen der Unternehmens- und Wirtschaftspolitik nachgewiesen. Er bat Brüsseler Betriebswirtschafts- und Volkswirtschaftsstudenten, sich ein europäisches Unternehmen vorzustellen, das wegen billiger Konkurrenz aus Taiwan unter Druck gerät. Was würden sie diesem Unternehmen raten? Wie sollte es auf die Konkurrenz reagieren? Die Fragestellung war für alle Probanden gleich, allerdings variierte die Geschichte: In einer Version wurde die Firma als ein Körper umschrieben, als «angeschlagener» Organismus, der eine «Kur» vertragen könnte. Zusätzlich wurde das Bild eines Wettlaufs mit dem taiwanesischen Rivalen heraufbeschworen. In der zweiten Version des Textes wurden die Probanden dagegen sprachlich auf einen Krieg eingestimmt, den es zu gewinnen gelte. In der Beschreibung hieß es, der Konkurrent würde Kunden «erobern» und könnte womöglich in den heimischen Markt «einfallen».

Die Folgen waren deutlich: Je nach Metapher entschieden sich die Studenten für völlig andere Strategien: Betrachteten sie die Firma als einen Körper, der gesund bleiben sollte und sich im Wettkampf behaupten musste, empfahlen die Probanden eine «Schlankheitskur»: Sie wollten Personal entlassen und unrentable Abteilungen schließen. Außerdem rieten sie, mehr Geld in die Forschung zu investieren, um nicht den «Vorsprung» im Wettlauf zu verlieren.

Bei der Kriegsmetaphorik hingegen empfahlen sie, einen «Preiskampf» anzuzetteln und gleichzeitig die Anforderungen an das Personal – bei sinkenden Löhnen – zu erhöhen. Auch ein Vorstoß in das Territorium des Feindes kam den auf Krieg eingestimmten Beratern eher in den Sinn: Die Firma sollte doch am besten Zweige in Taiwan eröffnen.[170]

George Lakoff und Elisabeth Wehling warnen in ihrem Buch *Auf leisen Sohlen ins Gehirn* davor, dass Metaphern entscheiden könnten, wie wir als Individuen oder als ganze Nation politisch handeln.[171] Die beiden Linguisten der *University of California* in Berkeley beschäftigen sich seit Jahren mit den kognitiven Prozessen, die Metaphern auslösen: Sprachbilder strukturieren unser Denken, weil sie Deutungsrahmen aktivieren, sogenannte Frames. Dies sind neuronale Strukturen, die laut Lakoff und Wehling unser gesammeltes Wissen von der Welt in sinnvolle Zusammenhänge bringen und so einzelnen Informationen Bedeutung verleihen. Sämtliche Erfahrungen und Eindrücke, die wir im Laufe des Lebens sammeln, prägen diese neuronalen Verknüpfungen. Wenn wir ein bestimmtes Wort hören, dann aktiviert unser Gehirn die damit verbundenen, gespeicherten Sinneseindrücke, Bilder und Emotionen. Der Mechanismus hilft uns dabei, uns die Welt zu erschließen. Wir begreifen zum Beispiel das Leben als eine Art Reise, ein kontinuierliches Weiterziehen auf dem «Lebensweg», auf dem wir mitunter mit

Hindernissen konfrontiert werden, die es zu überwinden gilt.

Auch unser soziales und emotionales Leben erschließen wir uns mit Hilfe von Sprachbildern: Wir verknüpfen zum Beispiel Zuneigung mit Wärme. Unsere Mitmenschen können warmherzig sein oder uns die kalte Schulter zeigen (siehe Kapitel 2).

Sowieso dient der Körper mit all seinen Empfindungen häufig als Quelle für Metaphern. Was wir am eigenen Leib erfahren, ist so eindrücklich, dass sich selbst abstrakte Themen mit solchen Bildern schlüssig vermitteln lassen. Politiker sprechen von dem «Arm des Gesetzes», dem «Herzstück» einer Reform, einer «Politik der ruhigen Hand» (Gerhard Schröder), von der «sozialen Hängematte» und auch von «Schlägen unter die Gürtellinie». Besonders mächtig sind solche Bilder, wenn der Körper darin krank oder gefährdet ist – wenn wir eine «Lähmung» des Arbeitsmarktes beheben müssen, Unternehmen «Finanzspritzen» benötigen oder Länder unter einem «chronischen Defizit» leiden und in ihren Schulden regelrecht «ertrinken».

Interessanterweise ist die Körpermetaphorik offenbar gerade dann besonders verbreitet, wenn die Menschen sich auch im realen Leben viel mit ihrem Körper beschäftigen: in Zeiten, in denen er verletzlicher und anfälliger für Krankheiten ist, also im Winter. Der Linguist Frank Boers hat in einer Analyse des Magazins *The Economist* festgestellt, dass Körper- und Gesundheitsmetaphern in wirtschaftspolitischen Kontexten besonders häufig zwischen Dezember bis März bemüht werden – wenn die Bevölkerung mit kalten Temperaturen, Schnupfen und Grippe zu kämpfen hat.[172]

Die Tücken der Oasen

Es ist eine eindrucksvolle Kombinationsleistung, die unser Gehirn da vollbringt. George Lakoff geht sogar davon aus, dass Metaphern überhaupt erst abstraktes Denken ermöglichen (Kapitel 2). Insofern könnte diese Eigenart der menschlichen Intelligenz unsere kognitive Entwicklung enorm gefördert haben.

Doch die Sprachbilder haben eine Tücke: Wer in den assoziativen Fäden eines Metaphernnetzes hängt, kann sich nur schwer wieder davon lösen. Die Gedankengänge und Schlussfolgerungen sind dann gebunden an die Bilder, die die Metaphern im Kopf erzeugen: Wenn Verbrecher «Bestien» sind, dann muss man sie eben wegsperren; wenn Flüchtlinge das Land wie ein «Tsunami» überschwemmen, dann müssen hohe Dämme errichtet werden; und wenn Richter wie «Krebsgeschwüre» wuchern und die Demokratie «zerfressen», dann müssen sie entfernt werden. So einfach ist das. Metaphern sind Fallen.

«Politik hat immer auch damit zu tun, Fakten und Realitäten aus einer bestimmten politischen und moralischen Weltsicht heraus zu interpretieren», sagt Elisabeth Wehling. Sie macht dies an einem Beispiel deutlich, das hierzulande besonders kontrovers diskutiert wird: Steuern. Wer beispielsweise den Begriff «Steueroase» verwende, impliziere damit, dass Länder mit niedrigen Steuern Zufluchtsorte in einer existenziell bedrohlichen Umgebung seien. «Steueroase» ist nicht bloß ein anschauliches Wort, es verbirgt sich eine eindeutige politische Einstellung dahinter.

Elisabeth Wehling, die ursprünglich aus Deutschland stammt, hat die Steuerdiskussion hierzulande genau verfolgt. Sie hat insgesamt drei Geschichten identifiziert, die Politiker immer wieder erzählen. Die erste handelt von Leid und

Bürde («Steuerlast», «Steuererleichterung»), die zweite von Verfolgung («Steuerflucht», «Steuerflüchtlinge», «Steuerasyl») und die dritte von der Hoffnung auf Erlösung («Steuerparadiese» und besagte «Steueroasen»). Es sind zwar drei unterschiedliche Erzählungen, aber im Grunde bewirken alle dasselbe: Sie aktivieren gedankliche Deutungsrahmen, die Steuern als Bedrohung des individuellen Wohlergehens definieren, sagt Wehling.[173] Wenn wir das Wort Steuerlast hörten, riefen wir im Gehirn unbewusst die Erinnerung an körperliche Belastung ab, und das sind in der Regel keine angenehmen, sondern eher erdrückende Erfahrungen. «Flucht» und «Oase» signalisieren dagegen eine Rettung aus unerträglichen Umständen. «Alle drei Geschichten sind im Kern moralische Geschichten, die von Gut und Böse erzählen: Geringe Besteuerung ist moralisch gut, hohe Besteuerung ist moralisch verwerflich. Und alle drei Geschichten beinhalten einen moralischen Handlungsauftrag an die Politik, nämlich die Rettung und Erlösung der Bürger durch niedrigere Steuern. Innerhalb dieser drei Frames ergibt also nur eine politische Position Sinn, und zwar der Ruf nach möglichst geringen Steuern», sagt Wehling.[174]

Natürlich könnten Politiker Steuern auch als Grundlage von Freiheit und Sicherheit darstellen. Mit Steuergeldern finanziert die Regierung die Infrastruktur, einen Teil des Gesundheitswesens, die Unterstützung von Langzeitarbeitslosen, die Polizei und vieles mehr. Eigentlich ließe sich das ebenso in sprachliche Bilder verpacken. Aber das tut in Deutschland kaum ein Politiker. Zu diesem Schluss kam Wehling, als sie die Steuerdebatte im Frühjahr 2013 analysierte. Zwar vertraten die Parteien dabei ganz unterschiedliche Ansichten – die einen wollten die Steuern erhöhen, die anderen senken. «Bei der Sprache allerdings hörte die politische Meinungsvielfalt schnell auf», sagt Wehling. Denn auch jene Politiker, die für höhere Abgaben argumentierten, benutzen Ausdrücke wie «Steuerlast» oder «Steuerflüchtling». Ein fataler Fehler, meint Wehling. Denn sie bedienten damit die Weltsicht ihrer politischen Gegner und versäumten zugleich, ihre eigene moralische Sicht zu vermitteln.

Es mag bloß eine Unachtsamkeit der Politiker sein, langfristig könnte sie jedoch gravierende Folgen haben. Mit der Zeit zementieren sich so die Assoziationen in den Köpfen der Menschen, denn sprachliche Wiederholung verstärkt die kognitiven Frames. «Jedes Mal, wenn zwei Ideen in einem Frame in Zusammenhang gebracht werden, wird ihre gedankliche Verbindung stärker.»[175] Die neuronalen Verknüpfungen wachsen. Auf Dauer verändere die Sprache der Politiker somit unser Gehirn. Den Prozess bezeichnen Neurowissenschaftler als *recruitment learning*: Wenn verschiedene Nervenzellen gleichzeitig aktiviert werden, verstärken sich ihre synaptischen Verbindungen, Schaltkreise entstehen und verfestigen sich.

Auf keinen Fall, rät Wehling, sollten Parteien daher die Begriffe ihrer Gegner verwenden, auch nicht, um sich kritisch damit auseinanderzusetzen. «Damit unser Gehirn ein Konzept verneinen kann, muss es zunächst genau diese Idee aktivieren.» Ein besonders dramatisches Beispiel dafür findet sich in Gerhard Schröders folgenschwerer Regierungserklärung zur Agenda 2010 im März 2003: Als er die Kürzungen im Sozialstaat ankündigte, sagte er, es gehe nicht darum, dem Sozialstaat «den Todesstoß zu geben», sondern lediglich darum, seine Substanz zu erhalten.[176] Legt man Wehlings Logik zugrunde, war dies ein schwerer Fehler. Obwohl Schröder den Todesstoß ja verneinte, ist allein das Wort so mächtig, dass es vermutlich vielen Leuten im Gedächtnis blieb und entsprechend negative Assoziationen hervorrief.

Die heutigen Sozialdemokraten machen es nicht viel besser, wie Wehlings Analyse zeigt. Jedes Mal, wenn ein sozialdemokratischer Politiker sich gegen «Steuererleichterungen» ausspreche, aktiviere er die Vorstellung von Belastung in den Köpfen der Menschen – ein konservatives Konzept. Dass es den Sozialdemokraten nicht gelänge, eigene wertebasierte Deutungsrahmen zu schaffen, ist Wehlings Ansicht nach «vermutlich einer der Hauptgründe für den gedanklichen Abbau sozialdemokratischer Weltsicht in Europa in den vergangenen Jahren».

Die Linguistin hat über diese Zusammenhänge mehrere Aufsätze geschrieben, die die Friedrich-Ebert-Stiftung veröffentlicht hat. Sie gibt darin Ratschläge, wie die Sozialdemokraten besser mit der Macht der Sprache umgehen könnten. Zunutze gemacht hat sich diese Regeln allerdings vor allem die CDU. Die Partei gab im Bundestagswahlkampf 2013 einen «Leitfaden für gute Sprache im Wahlkampf» heraus, der zum Teil auf den Erkenntnissen von Wehling und Lakoff basierte. Darin empfiehlt die CDU ihren Mitgliedern, beispielsweise Begriffe wie «Mindestlohn», «Bürgerversicherung» oder «Herdprämie» erst gar nicht in den Mund zu nehmen – eben weil es die Schlagwörter der politischen Konkurrenz sind.

Semantische Kämpfe

«Die CDU hat schon immer viel Wert auf Sprache gelegt», sagt der Marburger Politolinguist Heiko Girnth. Schon vor vierzig Jahren empfahl Kurt Biedenkopf, damals CDU-Generalsekretär, seiner Partei, Worte noch stärker als strategisches Mittel zu nutzen. Beim Parteitag 1973 in Hamburg prägte er die Formel vom «Besetzen der Begriffe». Biedenkopf sagte: «Wir erleben heute eine Revolution, die sich nicht der Besetzung der Produktionsmittel, sondern der Besetzung der Begriffe bedient.»

In den folgenden Monaten gründete die Partei die *Projektgruppe Semantik*, ein Gremium aus Sprachexperten, das der CDU verbal zum Erfolg verhelfen sollte. Ihr Auftrag war, das Führungspersonal der Union «mit einer Serie neuer Politslogans aufzurüsten» und rhetorisch gegen Helmut Schmidt in Stellung zu bringen, wie *Der Spiegel* damals schrieb.[177] Als Vorbild dienten die Reden John F. Kennedys und Willy Brandts. Dies markiert einen Wendepunkt in der politischen Semantik. Was damals begann, nennt der SPD-Politiker Erhard Eppler «generalstabsmäßig geplante semantische Feldzüge zur Besetzung von Begriffen, und zwar ohne jeden Bezug zum politischen Handeln». In den Augen der Wahlstrategen sei nicht mehr die politische Wirklichkeit wahlentscheidend gewesen, sondern das Bild von ihr, das sich in den Köpfen der Wähler erzeugen ließe.[178]

Die *Projektgruppe Semantik* gibt es heute nicht mehr, aber der Kampf um die Begriffe hält an. «Die Macht der Politik besteht auch darin, die Semantik von Wörtern parteispezifisch festzulegen, um die Deutungshoheit und die Verwendungshoheit zu erlangen», sagt Heiko Girnth. Dazu gehört für jede Partei, besonders positiv besetzte Begriffe für sich zu reklamieren und ihnen den eigenen Stempel aufzudrücken. Der Sprachwissenschaftler Thomas Niehr spricht von Hochwertwörtern. «Freiheit» ist ein solches Wort, ebenso «Demokratie» und neuerdings auch «Nachhaltigkeit». Jede Partei möchte diese Wörter für sich besetzen und im eigenen Sinne umdeuten. «Alle sind im Moment für Nachhaltigkeit, aber ich denke, dass jemand aus der CDU oder FDP darunter etwas anderes versteht als ein Grüner», sagt Niehr.

Ob man traditionelle Begriffe wie «Freiheit» besetzt und

in neuen Zusammenhängen umdeutet, ob man neutrale Wörter emotional auflädt, wie Franz Müntefering es mit den «Heuschrecken» getan hat, oder ob man neue Begriffe kreiert wie die berühmte «Herdprämie» – eine Regel gilt für alle verbalen Taktiken: Die Worte müssen ständig wiederholt werden. Denn Menschen mögen, was sie kennen oder zu kennen meinen. Schon Heinrich von Kleist schrieb: «Was man dem Volk dreimal sagt, hält das Volk für wahr.»

Mehr als zweihundert Jahre später kann der Ökonomie-Nobelpreisträger Daniel Kahneman dies nach ausgiebiger Erkundung der menschlichen Psyche bestätigen: «Eine zuverlässige Methode, Menschen dazu zu bringen, falsche Aussagen zu glauben, ist häufiges Wiederholen, weil Vertrautheit sich nicht leicht von Wahrheit unterscheiden lässt.» Kahneman spricht von «kognitiver Leichtigkeit»: Dem Gehirn fällt es leichter, bekannte Informationen zu verarbeiten, und deshalb erscheinen sie uns vertrauenswürdiger. «Eine hohe Leichtigkeit ist ein Zeichen dafür, dass alles gut läuft – keine Bedrohung, keine wichtigen Neuigkeiten, keine Notwendigkeit, die Aufmerksamkeit neu auszurichten oder sich stärker anzustrengen», erklärt er. Das Gefühl der Mühelosigkeit rufe den Eindruck der Vertrautheit hervor.[179]

Nichts anderes versucht die Werbung: Sie präsentiert uns bestimmte Produkte so oft wie möglich, damit wir irgendwann meinen, sie gut zu kennen – und schließlich kaufen.

Psychologen und Verhaltensökonomen nennen das den *Mere Exposure*-Effekt: Allein der Kontakt zu einer Sache – wörtlich: das bloße ihr Ausgesetztsein – erzeugt eine Vorliebe, die auf dem Gefühl der Vertrautheit beruht. Auch Personen erscheinen uns sympathischer und attraktiver, wenn wir sie schon eine Weile kennen. Das Gleiche gilt für Wörter. Der amerikanische Psychologe Robert Zajonc demonstrierte diesen Effekt Ende der sechziger Jahre mit einem skurrilen

Experiment. Er gab Inserate in den Zeitungen zweier verschiedener Universitäten in Michigan auf. In den gebuchten Zeitungsspalten ließ er jedoch keine Werbung abdrucken, sondern fremd anmutende Wörter: «Kadirga», «Saricik», «Biwojni» oder «Iktitaf» zum Beispiel. Bei manchen davon handelte es sich um türkische Begriffe oder Namen, andere klangen bloß so. Über mehrere Wochen hinweg druckten die Hochschulzeitungen diese Wörter ab, mal nur ein oder zwei, mal gleich drei auf einmal. Was es mit den rätselhaften Wörtern auf sich hatte, erfuhren die Zeitungsleser nicht. Einige werden sich sicher gewundert haben, manche schrieben sogar Leserbriefe, doch die Zeitungen teilten auf Anfrage immer nur mit, dass der Anzeigenkunde anonym bleiben wolle. Gewirkt haben die Wörter dennoch. Nach einigen Wochen veranstaltete der Psychologe eine Umfrage unter fast tausend Studenten beider Universitäten, also den Lesern der Zeitungen. Er legte ihnen eine Liste mit Wörtern vor und bat sie anzugeben, welche davon positiv und welche negativ auf sie wirkten. Die Liste enthielt sämtliche Wörter aus den Anzeigen, aber auch Wörter wie «Zabulon», «Dilikli», «Jandara» oder «Enanwal», die nicht in der Zeitung gestanden hatten. Zajoncs Kalkül ging auf: Die Studenten bewerteten die Wörter aus den Anzeigen deutlich positiver als die anderen. Je häufiger sie abgedruckt worden waren, desto besser gefielen sie ihnen. Obwohl die Probanden noch immer keine Ahnung hatten, was die Wörter bedeuten mochten, waren ihre Präferenzen eindeutig verteilt.[180] Ein vertrauter Reiz werde mit der Zeit zu einem Sicherheitssignal, folgerte Zajonc.

Dieser Mechanismus scheint tief in unserer Natur verankert zu sein: Ein Kollege von Zajonc konnte ihn sogar bei Küken nachweisen. Der Forscher beschallte befruchtete Hühnereier mit bestimmten Tönen und beobachtete später das Verhalten der geschlüpften Küken. Immer wenn die Tiere wieder jenen Laut hörten, den sie schon aus ihrer Zeit im Ei kannten, zeigten sie weniger Stresssignale. Der Ton schien sie zu beruhigen.[181]

Es ist eine dieser emotionalen Abkürzungen, von denen Daniel Kahneman spricht. Wie die Küken nutzen wir vertraute Signale, um Gut und Böse in dieser Welt zu unterscheiden. Manchmal jedoch führen diese Abkürzungen in die verkehrte Richtung. Manchmal liefern sie uns den Mächtigen aus.

Wenn Worte vergiften

Der Sprachkritiker und Journalist Wolf Schneider formuliert es noch drastischer: «Worte können sein wie winzige Arsendosen: Sie werden unbemerkt verschluckt, sie scheinen keine Wirkung zu tun, und nach einiger Zeit ist die Giftwirkung doch da.»[182] So sei die Propaganda der Nationalsozialisten auch deshalb so erfolgreich gewesen, weil sie der Bevölkerung immerzu eingetrichtert wurde. «Der Nazismus glitt in Fleisch und Blut der Menge über durch die Einzelworte, die Redewendungen, die Satzformen, die er ihr in millionenfacher Wiederholung aufzwang und die mechanisch und unbewusst übernommen wurden.»

An der manipulativen Rhetorik der Nationalsozialisten zeigt sich, was Worte anrichten können, wenn sie in die falschen Hände geraten. Schneider beschreibt, wie: Die Nazis verankerten ihr eigenes Vokabular mit Begriffen wie «Ewiges Reich», «Vorsehung», «Gefolgschaft» durch permanente Wiederholung auf allen Kanälen im Bewusstsein der Massen. Sie gaben den Wörtern neue Bedeutungen: «fanatisch» etwa war plötzlich etwas Positives, es stand für helden- und tugendhaft. Das wahrhaft Böse dagegen verschleierten sie hinter scheinbar neutralen Wörtern: Die «Endlösung» war nichts anderes als die Vernichtung aller Juden. «Wer jemals in den letzten Kriegsjahren Wörter wie ‹Endsieg› oder ‹Wunderwaffe› in den Mund nahm, ohne sie zu verspotten – über den hatte Goebbels einen seiner hunderttausend kleinen Siege errungen», schreibt Wolf Schneider. «Das Arsen zeigte Wirkung.»

Diktaturen sind ein Paradebeispiel für die Vergewaltigung der Sprache. Kaum jemand hat das so anschaulich geschildert wie George Orwell. In seinem düsteren Roman *1984* wird die Sprache zu einem leblosen Amtsvokabular verstümmelt, das die Gedanken der unterjochten Bevölkerung im Zaum halten soll. Das Regime des Big Brothers gibt vor, wie die Menschen zu reden haben – um zu kontrollieren, was sie denken. Die Bevölkerung soll nichts formulieren, nicht einmal denken können, was das Regime in Frage stellen würde. Selbst wenn einer Kritik äußern wollte, er hätte schlicht keine Wörter mehr, um sie auszudrücken. Die Sprache – bei Orwell heißt sie Neusprech – ist in Teilen bis zur Unkenntlichkeit verformt. Mit zynischer Konsequenz treibt das Regime die Wortumdeutungen auf die Spitze, lässt seine Kriege vom «Ministerium für Frieden» planen und aufsässige Bürger im «Ministerium für Liebe» foltern.

Zwar geht heute kein Sprachwissenschaftler von einem solchen Determinismus aus, wie Orwell ihn unterstellte – Menschen können durchaus denken, wofür sie keine Worte haben (Kapitel 4). Doch schmälert das die mahnende Wirkung des Romans kaum. Orwells *1984* ist zum Synonym für totalitäre Regime geworden.

Oft wurde die Geschichte als Kritik an der kommunistischen Sowjetunion verstanden, von westlichen Kräften sogar gezielt als Gegenpropaganda verbreitet. In der DDR musste mit Gefängnisstrafe rechnen, wer das Buch las und dabei erwischt wurde. Zwar hat Orwell selbst seinen Roman gar nicht vorrangig als Kommunismuskritik geschrieben, doch ohne Zweifel trägt die Regierung des fiktiven Ozeaniens deutliche Züge der Diktatur Stalins und der ihm Gleichgesinnten.

Ganze Generationen seien in Osteuropa intellektuell und seelisch durch die «hölzerne Sprache» verkrüppelt worden, sagte der rumänische Philosoph und Politiker Andrei Pleşu 2007 im Bundestag bei der Eröffnungsrede des Festivals «Die Macht der Sprache». Er meinte jenes «Gemisch aus Armut und Redseligkeit», das die Diktaturen des Ostens zu propagandistischem Missbrauch, zu Desinformation und Lüge, zu Indoktrination und psychischem Terror einsetzten.[183] Pleşu zitierte eine traurige Statistik zum Sprachgebrauch der sowjetischen Presse, um zu belegen, wie massiv der Wortschatz zurückgestutzt war: Demnach verwendeten die Journalisten gerade einmal 1500 von insgesamt 220 000 Wörtern der russischen Sprache.

In der DDR war es ähnlich, auch hier dienten die Worte der Macht zur Gedankenkontrolle: Der Schriftsteller Martin Gregor-Dellin hat einmal eine SED-Parteitagsrede Erich Honeckers Wort für Wort auseinandergenommen, um dessen Standardvokabular freizulegen – ein, wie er festhält, «trauriges Repertoire». Gregor-Dellin kam zu dem Schluss, auch ein Computer könne eine solche Rede zustande bringen, er müsste nur an den richtigen Stellen die Wörter «ist» «sind», «hat» oder «haben» ergänzen. «Honecker hat gut gelernt – alles zu verlernen, was nicht im Lehrbuch steht», schrieb Gregor-Dellin ironisch über «Ulbrichts gelehrigsten Schüler». «Es ist ihm gelungen, es heute auf ein rudimentäres Basis- oder Hühner-Deutsch zu bringen, das eigentlich nur noch dazu dienen kann, streng kontrollierte und von vornherein genormte Denkschemata auszutauschen.» Mit dieser «Schrumpfsprache» sei eine Kommunikation mit anders Denkenden im Prinzip unmöglich.[184]

Erfahrungen mit dieser Schrumpfsprache musste auch die Schriftstellerin Herta Müller machen, die ja als Angehörige einer deutschen Minderheit in Rumänien aufwuchs und die Schrecken des Ceaușescu-Regimes fürchten lernte. Als ihr erstes Buch erschien, zensierte der rumänische Verlag sogar das Wort «Koffer». «Es war zum Reizwort geworden, weil die Auswanderung der deutschen Minderheit tabuisiert werden sollte», erklärt Herta Müller. Ihre Ansicht über den Umgang der Mächtigen mit der Sprache hat das stark geprägt: «Diese Inbesitznahme bindet den Worten die Augen zu und versucht den wortimmanenten Verstand der Sprache zu löschen.»[185]

Wo Monster und Bandwürmer wüten

Wir müssen in die Vergangenheit oder in andere Länder schauen, um solche schweren Verbrechen an der Sprache zu finden. Aber auch Politiker hierzulande tun ihr manchmal Schlimmes an. Sie erschaffen aus Wörtern zweifelhafte Gebilde, wahre Ungetüme: «Terrorismusbekämpfungsergänzungsgesetz» ist so ein Ungetüm oder «Arzneimitteltherapiesicherheit» oder «Flächenneuinanspruchnahme». Solche zusammengesetzten Konstruktionen machen jeden Text zur unlesbaren Bleiwüste. Politische Teilhabe wird damit zwar nicht verhindert, aber erschwert. Dem Gedanken der Demokratie entspricht eine solche Sprache nicht, findet der Kommunikationswissenschaftler Frank Brettschneider von der *Universität Hohenheim*. Deshalb fahndet er nach solchen

Ungetümen. Brettschneider ist ein Monsterwortjäger. Sein Revier sind die Wahlprogramme, Politikerreden und Koalitionsverträge der deutschen Parteien. Mit Hilfe einer speziellen Analysesoftware sucht er mit seinen Mitarbeitern nach endlosen Komposita, Nominalisierungen, Fremdwörtern, Fachbegriffen und Bandwurmsätzen. Die Hohenheimer Forscher können messen, wie verständlich ein Text rein formal ist. Seit Jahren durchleuchten sie die Schriften der Parteien, aber auch Bankunterlagen, Manageransprachen und wissenschaftliche Facharbeiten. Sie sind also einiges gewohnt. Aber der Koalitionsvertrag der amtierenden Regierung hat Brettschneider und sein Team dennoch schockiert. «Wirklich erschütternd» lautet sein Urteil. Von möglichen zwanzig Punkten erreicht das Dokument nur 3,48 auf der von den Forschern entwickelten Verständlichkeitsskala. Damit ist der Vertrag noch schwerer zu verstehen als politikwissenschaftliche Doktorarbeiten. «Offenbar erwartet niemand, dass dieser Vertrag von irgendjemandem gelesen wird», sagt Brettschneider. Da könnte er recht haben. Wen drängt es schon danach, Wort für Wort nachzulesen, was die Parteien in den nicht enden wollenden, zähen Koalitionsverhandlungen ausgebrütet und schließlich zu Papier gebracht haben? Womöglich ist der Vertrag gerade deshalb so unverständlich, weil der Kompromiss so schwer zu finden war. Vage Formulierungen und relativierende Schachtelsätze haben aus Sicht der Politiker nämlich den Vorteil, dass jeder sie interpretieren kann, wie er mag. Gewiss sei ein Teil der Fachsprache auch dem Fluch des Wissens geschuldet, räumt Brettschneider ein. Experten verlieren nicht selten das Gefühl dafür, dass Laien ihre Sprache nicht verstehen und Begriffe wie «Liquiditätsanforderungen», «Planfeststellungsverfahren» oder «Comprehensive Test Ban Treaty» nicht für jeden zum alltäglichen Wortschatz gehören. Doch in einigen Fällen ist die komplizierte Politikersprache Kalkül. Mitunter wollen Politiker nämlich gar nicht so genau verstanden werden. Brettschneider spricht von «taktischer Unverständlichkeit». Worte können nicht nur locken und verführen, sie können auch auf Abstand halten und ermüden. Wann immer Politiker etwas verschleiern wollen, keine allzu tiefen Einblicke gewähren möchten, scheinen sie sich plötzlich nicht mehr klar ausdrücken zu können. Es ist, als befiele sie eine vorübergehende Sprachstörung. Aus ihren Mündern kommt dann ein abstraktes Verwaltungsdeutsch; wurmartige Wörter reihen sich zu ebensolchen Sätzen. Auch bei Gerhard Schröder hat Brettschneider eine solche Sprachstörung diagnostiziert. Der «Medienkanzler» gab sich zwar gern bürgernah und hemdsärmelig und formulierte oft auch entsprechend klar. Doch wenn unpopulär war, was gesagt werden musste, dann verfiel Schröder in kruden Politikersprech. Etwa bei der bedeutenden Regierungserklärung zur Agenda 2010 im März 2003. Schröder wusste, dass die Pläne den Bürgern – und letztlich auch ihm selbst – weh tun würden. Entsprechend kompliziert drückte er manche seine Pläne aus.

Schröder ist nicht allein, die Sache hat System. Darauf deutet die Arbeit eines Studenten von Brettschneider hin, der die Antritts-Reden aller Bundeskanzler seit 1949 analysierte und sie unter anderem mit Statistiken und Meinungsumfragen abglich. Zum Glück hat die Meinungsumfrage in Deutschland Tradition. Marco Niecke konnte daher rekonstruieren, welche Themen die Bevölkerung zu welcher Zeit besonders umtrieben, wo Konflikte lauerten und was an die kollektive Schmerzgrenze ging. Die aktuellen Rahmenbedingungen und die Stimmungslage in der Bevölkerung, das zeigt die Untersuchung, beeinflussten auch den Sprachstil der Regierenden. Zwar wird bei solchen Reden nichts dem Zufall überlassen, mehrere Redenschreiber sitzen wochenlang an dem Skript. Dennoch fanden sich darin immer wieder unklar formulierte und komplizierte Passagen. Fachbegriffe, Monsterwörter und Bandwurmsätze schlichen sich immer dann ein, wenn die betreffende Passage besonders unpopuläre Aussagen enthielt. «Das Ergebnis war eindeutig», sagt Brettschneider. Zufall war das sicher nicht.

Indizien für taktische Unverständlichkeit fand Marco Niecke bereits bei Konrad Adenauer. Als dieser in seiner Regierungserklärung 1953 beispielsweise über die Verkehrspolitik sprach, fasste er sich auffallend kurz, überfrachtete seine Sätze dafür aber mit umso mehr Wörtern. Niecke hat dafür eine Erklärung: Damals starben immer mehr Menschen bei Unfällen auf deutschen Straßen – ein verkehrspolitischer Misserfolg. Zudem rieb sich die Mehrheit der Bevölkerung an der angekündigten Erhöhung der Kraftfahrtsteuer. Beim Thema Verkehrspolitik glänzte Adenauer also nicht, faktisch nicht und auch sprachlich nicht.

Bei Helmut Schmidt fand Niecke seine These ebenfalls bestätigt, auch Schmidts Reden spiegelten die politische Stimmungslage wider. Seine verständlichste Regierungserklärung hielt der Kanzler 1980, auf dem Höhepunkt seines Ansehens, wie Experten sagen. Kaum zu verstehen war darin jedoch, wie schon in seinen anderen Reden zuvor, der Abschnitt zur Agrarpolitik. Der europäische Agrarmarkt befand sich damals in einer drastischen Schieflage, Angebot und Nachfrage waren aus dem Gleichgewicht geraten, die Ausgaben der Europäischen Gemeinschaft förmlich explodiert. Verantwortlich dafür war die Politik, eine Lösung lag jedoch nicht in Sicht. Schmidt ging in seiner Rede auf die Probleme ein, Wortwahl und Satzbau lassen allerdings erkennen, dass er es nicht gerne tat.

Niecke hält fest: Verständlich redet ein Kanzler, wenn er Erfolge vermelden kann, sich im Einklang mit der öffentlichen Meinung befindet oder die Opposition kritisiert. Geht es aber um Probleme, Misserfolge oder Versäumnisse, wird seine Sprache nebulös.[186]

George Orwell schrieb: «Der große Feind klarer Sprache ist die Unehrlichkeit. Wo es ein Loch gibt zwischen erklärten und wirklichen Zielen, greift man instinktiv zu langen Wörtern und erschöpften Redewendungen, so wie der Tintenfisch Tinte ausspritzt.» Orwell unterstellte also Vorsatz. Wahrscheinlich tut man manchen Politikern damit unrecht. Aber selbst wenn kein Kalkül dahintersteckt – komplizierte Sätze und tintenartige Verneblungen stiften Misstrauen. Die Politiker verpassen mit ihrem Geschwurbel nicht bloß eine Chance zur Kommunikation, sie schaden sich auch selbst – und der Sache womöglich erst recht. Umfragen deuten nämlich darauf hin, dass Menschen komplizierte Botschaften für unglaubwürdig halten. Schon Jugendliche nehmen die politische Sprache als Herrschaftsinstrument wahr, mit dem die Bürger auf Abstand gehalten werden, um jede Nachfrage im Keim zu ersticken. Das ergab eine Umfrage unter Berliner Schülern im Alter von 16 bis 19 Jahren.[187] Eine unverständliche Sprache fördert Politikverdrossenheit, befürchtet Frank Brettschneider daher. Untersuchungen aus der Psychologie bestätigen diese berechtigte Sorge: Menschen mögen komplizierte Wörter generell nicht, das ist schon in unserem Gehirn so angelegt. Man muss sich das menschliche Gehirn als ein pragmatisches, um nicht zu sagen: ein sehr bequemes Organ vorstellen. Es macht sich nicht gern viel Mühe. Ein kompliziertes Wort zu entziffern, erfordert Arbeit, und das rächt sich. Das Gehirn reagiert mit einer Wertung und steuert somit unser Urteil: Informationen, die uns mentale Anstrengung abfordern, mögen wir tendenziell weniger als solche, die sich flüssig verarbeiten lassen. Es scheint, als nutzten wir den Schwierigkeitsgrad eines Wortes als Indikator für bestimmte Eigenschaften der damit bezeichneten Sache – oder der damit bezeichneten Person.

In einer Studie sollten Versuchspersonen angebliche Kandidaten für eine Kommunalwahl anhand eines Zeitungsartikels beurteilen. Die Informationen über die einzelnen Politiker waren identisch, bloß der Name variierte. Den Probanden war das Unterschied genug: Sie hielten jene Politiker für geeigneter, deren Nachnamen sich einfacher aussprechen ließen. Ein «Mister Smith» hätte demnach bessere Chancen auf das Amt als ein «Mister Colquhoun», folgern die Autoren.[188]

Natürlich kann ein solches Urteil schnell revidiert werden, wenn Menschen einander näher kennenlernen oder mehr über den anderen erfahren. Aber in Situationen, in denen keine weiteren Informationen zur Verfügung stehen, bedient sich das Gehirn kurzerhand der Formel «kompliziert = schlecht». Belege dafür gibt es in der Psychologie viele. Norbert Schwarz und Hyunjin Song von der *University of Michigan* fanden heraus, dass Menschen fiktive Lebensmittelzusätze mit schwierigen Namen wie «Hnegripitrom» für gefährlicher halten als solche, die sich leichter aussprechen lassen.[189] Und Jahrmarkt-Karusselle namens «Vaiveahtoishi» oder «Heammawihio» versprechen den Namen nach eine rasantere Fahrt, lassen aber auch mehr Übelkeit befürchten als Geräte namens «Chunta» oder «Ohanzee». Schwarz und Song erklären diese Wirkung damit, dass leicht auszusprechende Wörter uns eher bekannt vorkommen und wir vertraute Dinge nun einmal für sicherer halten. Was sich schwer liest, erscheint dagegen fremd und somit verdächtig. Diese Interpretation ist gewissermaßen das Gegenteil vom zuvor beschriebenen *Mere Exposure*-Effekt und das Gegenteil von Kahnemans kognitiver Leichtigkeit.

«Wir» gewinnt?

Das Spiel mit den Worten ist eine feine Gratwanderung zwischen Locken und Lenken, Distanzieren und Vereinnahmen. Mal wollen Politiker möglichst lebhafte Bilder in den Köpfen erzeugen, ein anderes Mal werden die Wähler mit spröden Formulierungen auf Abstand gehalten. Dann wiederum wollen die Politiker uns ganz nah sein, als gehörten sie zur Familie: Plötzlich müssen «wir» alle zusammenhalten, haben «wir» keine Wahl, werden «wir» schon sehen. Keine Frage, ein «Wir» kann Gemeinsamkeiten und Solidarität betonen: Da denkt jemand nicht nur an sich selbst, sondern auch an andere, und sieht sich als Teil einer Gemeinschaft. So jemand muss ein guter Politiker sein, oder? Tatsächlich ergab eine Studie aus Australien, dass Premierministerkandidaten, die in ihren Wahlkampfreden oft «wir» oder «uns» sagten, im Schnitt häufiger ins Amt gewählt wurden als ihre Gegner. Die Psychologen Niklas Steffens und Alexander Haslam von der *University of Queensland* in Brisbane verglichen die wichtigsten Kandidatenreden im Vorfeld sämtlicher Premierministerwahlen seit Beginn der Unabhängigkeit Australiens im Jahre 1901. In achtzig Prozent aller Fälle hatte der Wahlsieger in seiner Rede mehr kollektive Pronomen verwendet als der unterlegene Rivale. Jene Anführer, die im Sinne der Allgemeinheit denken und agieren, können besser die Unterstützung einer Gefolgschaft für sich mobilisieren, folgern die Autoren.[190]

Was liegt da näher, könnte ein Wahlkampfberater denken, als regelmäßig ein «wir» oder «uns» in die Reden von Kandidaten einzustreuen? Solidarität und Gemeinschaftsgefühl als rhetorische Garnierung – den Leuten wird das Herz aufgehen. Falsch. So einfach ist die Sache nicht. Als die Berater John Kerry im US-Präsidentschaftswahlkampf 2004 zum beherzten «Wir» rieten, damit er weniger arrogant wirkte, ging die Sache ja nach hinten los. Als er weniger «ich» und dafür häufiger «wir» sagte, klang Kerry nicht mehr authentisch, sondern kalt und erst recht arrogant, urteilt der texanische Sprachpsychologe James Pennebaker (Kapitel 6). Ähnlich erging es wohl der SPD und ihrem Spitzenkandidaten Peer Steinbrück im Bundestagswahlkampf 2013. Mit dem Slogan «Das Wir entscheidet» wollte die Partei ihre Kernkompetenz unterstreichen. Tatsächlich steht die SPD traditionell für Solidarität und Gemeinschaft. Dennoch hatte sie mit diesem Schlachtruf keinen Erfolg. Mal abgesehen davon, dass der Slogan geklaut war – und zwar ausgerechnet von einer Zeitarbeitsfirma –, hat er zwei Probleme, sagt Heiko Girnth. Der Marburger Sprachwissenschaftler hat die Wahlkampfsprache der SPD untersucht und kommt zu dem Schluss: «Wenn ich das ‹Wir› so abstrakt darstelle und nominalisiere – das Wir –, dann wirkt das sehr leblos und emotionslos. Das war wahrscheinlich der erste Fehler.» Das Wir-Gefühl derart auf die Spitze zu treiben, von oben geradezu zu verordnen, erschien womöglich selbst eingefleischten Anhängern etwas plump. «Vielleicht leben wir auch in einer Zeit, in der sich die Menschen gar nicht so einfach vereinnahmen lassen wollen, sondern das Individuelle in den Vordergrund stellen», sagt Girnth. Die bereits erwähnte Umfrage unter Berliner Schülern stützt diese These. Die befragten Jugendlichen werteten das «Wir» vieler Politiker in der Tat als aufgesetzte Parteiensprache. Sie hätten dadurch oft das Gefühl, ihnen träten keine Menschen entgegen, sondern ein kommunizierendes Kollektiv, erklärt die Forscherin Christina Schildmann.[191] Im Fall von Peer Steinbrück lag aber noch etwas anderes im Argen: Der Wahlkampf-Slogan war nicht auf den Kandidaten zugeschnitten. Zwar habe Steinbrück durchaus versucht, die Wir-Formel auch in seinen Auftritten, etwa beim Fernsehduell mit Angela Merkel, anzuwenden, sagt Girnth. «Aber vermutlich wirkte es bei ihm einfach nicht authentisch. Er stand eigentlich für etwas anderes, nicht so sehr für dieses Gemeinschaftsgefühl.»

Das «Wir» ist also kein Garant für die Macht. Womöglich ist es sogar eher die Folge der Macht. Das zumindest vermutet der Pronomen-Detektiv James Pennebaker: Personen, die sich in einem Gespräch häufiger auf sich selbst beziehen, also «ich» und «mir» sagen, sind ihm zufolge in der sozialen Hierarchie eher unten angeordnet. Jene, die dagegen häufiger «wir» oder «du» sagten, stünden weiter oben. Pennebaker behauptet sogar, man könne am Gebrauch der Pronomen im eigenen E-Mail-Verkehr die Machtverhältnisse mit Kollegen, Freunden oder Bekannten ablesen.[192] Die These klingt gewagt, aber er stützt sich auf umfangreiche Sprachanalysen – und ein erstaunliches Experiment von Kollegen an der *University of Texas*. Dabei teilten die Wissenschaftler BWL-Studenten in verschiedene Gruppen ein und beauftragten sie, die Arbeit einer Unternehmensberatung zu simulieren. Weil es um den Einfluss von Status ging, bekam jede Gruppe einen Chef, einen aus ihrer Mitte. Wem diese Rolle zufiel, hatten die Leiter des Experiments nach dem Zufallsprinzip entschieden. Die Studenten jedoch ließen sie glauben, ihr jeweiliger Anführer sei aufgrund seiner Persönlichkeitseigenschaften besonders gut für diese Position qualifiziert und ganz bewusst ausgewählt worden. Obwohl der Status lediglich vorgetäuscht war, nahm der jeweilige Chef die Rolle an und füllte sie überzeugend aus – sogar sprachlich: Er verwendete mit der Zeit von allen Gruppenmitgliedern am seltensten das Wort «ich» und am häufigsten «du» oder «wir». Der Zuwachs an Macht schlug sich also automatisch in seiner Art zu reden nieder.

Diese Erkenntnis muss dem Ergebnis der australischen Studie nicht widersprechen, der zufolge Wahlsieger schon vor der Wahl häufiger «wir» verwendeten als ihre Gegner. Vielleicht handelte es sich bei den siegreichen Politikern in Australien einfach von vornherein um Personen mit einem hohen Status und starken Selbstbewusstsein. Und womöglich wurden sie aus diesem Grund auch zum Premierminister gewählt. Die Sprache wäre dann nicht die Ursache für ihren Erfolg, sondern würde nur ihre Stärke widerspiegeln.

Für den umgekehrten Fall, den sprachlichen Wandel beim Verlust der Macht, gibt es einen geradezu spektakulären Beleg, ein brisantes Dokument amerikanischer Zeitgeschichte: Tonband-Aufnahmen aus dem Weißen Haus. Ausgerechnet der *Watergate*-Skandal brachte Wissenschaftlern die einzigartige Gelegenheit, Tonband-Aufnahmen von vertraulichen Gesprächen zwischen Politikern zu analysieren. Einige Zeit bevor Richard Nixons enge Mitarbeiter versuchten, das Hauptquartier der Demokraten im *Watergate*-Gebäude abzuhören, hatte der Präsident in seinem eigenen Büro im Weißen Haus heimlich ein Tonbandgerät installieren lassen. Außer ihm und einigen Angestellten wusste niemand davon. Das änderte sich allerdings im Zuge des *Watergate*-Skandals. Ein Mitarbeiter berichtete dem Untersuchungsausschuss von der Existenz der Tonbänder, woraufhin das Weiße Haus gezwungen wurde, einige davon zu veröffentlichen. Ein Glücksfall für Sprachforscher und Historiker. James Pennebaker spricht von einem «der besten natürlichen Experimente», die es je zu Statusverhältnissen gegeben hat. Die Bänder dokumentieren nämlich, wie sich die Sprache Nixons veränderte, je stärker er unter Druck geriet. In den Gesprächen mit seinen Beratern benutzte er immer häufiger Ich-Bezüge, was er zuvor nur sehr selten getan hatte. Monat für Monat wuchs die Zahl der «Ichs». Am Ende hatte sie sich mehr als verdoppelt. Der Präsident war ganz offensichtlich sehr mit sich selbst beschäftigt. «Als Nixons politische Welt zu zerbröckeln begann, wurde er weniger dominant und mächtig im Umgang mit anderen Leuten», folgert Pennebaker.[193] Seine Worte spiegelten den erodierenden Status wider. Als sein Machtgebäude einstürzte, gab es kein «wir» mehr, nur noch ein «ich» – Nixon war allein.

Wenn Peer Steinbrück Unsinn redet

Manche Wissenschaftler gehen davon aus, dass erst der Status eines Politikers darüber entscheidet, wie wirksam seine Worte sind. Worte sind dieser These zufolge immer nur so mächtig wie die Person, die sie ausspricht. Ronald Reagans berühmter Satz «Mr. Gorbachev, tear down this wall» wäre wohl wirkungslos geblieben, hätte ein gewöhnlicher Mann aus dem Volk sie gesagt. Davon ist die Neurolinguistin Ina Bornkessel-Schlesewsky überzeugt. Gemeinsam mit Kollegen hat sie untersucht, wie Aussagen wirken, je nachdem, wer sie ausspricht. Bemerkenswert an der Studie ist vor allem die prominente Besetzung: Neben einem eher unbekannten Marburger Professor engagierten die Forscher nämlich den damals amtierenden Bundesfinanzminister Peer Steinbrück sowie den ehemaligen Nachrichtensprecher Ulrich Wickert als Vorsprecher. Diese begaben sich für die Studie eigens in ein Aufnahmestudio, wo sie sich beim Aufsagen bestimmter Sätze filmen ließen. Alle drei Sprecher mussten dieselben Dinge sagen, mal entsprachen diese der Wahrheit («Urlaub dient der Erholung des Arbeiters»), mal war es blanker Unsinn («Fidel Castro ist ein Popsänger» oder «Das Finanzministerium verteidigt die Subventionierung der Bild-Zeitung»). Im Anschluss folgte das eigentliche Experiment: Die Videos wurden Probanden vorgespielt, die per Tastendruck angeben sollten, ob die einzelnen Aussagen wahr oder falsch waren. Währenddessen überwachten die Forscher mit Hilfe zahlreicher Elektroden die Hirnströme der Versuchspersonen. Auf diese Weise ermittelten sie, welche Reaktionen die Sätze der unterschiedlichen Sprecher in den Gehirnen auslösten. Es muss ziemlich irritierend sein, Peer Steinbrück dabei zuzusehen, wie er eine Subventionierung der *Bild*-Zeitung gutheißt oder den Austritt Deutschlands aus der Nato verkündet. Tatsächlich zeigten die Gehirne der Probanden auch eine deutliche Regung. Sie reagierten, zumindest bei politischen Themen, mit einem stärkeren Signal auf Steinbrücks Falschaussagen als bei Ulrich Wickert und dem unbekannten Professor. Und zwar blitzschnell: Nach etwa 400 Millisekunden maßen die Forscher einen deutlichen Ausschlag, die sogenannte N400-Welle. Mit diesem Signal reagiert das Gehirn immer dann, wenn es eine sprachliche Anomalie vernimmt: Wenn in einem Satz plötzlich ein unerwartetes Wort auftaucht, wenn jemand beispielsweise sagt «Das Brot ist mit Socken belegt» – oder eben «Die Bundesregierung verkündet den Austritt aus dem Nato-Verbund». Man könnte vereinfacht sagen: Wenn Steinbrück solchen politischen Unsinn von sich gab, ließ das die Probanden mehr aufhorchen als bei den beiden anderen Sprechern. Die Forscher vermuten, dies liege nicht an Steinbrücks Bekanntheit – sonst hätte es auch bei Wickert einen starken Ausschlag geben müssen –, sondern an seiner Machtposition. Zum Zeitpunkt des Experiments war Steinbrück immerhin Bundesfinanzminister. Das habe die Wirkung seiner Worte offenbar beeinflusst. Wenn ein Minister der Bundesregierung solche absurden Dinge sagt, steckt dann nicht vielleicht doch etwas dahinter? Macht bedeutet ja, dass ein Sprecher in der Lage ist, seinen Worten Taten folgen zu lassen. Er kann wahr machen, was er sagt. Der Machtstatus eines Sprechers beeinflusst demnach, wie andere Menschen seine Worte wahrnehmen, folgern die Forscher.[194]

Und so sind Worte nicht nur eine wichtige Quelle für den Einfluss eines Politikers – sie gewinnen auch ihrerseits an Kraft durch dessen Macht: Wortmacht und Machtworte bedingen sich gegenseitig.

8 Die Heilkraft der Worte
Warum Reden und Schreiben der Seele helfen

> «Am besten gefällt mir noch, dass ich das,
> was ich denke und fühle, wenigstens aufschreiben
> kann, sonst würde ich komplett ersticken.»
> *Anne Frank*

Das neue Jahr hatte gerade erst begonnen, da erlebte Milly H. den schrecklichsten Tag ihres Lebens. «Wir waren gerade vom Mittagessen auf, da schellt es. Vater macht die Tür auf und ruft dann Mutter heraus. Die beiden gehen ins Eßzimmer. Tante Wißchen geht ihnen nach. Ich glaube, sie blieb höchstens 2 Minuten weg. Mir düngte es eine Ewigkeit. Dann kam sie mit einem offenen Telegramm herein. Ich hab es erst später gelesen. Ich wußte genug. Unser Junge, mein geliebter einziger Bruder war nicht mehr.»

Es ist Januar 1915, der Erste Weltkrieg ist in vollem Gange und die 14-jährige Milly hat ihren Bruder an diesen Krieg verloren. Ihrem Tagebuch vertraut sie ihre Gefühle an. «Tagebuch, ich schreibe dies nach 8 Tagen. Damals konnte ich's nicht fassen. Unser Junge tot! Unmöglich! Und doch. Da stand es ja: Sohn Wilhelm im Reserve Lazarett Klinik gestorben. Beerdigung 31.d. M. Tagebuch, ich kann nicht sagen, nicht ausdrücken, was ich gefühlt habe. Es war, nein es ist entsetzlich schwer.»

Millys schrecklichster Tag liegt inzwischen hundert Jahre zurück, aber die bewegenden Zeilen der damals 14-Jährigen existieren noch heute. Ihr Tagebuch ist ein sehr persönliches Dokument der Zeitgeschichte, es wird vom *Deutschen Tagebucharchiv* in Emmendingen bei Freiburg aufbewahrt. Unter dem Dach des geschichtsträchtigen Rathauses am

Marktplatz lagern etwa 13 000 Tagebücher und Briefwechsel aus verschiedenen Jahrzehnten, das älteste Dokument ist mehr als zweihundert Jahre alt. Frauke von Troschke hat das Archiv 1998 gegründet, um festzuhalten, wie die Menschen zu verschiedenen Zeiten gelebt haben, wie ihr Alltag aussah, was sie gefühlt und gedacht haben. Nicht alle Tagebücher erzählen von solch tragischen Ereignissen wie das von Milly H. Doch viele zeugen von tiefen Gefühlen, zeigen Menschen in ihren verletzlichsten Momenten, egal, in welchem Jahrzehnt sie verfasst wurden. So schreibt ein junger Mann über seinen ungeliebten Beruf, ein anderer schildert seine Erlebnisse an der Kriegsfront, eine Malerin bangt um ihr Augenlicht, ein Aidskranker hadert mit seinem Schicksal. Vom liebeskranken Teenager bis zur einsamen Hundertjährigen im Seniorenheim – das Tagebuch ist vielen ein treuer Begleiter, ein verschwiegener Freund, eine Stütze auf den Durststrecken des Lebens. «Es ist auch eine Form der Therapie», sagt die Archiv-Gründerin Frauke von Troschke. Oft habe sie beim Lesen das Gefühl, dass das Schreiben den Tagebuchautoren geholfen habe.

Es ist eine alte Weisheit: Sich etwas von der Seele zu reden oder zu schreiben, lindert Sorgen. Die eigenen Gefühle in Worte zu fassen, nimmt ihnen etwas von der Last. Das wusste schon der heilige Augustinus, der seine täglichen Sorgen und Nöte niederschrieb. Theodor Fontane überwand sogar eine Depression, als er dem Rat seines Hausarztes folgend seine Kindheitserinnerungen zu Papier brachte. Fontane war überzeugt, er habe sich an diesem Werk wieder gesundgeschrieben.[195] Auch der Schriftsteller Wolfgang Herrndorf stürzte sich ins Schreiben, nachdem bei ihm ein unheilbarer Hirntumor diagnostiziert worden war. Neben zwei Romanen, die er innerhalb kürzester Zeit vollendete, schrieb er auch ein Blog über die letzten Jahre und Monate seines Lebens – ein Leben mit dem Wissen um den unausweichlichen, nahen Tod. Er nannte es «Arbeit und Struktur».

Jeder weiß, wie gut es tut, «mal drüber gesprochen zu haben» – ob mit dem besten Freund, den Eltern oder einem Therapeuten. Sich bei anderen Rat und Zuspruch holen ist für uns Menschen ein existenzielles Bedürfnis, schließlich sind wir hochgradig soziale Wesen. So kann schon ein Telefonat mit der eigenen Mutter bei jungen Mädchen Stress und Nervosität lindern. Allein ihre Stimme zu hören, fördert einer Studie zufolge die Ausschüttung des Vertrauenshormons Oxytocin und beruhigt somit die Nerven.[196]

Aber nicht immer brauchen wir Zuspruch und Rat einer anderen Person. Manchmal will man sie gar nicht. Es hilft schon, einfach auszusprechen, was einem auf der Seele liegt – auch, wenn niemand darauf antwortet. Obwohl viele Tagebuchschreiber ihr Tagebuch direkt anreden und manche ihm sogar einen Namen geben, wird es sich immer jeglicher Kommentare enthalten und nie einen Lösungsvorschlag für verfahrene Situationen anbieten.

Der innere Diskurs mit sich selbst ist das Wohltuende, das, was Klarheit schafft. Wie viele Leute führen Selbstgespräche, wenn sie in Not sind? Manchen dient auch ihr Hund, ihre Katze, wenn nötig gar der Gummibaum als Zuhörer. Kinder teilen ihr Leid mit imaginären Weggefährten oder Plüschtieren. In ländlichen Gegenden Guatemalas bekommen sie von ihren Eltern sogar sogenannte Worry Dolls geschenkt, winzige Puppen, denen sie vor dem Zubettgehen ihre Sorgen erzählen, um besser schlafen zu können. Und im Internet gibt es heute spezielle Webseiten, digitale Kummerkästen, auf denen jeder seine Probleme anonym loswerden kann. Besucher der Seite tippen ihre Sorgen einfach in ein digitales Feld ein und klicken dann auf «Abschicken». Das soll die bösen Gedanken absorbieren.

Aber was machen die Worte eigentlich mit den Menschen? Welche inneren Prozesse werden beim Reden oder Schreiben in Gang gesetzt? Mit dieser Frage beschäftigt sich seit einiger Zeit auch die empirische Wissenschaft. Psychologen, Hirnforscher und Mediziner versuchen die Heilkraft der Worte zu ergründen. Mit systematischen Studien und modernster Technik analysieren sie, was mit uns passiert, wenn wir Gefühle und Gedanken in Worte fassen. Sie wollen herausfinden, unter welchen Bedingungen Worte eine wohltuende Wirkung entfalten, welche Personen besonders davon profitieren und wie man die Heilwirkung gezielt in der Therapie von psychischen und körperlichen Erkrankungen nutzen kann.

Das Schweigen brechen

Als einer der ersten Wissenschaftler erkundete der texanische Psychologe James Pennebaker die therapeutische Wirkung der Worte. Bevor er das geheime Leben der Pronomen entdeckte und den Sprachstil von Terroristen, Politikern und Verliebten ergründete (Kapitel 6), beschäftigte er sich mit den Folgen traumatischer Erlebnisse. Wie wirken sich diese auf die psychische und physische Gesundheit aus? Ihm fiel auf, dass Menschen, die ihren Partner verloren hatten, misshandelt worden waren oder eine schwere Naturkatastrophe erlebt hatten, häufiger krank wurden, wenn sie nicht über das sprachen, was sie durchgemacht hatten. Das Schweigen schadete offenbar ihrer Gesundheit. Würde es den Betroffenen im Umkehrschluss also helfen, wenn man sie ermutigte, über ihre traumatischen Erlebnisse zu reden oder zu schreiben?

Zunächst erprobte Pennebaker seine These an gesunden Studenten. Er bat sie, an vier aufeinanderfolgenden Tagen für jeweils fünfzehn Minuten über ein traumatisches oder zumindest sehr belastendes emotionales Ereignis zu schreiben. «Wichtig ist, dass Sie wirklich loslassen und über Ihre tiefsten Gefühle und Gedanken berichten», gab er ihnen mit auf den Weg. Und das taten sie. Sie gingen in eigens dafür aufgestellte Kabinen und «schrieben sich die Seele aus dem Leib», erinnert sich Pennebaker.[197] Viele seien hinterher mit Tränen in den Augen aus den Kabinen gekommen.

Ganz anders die zweite Gruppe von Probanden, die an diesem Experiment teilnahm. Denn diese hatte Pennebaker lediglich gebeten, über banale Alltagsdinge zu schreiben. Verständlicherweise hatte sie das nicht besonders aufgewühlt. Sie profitierten aber auch deutlich weniger von dem Experiment: Die Studenten, die sich ihr Trauma von der Seele geschrieben hatten, gingen in den folgenden Monaten deutlich seltener wegen Grippe, Erkältung oder anderer Infekte zum Arzt als ihre Kommilitonen, die lediglich Belanglosigkeiten zu Papier gebracht hatten. Es ging ihnen körperlich, aber auch seelisch anscheinend besser als den anderen. Viele berichteten sogar, das Schreiben habe ihr Leben verändert.[198]

Das war in den achtziger Jahren. Pennebakers Untersuchung war der Auftakt einer ganzen Welle von Studien, die bis heute nicht abgeebbt ist. Sie bestätigen das therapeutische Potenzial des sogenannten expressiven Schreibens. Insgesamt gilt es als eine der am besten erforschten Techniken in der Selbsthilfe. Sie wird ergänzend in zahlreichen Therapien eingesetzt, sowohl ambulant als auch stationär, in Einzel- sowie Gruppentherapien, bei psychischen und körperlichen Leiden, häufig in der Kinder- und Jugendpsychiatrie, bei Familien- und Paartherapien. Es gehe dabei auch um Sinnfindung, Würde und Respekt, um Wachstum und

Veränderung, soziale Integration und «ein bewusstes Leben im Hier und Jetzt», schreibt die Ärztin und Kunsttherapeutin Silke Heimes in ihrem Buch *Warum Schreiben hilft*, in dem sie eine beeindruckende Zahl an Belegen zur Wirksamkeit zusammenträgt.[199]

Üblicherweise werden Patienten in solchen Studien oder Therapien gebeten, an drei bis fünf aufeinanderfolgenden Tagen für jeweils fünfzehn oder zwanzig Minuten über ein traumatisches oder belastendes Ereignis zu schreiben. In manchen Fällen kann das auch die eigene Erkrankung sein.

Wissenschaftler haben inzwischen nachgewiesen, dass sich nach solchen Schreibinterventionen die Funktion des Immunsystems verbessert und mitunter sogar Wunden schneller heilen können.[200] Bei Aidskranken stieg die Anzahl der weißen Blutkörperchen.[201] Sogar auf die Wirkung einer Impfung hat das Schreiben Einfluss: Menschen, die eine Hepatitis-B-Impfung erhielten und kurz zuvor über ein traumatisches Ereignis berichtet hatten, entwickelten in den folgenden sechs Monaten mehr Antikörper als andere Geimpfte, die über ein harmloses Thema hatten schreiben sollen.[202] In anderen Studien besserten sich nach dem expressiven Schreiben die Beschwerden von Asthmatikern und Patienten mit Arthritis.[203] Bei gesunden Erwachsenen sank der Blutdruck, und selbst Herzinfarktpatienten erholten sich schneller wieder.[204] Frauen, die eine Brustkrebserkrankung überlebt hatten, empfanden eine höhere Lebensqualität.[205] Und Patienten mit metastasierenden Krebserkrankungen konnten durch das Aufschreiben wieder besser schlafen.[206]

Den Krebs – oder andere Krankheiten – heilt das Schreiben natürlich nicht, die Effekte sind insgesamt eher moderat. Aber für viele Kranke bedeuten selbst diese vergleichsweise kleinen Effekte schon eine erhebliche Linderung, vor allem bei seelischer Dauerbelastung.

Auch andere positive Wirkungen auf die Psyche sind belegt. So kann expressives Schreiben Erwachsene und auch Jugendliche vor Depressionen schützen und dabei helfen, eine Suchterkrankung oder eine posttraumatische Belastungsstörung zu überwinden.

Diese psychologischen Effekte sind sogar physisch messbar: Nach dem Schreiben sinkt der Spiegel des berüchtigten Stresshormons Cortisol. Viele Teilnehmer können nach einer Schreibintervention ihren Alltag leichter bewältigen und werden leistungsfähiger. Studenten etwa schnitten danach in Universitätsklausuren besser ab, und Arbeitslose fanden schneller wieder eine neue Stelle.[207]

Natürlich profitieren nicht alle Teilnehmer gleichermaßen. Es gibt Fälle, in denen das Schreiben keinen Effekt hat oder sogar negative Auswirkungen. Dem Grauen einen Namen zu geben, kann Menschen auch schaden, vor allem, wenn sie sich zu früh mit furchtbaren Erinnerungen konfrontieren. Es kommt auf den richtigen Zeitpunkt an und darauf, *wie* man über seine Erlebnisse schreibt – aber dazu werden wir später noch mehr erfahren. Für den Pionier des expressiven Schreibens jedenfalls, James Pennebaker, war der Beginn dieser Forschung ein Aufbruch in eine neue Lebensphase. Nicht nur, weil sie seine Karriere als weltbekannter Psychologe begründete. Sondern auch, weil sie ihm seinen Versuchsgegenstand – den Menschen – so nahebrachte. Als empirisch arbeitender Sozialpsychologe war er ursprünglich darauf trainiert gewesen, mit abstrakten Fragebögen zu arbeiten. Doch die Tagebuchstudien waren anders, sie brachten pure Emotionen hervor und erlaubten ihm intime Einblicke in das Leben seiner Versuchspersonen. Er war verblüfft, wie viele Menschen wahrhaft Traumatisches erlebt hatten. Die Geschichten, die er zu lesen bekam, waren bewegend, oft sogar verstörend. Bis heute erinnert er sich etwa an die Schilderungen einer

Frau, die als kleines Mädchen von ihrem Großvater sexuell missbraucht worden war. «Sie beschrieb eine Mischung von Gefühlen: einerseits geliebt zu werden, andererseits aber zu wissen, dass dies schrecklich falsch und beschämend war», erzählt Pennebaker. Eine andere Probandin beschrieb, wie sie als Kind gegen die ausdrückliche Anweisung der Mutter ihre Spielsachen auf dem Boden hatte herumliegen lassen, als die Oma zu Besuch kam. Die Oma stürzte über eines der Spielzeuge und brach sich die Hüfte. Sie starb wenige Tage später während der Hüftoperation.

Immer wieder sah Pennebaker, dass es den meisten Teilnehmern guttat, wenn sie diese Erinnerungen mit einem gewissen Abstand zu Papier gebracht hatten. Warum ist das so? Was passiert beim Schreiben mit uns? Diese Frage beschäftigt ihn und auch andere Forscher seit Jahren. Es scheint, als sei eine ganze Kaskade von Prozessen am Werk, die durch die Verwendung von Worten in Gang gesetzt werden. Eine einfache Erklärung gibt es jedoch nicht. Den Mechanismen der menschlichen Seele auf die Spur zu kommen, ist auch heute noch alles andere als trivial. Da hilft ein Vergleich mit der Technik: Einer Emotion ein verbales Etikett zu geben, ist laut Pennebaker in etwa vergleichbar mit dem Versuch, analoge Signale in digitale Formate umzuwandeln. Um eine belastende emotionale Erfahrung zu verarbeiten, müsse sie kognitiv verstanden und konzeptuell verarbeitet werden. Und das sei leichter möglich, wenn sie erst einmal in Sprache übersetzt sei. Im Sprachformat kann man dem Erlebten eine Bedeutung geben, es strukturieren und zerlegen – und letztlich leichter vergessen.[208]

Wörter und Mandelkerne

Selbst kurzfristig entfalten Wörter ihre lindernde Wirkung. «In dem Moment, in dem Sie etwas benennen, verändern Sie seine Repräsentation im Gehirn», sagt Pennebaker. Dabei würden andere Nervenzellen aktiviert. Und das kann man sogar sehen. Zumindest Hirnforscher wie Matthew Lieberman von der *University of California* in Los Angeles. Er verfügt über funktionelle Kernspintomographen, mit denen er den Menschen direkt ins Gehirn schauen kann. Lieberman beobachtet auf diese Weise, was im Gehirn geschieht, wenn Menschen ihre Gefühle in Worte fassen. Er hat festgestellt, dass in solchen Momenten eine besonders wichtige Region gehemmt wird: die sogenannte Amygdala. Davon gibt es zwei im Gehirn, auf jeder Seite eine, man nennt sie auch die Mandelkerne. Das klingt harmlos, eigentlich sogar ganz hübsch, doch die Mandelkerne können unangenehme Prozesse in Gang setzen. Sie sind für die emotionale Bewertung von Ereignissen zuständig und vor allem immer dann involviert, wenn wir uns fürchten. Wenn uns ein Schreck zusammenzucken oder erstarren lässt, wenn der Anblick einer Spinne die Handflächen feucht werden oder eine unangenehme Erinnerung das Herz schneller schlagen lässt. Man kann also sagen, die Amygdala hat eine gewisse Macht über unser Verhalten. Doch Worte scheinen diese Macht zu begrenzen.

In Studien, die diesen Zusammenhang untersuchen, müssen Testpersonen üblicherweise emotional aufrüttelnde Bilder betrachten: Fotos von einem Kind mit blutender Wunde zum Beispiel oder Porträts bedrohlich dreinschauender Menschen. Solche Bilder lösen im Gehirn Warnsignale aus, die Amygdala wirkt aktiviert. Wenn die Probanden in den Versuchen allerdings gebeten werden, zu benennen, was sie auf dem Bild sehen, dann lässt die Aktivität nach. Stattdessen wird eine andere Region aktiv, ein Gegenspieler der Amygdala: der präfrontale Kortex. Genauer gesagt, der rechte ventrolaterale präfrontale Kortex. Er sitzt in der Nähe der rechten Schläfe und ist eine Art Kontrollinstanz im Gehirn. Gefühle zu benennen, egal ob mündlich oder schriftlich, aktiviert diese Instanz, sagt Lieberman. Und das, so die These, dämpft die Aktivität der Amygdala – und lindert Ängste. «Wenn man sich die Amygdala als einen Wecker vorstellt, der bei potenzieller Gefahr anspringt, dann wirkt das Aussprechen von Gefühlen wie das Drücken der Snooze-Taste», erklärte Lieberman in einem Artikel in der *New York Times*.[209]

Hirnscanner-Aufnahmen legen solche verführerisch simplen Schlüsse nahe. Deshalb sind sie einerseits populär geworden, andererseits aber auch umstritten. Kritische Stimmen bezweifeln die Aussagekraft solcher Bilder. Was genau können wir daraus ableiten, wenn irgendwo im Hirn etwas aufleuchtet? Welche Schlüsse lässt ein solches Bild zu? Wissenschaftler sind sich noch immer nicht ganz einig darüber. Deshalb ist es wichtig zu betonen, dass Lieberman in seinen Studien nicht allein Leuchtmuster in Hirnen dokumentiert, sondern darüber hinaus das Verhalten von Versuchspersonen beobachtet. Und diese Beobachtungen passen gut zu den Mustern der Hirnscans. So konnte sein Team nachweisen, dass Menschen Ängste eher überwinden, wenn sie ihre Gefühle aussprechen.

In einem Experiment sollten sich Phobiker ausgerechnet jenen Kreaturen nähern, die sie am meisten fürchteten: Spinnen. Die Forscher hatten dafür eine rot-braun behaarte chilenische Tarantel in einer Box in Stellung gebracht. Der Anblick einer solchen Kreatur wäre vermutlich den meisten Menschen unangenehm. Doch für Phobiker ist es schier unmöglich, sich ihr zu nähern. Das machte sie zu idealen Versuchskaninchen. Für das Experiment wurden sie nach dem

Zufallsprinzip einer von vier Gruppen zugeteilt. Eine sollte bei der Begegnung mit der Spinne gar nichts sagen, die zweite Gruppe sollte ihre negativen Gefühle und Gedanken aussprechen (z. B. «Ich habe Angst, dass diese eklige Spinne auf mich springt!»), die dritte Gruppe sollte die Situation verbal umbewerten (z. B. «Diese kleine Spinne anzugucken, ist nicht gefährlich für mich»), und die vierte Gruppe sollte etwas Ablenkendes sagen, das gar nichts mit der Spinne zu tun hatte (z. B. «Zu Hause steht ein Fernseher vor meinem Sofa»). Mehrere Male mussten die Probanden zur Spinnen-Konfrontation antreten. Leicht wird ihnen das nicht gefallen sein. Aber nur so konnten die Forscher feststellen, ob die Angst mit der Zeit abnahm. Jedes Mal maßen sie, wie nah sich die Testpersonen an die haarige Kreatur heranwagten und wie feucht ihre Haut dabei wurde – ein Maß für den physiologischen Erregungszustand. Wer aufgeregt ist, schwitzt. Bei wiederholter Konfrontation mindert sich bei vielen Patienten die Angst allmählich – das ist der Sinn solcher Übungen. Die Betroffenen lernen, dass ihnen dabei nichts Schlimmes passiert und die Angst abnimmt. Mit der Zeit verliert das Gefürchtete somit seinen Schrecken. Insofern war zu erwarten, dass alle Probanden bei dem Spinnenexperiment nach und nach Fortschritte machen würden. Aber die Forscher wollten testen, ob sich ein Unterschied zwischen den Gruppen ergab. Tatsächlich: Die Erregung ging am stärksten bei jenen Probanden zurück, die ihrer Angst ungehemmt verbal Ausdruck verliehen hatten. Zwar war die Angst nicht verschwunden, subjektiv ging es ihnen nicht besser als den anderen, aber sie schwitzten messbar weniger und trauten sich am dichtesten an die Spinne heran. Je stärker sie ihre Angst während der Konfrontationen in Worte gefasst hatten, desto näher wagten sie sich am Ende zu dem Tier vor.[210] Die Forscher sind daher überzeugt: Die Spinne als furchterregend oder eklig zu beschreiben, half den Phobikern dabei, ihre Angst zu überwinden. Gefühle in Worte zu fassen, ist demnach ein Instrument zur Emotionsregulation – Reden kann Gefühle verändern.

Sigmund Freud hätte dieses Ergebnis vermutlich nicht überrascht. Freud und Josef Breuer, die Begründer der sogenannten Redekur, waren von der Macht der Worte überzeugt. «Durch Worte kann ein Mensch den anderen selig machen oder zur Verzweiflung treiben, durch Worte überträgt der Lehrer sein Wissen auf die Schüler, durch Worte reißt der Redner die Versammlung der Zuhörer mit sich fort und bestimmt ihre Urteile und Entscheidungen. Worte rufen Affekte hervor und sind das allgemeine Mittel zur Beeinflussung der Menschen untereinander. Wir werden also die Verwendung der Worte in der Psychotherapie nicht geringschätzen», schrieb Freud.[211] Er schätzte die kathartische Wirkung des Redens hoch ein und glaubte, Wörter seien imstande, verdrängte Erinnerungen aus den Tiefen des Unterbewusstseins zu bergen. Zwar ist Freuds Psychoanalyse immer wieder kritisiert worden, ihr therapeutischer Nutzen umstritten. Aber mit der Macht der Worte lag Freud durchaus richtig. Letztlich basieren heute fast alle Psychotherapien, so verschieden sie im Einzelnen auch sein mögen, auf der Annahme, dass ein Gespräch zwischen Therapeut und Patient seelische Leiden lindern kann. Was wäre eine Psychotherapie ohne das Gespräch? Erst der Dialog erlaubt es einem Therapeuten, sich den Problemen seines Patienten zu nähern und eine geeignete Kur dafür zu finden. Es sind Worte, die die Probleme des Geplagten transportieren. Und mit Worten lernt er schließlich, sie zu bekämpfen. Dennoch ist das Ergebnis der Spinnenstudie von Matthew Lieberman und seinen Kollegen bemerkenswert. Denn sie unterstreicht, dass Worte nicht nur Mittel zum Zweck sind, sondern auch selbst eine Wirkung entfalten.

Das bloße Benennen von negativen Gefühlen ist ja viel simpler als etwa das in der Psychotherapie verbreitete Verfahren des Umbewertens (Reappraisal). Dabei sollen sich Patienten einen anderen Blick auf eine bestimmte Situation erarbeiten und so zu einer anderen Bewertung kommen. Im Fall der Spinnenstudie war dies aber nicht nötig. «Ein Großteil der Therapien konzentriert sich darauf, die Überzeugungen von Menschen zu verändern, aber wir und andere Forscher finden, dass es schon reicht, diese Gedanken in Worte zu fassen, um Stress zu senken und andere mentale wie körperliche Gesundheitsvorteile herbeizuführen», schreibt Lieberman.[212]

Auch der Psychiater und Psychotherapeut Malek Bajbouj von der *Charité* in Berlin beschäftigt sich mit diesen Zusammenhängen. Er erforscht, wie Psychotherapien wirken, welche Prozesse sie anstoßen, wann und für wen sie besonders großen Nutzen entfalten. Ihm und seinen Kollegen ist eines immer wieder aufgefallen: «Unabhängig davon, ob man Psychoanalytiker, Schematherapeut oder Verhaltenstherapeut ist – ein guter Psychotherapeut ist empathisch und hat die Fähigkeit, die Probleme präzise anzusprechen. Die Kunst besteht allerdings darin, den Patienten dazu zu bringen, die Dinge möglichst selbst auszusprechen.» Bajbouj ist überzeugt, dass bloße Worte in der Therapie eine wichtige Rolle spielen. «Reden ist ein biologisch wirksames Mittel», sagt er.

Selbstverständlich ist diese Aussage nicht. Zumindest nicht für alle Psychotherapeuten. Lange Zeit war die Disziplin von tiefen Gräben und Glaubensgegensätzen durchzogen. Die einzelnen Schulen vertraten abweichende Ansichten darüber, wie man geplagten Seelen helfen könne.

«Wenn Sie vor fünfzehn Jahren Psychotherapeuten gefragt hätten, welche Rolle Wörter für sich genommen spielen, dann hätten Sie je nach Lager ganz unterschiedliche Antworten bekommen. Die eingefleischten Verhaltenstherapeuten hätten gesagt: Das ist ein Instrument, damit vermittele ich Techniken, es ist aber selbst nicht wirksam. Und die Psychoanalytiker hätten gesagt: Selbstverständlich hilft Reden, kathartische Prozesse anzustoßen», sagt Bajbouj. Doch die Mauern zwischen den Denkschulen bröckeln. «Die Grenzen verwischen gegenwärtig.» Worte sind nicht bloß ein Instrument, und sie wirken auch nicht nur kathartisch. Sie helfen dem Geist, sich analytischer mit Gefühlen auseinanderzusetzen, und sie aktivieren Hirnprozesse, die an sich schon beruhigend wirken. Der Nutzen einer Gesprächstherapie beginnt demnach schon, bevor sich neue Denkstrukturen ausgeprägt haben.

Der Zusammenhang von Sprache und Gefühlen zeigt sich schon früh, davon zeugen Studien an Kleinkindern. Es gibt wohl kaum etwas Frustrierenderes, als seiner Umwelt nicht dezidiert mitteilen zu können, was gerade schiefläuft. Wie anstrengend muss das Leben als Baby sein? Tatsächlich scheint das Sprechenlernen die emotionale Entwicklung zu fördern: Kleinkinder können ihre Gefühlsausbrüche besser kontrollieren, wenn sie bereits sprechen können. Eine Studie der *Pennsylvania State University* ergab, dass Kinder auf eine frustrierende Situation weniger wütend reagieren, wenn sie in der Lage sind, sich verbal damit auseinanderzusetzen und sich ihrer Umwelt mitzuteilen.[213]

Je mehr Wörter Kinder beherrschen, desto präziser können sie ausdrücken, was sie plagt, und desto besser können sie sich auch in andere Personen einfühlen. Verschiedene Studien deuten auf einen Zusammenhang zwischen sprachlichen Fähigkeiten und emotionaler Kompetenz hin. Zwar ist noch nicht endgültig geklärt, ob Sprache an dieser Stelle wirklich die kausale Bedingung ist. Aber es gibt bereits Projekte, die den emotionalen Wortschatz von Kindern gezielt fördern, um ihr Verständnis von Gefühlen zu steigern. Die Psychologin Irina Kumschick etwa hat gemeinsam mit Kollegen im Rahmen des Forschungsprojekts *Languages of Emotion* der *FU Berlin* ein solches Pilotprojekt an Brandenburger Horten initiiert und ausgewertet. «Lesen und Fühlen» hieß das Projekt, bei dem Schüler aus der zweiten und dritten Klasse das Kinderbuch *Ein Schaf fürs Leben* lasen. Das Buch handelt von der ungewöhnlichen Freundschaft zwischen einem Schaf und einem Wolf, die auf sehr einfühlsame Weise beschrieben wird. So lernten die Kinder beispielsweise nachzuempfinden, wie sich ein Wolf fühlen muss, wenn er «missmutig durch den Schnee trottet», also welche Begriffe in bestimmten emotionalen Kontexten passen. Irina Kumschick verglich in ihrer Dissertation die Kinder mehrerer Buchgruppen mit Schülern aus Kontrollgruppen, die nicht mitlasen. So konnte sie nachweisen, dass das Lesen den emotionalen Wortschatz und das Wissen über Gefühle förderte. Vor allem Jungs profitierten: Sie konnten hinterher viel besser verstehen, was es bedeutet, seine Gefühle vor anderen zu verstecken. «Sprache ist ein Ausdrucksmittel, auf dem alles andere aufbaut», sagt Irina Kumschick. «Ein breiter emotionaler Wortschatz ermöglicht es, sich selbst und seine eigene Perspektive zu beleuchten und Selbstempathie zu entwickeln.» Je mehr Begriffe einem Menschen dabei zur Verfügung stehen, desto facettenreicher kann er sein Innenleben wahrnehmen und beschreiben. «Man ist in einem Gefühl nicht bloß gefangen, sondern kann es auch verorten und sich damit auseinandersetzen.»

Lose Fäden gut verschnüren

Um ein traumatisches Erlebnis oder ein tiefsitzendes psychisches Problem zu überwinden, reicht es allerdings nicht, es bloß zu verorten, seine Gefühle zu benennen oder niederzuschreiben. Psychotherapien wären nicht so wirkungsvoll, wenn es allein beim Reden bliebe. In vielen Therapien geht es darum, mit Worten letztlich das Gehirn umzustrukturieren, neue Denkgewohnheiten einzuüben und so mentale Pfade auszubauen, die das psychische Leid langfristig lindern. Es kommt darauf an, wie man sich mit seinen Gefühlen auseinandersetzt und ob man sich dabei weiterentwickelt. Auch James Pennebaker, dem Begründer des expressiven Schreibens, wurde dies bald bewusst. Als er seine ersten Studien über die Wirkungen des Schreibens veröffentlicht hatte, berichteten viele Medien darüber. Pennebaker wurde berühmt, auf einmal wollten viele Menschen mit ihm reden. Über sehr private Dinge. «Auf Cocktail-Partys oder anderen informellen Veranstaltungen wurde ich manchmal zu einem Trauma-Magnet», erzählt er.[214] Leute, die er kaum kannte, umringten ihn geradezu, um ihm ihre furchtbarsten Erlebnisse zu schildern. Einige von ihnen seien gesundheitlich sehr angeschlagen gewesen. Zunächst dachte Pennebaker, es würde diesen Leuten sicher guttun, ihre Geschichten bei ihm loszuwerden. Seine Studien legten dies ja nahe. Er ließ sie also reden und hörte geduldig zu. «Doch Monate später sah ich dieselben Leute auf anderen Veranstaltungen, wo sie mir oft exakt dieselbe Geschichte erzählten.» Und Pennebaker musste erkennen, dass sich ihr Gesundheitszustand überhaupt nicht gebessert hatte. Das machte ihn nachdenklich. Aber seine eigene Forschung lieferte schließlich eine Erklärung dafür. Wie schon in Kapitel 6 erwähnt, hat Pennebaker ein Computerprogramm entwickelt, mit dem sich Texte analytisch auswerten lassen. Mit Hilfe des Programms erkannte er in den Aufzeichnungen seiner Probanden Muster – Erzählstile, die besonders positiv wirkten, und andere, die es nicht taten. Ihm wurde klar, was seine Partybekanntschaften falsch gemacht hatten: Sie hatten einfach die gleiche schreckliche Geschichte wieder und wieder abgespult. «Es gab keine Veränderungen, keine Entwicklung, keine zunehmende Einsicht», sagt Pennebaker. Ein und dieselbe Geschichte immer nur zu wiederholen, sei letztlich nichts anderes als exzessives Grübeln – symptomatisch für eine Depression.

Expressives Schreiben hilft vor allem dann, wenn es den Verfassern gelingt, das Erlebte in eine erzählerische Struktur einzubetten. Wenn sie während des Schreibprozesses Einsichten gewinnen, Zusammenhänge erkennen und die Perspektive wechseln. Wenn sie möglichst viele positive, aber auch eine moderate Anzahl negativer Wörter verwenden. All das konnte Pennebaker mit dem Textanalyseprogramm erkennen. Er kann sogar anhand der Textstruktur und Anzahl bestimmter Wörter vorhersagen, ob jemand vom Schreiben profitieren wird oder nicht. Hier kommen wieder die unterschätzten Pronomen ins Spiel: Schreiber, die häufig unterschiedliche Personalpronomen verwenden, also von einer Schreibsitzung zur nächsten zwischen ich, du, er, sie, es, wir, ihr, sie wechseln, profitieren eindeutig mehr. Das Wechseln der Blickrichtung scheint ihnen gutzutun. Auch viele Einsichts- und Kausalwörter, also Formulierungen wie «Mir wird bewusst, dass» oder «Ich verstehe, warum» lassen auf wichtige innere Prozesse und eine positive Entwicklung schließen. Pennebaker rät daher, sich Gefühle möglichst offen einzugestehen, die Ereignisse auch mit den Augen anderer Personen zu betrachten und aus dem Erlebten eine zusammenhängende, schlüssige Geschichte zu stricken.[215] «Eine Geschichte zu erzählen, zwingt uns dazu, den Ereignissen eine Struktur zu geben», sagt er. «Wenn Sie keine Geschichte haben, dann haben Sie nur ein Bündel Fakten, ein Bündel Erlebnisse oder Bilder. Und die ergeben keinen Sinn.» Eine stringente Geschichte aber fügt Einzelteile zusammen, verleiht ihnen Sinn und verbindet das Erlebte mit anderen Lebenserfahrungen. Es entsteht eine Art Plot, in dem all die Fragmente wie zu einem Paket verschnürt werden. Betroffene verfangen sich dann nicht mehr so leicht in Grübelschleifen. Wenn sich die losen Enden zusammengefügt haben, beschäftigen sie den Geist nicht mehr so sehr. Ein Paket kann effizienter im Gedächtnis gespeichert und letztlich leichter vergessen werden. Vereinfacht gesagt, braucht es weniger Speicherplatz im Gehirn als eine Ansammlung von Einzelerinnerungen. Das Bündeln setzt Hirnkapazitäten frei, das sogenannte Arbeitsgedächtnis wird entlastet. Das Arbeitsgedächtnis ist ein Kurzzeitspeicher, der uns beispielsweise dabei hilft, über komplexe Aufgaben nachzudenken, lange Sätze zu verstehen und Entscheidungen zu treffen. Seine Ressourcen sind jedoch begrenzt. Wenn wir uns Sorgen machen oder zweifeln, wenn uns immerzu quälende Erinnerungen überfallen und wir diese zu unterdrücken versuchen, dann wird die Leistungsfähigkeit des Arbeitsgedächtnisses beeinträchtigt.

Ein Blatt Papier gegen Prüfungsangst

In einer Studie mit Studenten zeigte sich, dass die Kapazität des Arbeitsgedächtnisses andersherum aber im Laufe mehrerer Wochen zunahm, wenn die Probanden über ein belastendes Ereignis wie den Tod eines Elternteils, einen Autounfall oder auch nur den stressigen Beginn des Studiums geschrieben hatten. Bei den Probanden der Kontrollgruppen, die positive Erlebnisse oder triviale Dinge zu Papier gebracht hatten, verbesserten sich die kognitiven Leistungen nicht in diesem Maße. Die expressiven Schreiber erlebten nach dem Experiment deutlich seltener quälende Erinnerungen an das belastende Ereignis und mussten seltener negative Gedanken unterdrücken. Dies könnte die Stärkung des Arbeitsgedächtnisses erklären, folgern die Autoren. Der Zugewinn an Gedächtniskapazität war besonders stark, wenn die Probanden in ihren Texten viele Einsichts- und Kausalwörter verwendet hatten.[216]

Das Ergebnis bestätigt Beobachtungen, dass Studenten, die am expressiven Schreiben teilnehmen, in den folgenden Monaten bessere Leistungen an der Universität erzielen als Kommilitonen, die über Belangloses schreiben. Ein gestärktes Arbeitsgedächtnis ermöglicht eben höhere kognitive Leistungen. Das macht sich selbst kurzfristig bemerkbar, zum Beispiel unmittelbar vor einer Klausur. Viele Menschen kennen diese unangenehmen Momente, in denen einem ganz schlecht wird vor Aufregung, in denen der Magen rebelliert und Versagensangst das Gehirn lähmt. In diesem Zustand will einem manchmal partout nicht einfallen, was man zuvor monatelang gelernt hat. Gerardo Ramirez und Sian Beilock, zwei Psychologen von der *University of Chicago*, fanden ein recht simples Mittel dagegen. Sie baten Studenten, etwa zehn Minuten vor einem Mathetest ihre Ängste aufzuschreiben – eine kleine Akut-Intervention sozusagen. Eigentlich ist so ein Vorgehen kontraintuitiv, gilt doch gemeinhin als hilfreich, sich vor einer Prüfung auf eine bestmögliche Leistung einzustimmen: «Ich werde das gut meistern, ich bin perfekt vorbereitet.» Nach der Erkenntnis von Ramirez und Beilock kann aber auch das Gegenteil helfen, nämlich sich einzugestehen: «Ich habe verdammte Angst, Fehler zu machen und zu versagen!» Probanden, die solche Befürchtungen offenbart hatten, berichteten anschließend über weniger Versagensangst und erzielten in der Prüfung sogar bessere Leistungen als andere Studenten. Teilnehmer mit starker Prüfungsangst profitierten besonders von der kleinen Schreibaufgabe. Ihr Gehirn hatte dabei offenbar Ballast abgeworfen und konnte sich hinterher wieder auf das Wesentliche konzentrieren. Die Autoren halten die Methode daher vor allem für Menschen mit ausgeprägter Versagensangst für sinnvoll.[217]

Eine Folgestudie bekräftigt dies. Darin konnten die Forscher die Wirksamkeit der Kurzintervention bei besonders schweren Fällen nachweisen: bei Menschen mit Mathematik-Angst. Wer davon betroffen ist, fürchtet und meidet alles, was mit Rechnen zu tun hat. Oft haben diese Menschen eine lange Leidensgeschichte hinter sich, die schon zu Schulzeiten begann und sich im Berufsleben fortsetzt. Durch ihre Nervosität können sie, wenn es drauf ankommt, tatsächlich nicht gut rechnen, was ihre Befürchtungen wiederum bestätigt – ein Teufelskreis. Doch der lässt sich offenbar in wenigen Minuten durchbrechen, wie die neue Studie von Daeun Park, Sian Beilock und Gerardo Ramirez demonstriert: Sieben Minuten Schreiben reichten den Probanden aus, um ihre Leistung in einem folgenden Mathetest deutlich zu steigern. Wieder profitierten besonders jene mit ausgeprägter Angst. Sie schnitten nach dem Schreiben selbst in schweren Matheaufgaben fast ebenso gut ab wie jene Teilnehmer, die von vornherein wenig Angst hatten. Je häufiger sie Wörter wie «nervös» oder «besorgt» verwendet hatten, desto besser konnten sie danach rechnen.[218]

Der Kummer der Poeten

Wenn das Schreiben so viel Gutes bewirkt, könnte man annehmen, dass Schriftsteller und Dichter sehr glückliche Menschen sein müssen, weil sie gegen die Launen des Schicksals gewappnet sind – haben sie doch stets ein Mittel gegen Kummer zur Hand. Bei manchen scheint das so zu sein. Der japanische Schriftsteller Haruki Murakami etwa sagte in einem Interview in der ZEIT, er brauche keine Psychotherapie, er könne doch schreiben. «Wenn ich deprimiert bin, beginne ich eine Kurzgeschichte. Da findet sich dann schon eine Lösung für mein inneres Problem. Der Anfang solcher Geschichten ist ziemlich trübselig, aber irgendwie gelingt es dem Helden dann immer, seinem Leben eine Wendung zu geben. Beim Schreiben fallen mir sehr leicht Lösungen noch für die drastischsten Probleme ein.» Wenn er dann vom Schreibtisch aufstehe, gehe es ihm viel besser. «Das Schreiben heilt mich von der Traurigkeit.»[219] Das ist beneidenswert, allerdings auch selten. Tendenziell finden sich unter Schriftstellern, vor allem unter Dichtern, besonders unglückliche Zeitgenossen, deren Leben oft ein tragisches Ende nimmt. Die Lyrikerin Ingeborg Bachmann etwa litt an Depressionen, war tablettenabhängig und starb mit nur 47 Jahren an den Folgen eines Wohnungsbrands, ausgelöst durch eine brennende Zigarette im Bett. Emily Dickinson wird eine soziale Phobie nachgesagt. Sie lebte völlig isoliert und wurde nur 55. Die Liste ließe sich fortsetzen. Dichter, das ergab eine Analyse der amerikanischen Psychologen James Kaufman und Janel Sexton, leiden besonders häufig unter Depressionen oder Psychosen und nehmen sich auch eher das Leben als andere Künstler. Generell ist ihre Lebenserwartung überdurchschnittlich gering. Es ist geradezu paradox. Warum profitieren die Poeten nicht von der Schreibkur? Kaufman und Sexton haben dieser

Frage eigens eine wissenschaftliche Studie gewidmet, und sie kommen darin zu einer kühnen These: Sie vermuten, dass es an der speziellen Form des Gedichts liegt. Denn Gedichten fehle häufig eine umfassende narrative Struktur, eben jenes Element, das besonders starke therapeutische Wirkungen freisetzt. Gedichte erzählten selten eine ganze Geschichte, und sie böten dem Schreiber auch weniger Gelegenheit, seine Emotionen und Gedanken weiterzuentwickeln und verschiedene Perspektiven einzunehmen.[220]

Ein interessanter Gedanke, aber auch eine ziemlich verwegene These. Man darf ja eines nicht vergessen: Nicht jeder Dichter nutzt seine Werke, um darin persönliche Leiden zu verarbeiten. Und selbst wenn: Möglicherweise sind Dichter auch einfach von vornherein anfälliger für psychische Probleme als andere Menschen. Vielleicht ist ihre seelische Empfindsamkeit genau das, was sie zum Schreiben schöner Gedichte treibt und befähigt. Und wer wüsste schon, wie es den Dichtern ohne das Schreiben ginge? Vielleicht wäre es noch schlechter um sie bestellt.

Eines immerhin lässt sich sagen: Bei anderen Menschen haben die Werke der Poeten durchaus eine gesundheitsfördernde Wirkung. Einen positiven Einfluss haben Mediziner zum Beispiel für Hexameter nachgewiesen. Hexameter sind die ältesten rhythmischen Verse der alten Griechen – und anscheinend gut für das Herz. Wer Auszüge aus Homers *Odyssee* rezitiert, kann damit seinen Atem regulieren und somit den Herzschlag rhythmischer werden lassen, wie eine Studie ergab.[221] Und auch die eigenen Gedichte von Patienten wirken positiv. Mit ihrer Hilfe können beispielsweise Menschen mit psychischen Erkrankungen, die sich zuvor nicht offenbaren konnten, in einer Gruppentherapie über ihre innersten Gedanken sprechen.

Worte als sozialer Kitt

Die eigenen Gefühle ausdrücken zu können, öffnet Menschen für andere. Sie gehen dann mehr auf ihre Mitmenschen zu. Wer etwas Belastendes einmal für sich selbst formuliert hat – ob als Gedicht, Geschichte oder im Selbstgespräch –, findet auch leichter die richtigen Worte, um es anderen zu erzählen. Dieser Einfluss lässt sich sogar messen. Möglich macht dies eine Erfindung des Psychologen Matthias Mehl, der als Professor an der *University of Arizona* lehrt. Mehl hat den bereits erwähnten kleinen Audio-Recorder EAR (Electronically Activated Recorder) entwickelt, mit dem man ermitteln kann, wie viel und was Menschen im Laufe des Tages reden. Mit der EAR-Methode fahndeten Mehl und Pennebaker nach akustischen Verhaltensspuren ihrer Versuchsobjekte. Sie wollten herausfinden, was sich im Leben jener Personen änderte, die am expressiven Schreiben teilgenommen hatten. Tatsächlich stießen sie auf bedeutende Veränderungen. Sie stellten fest, dass diese Leute hinterher mehr Zeit mit anderen Menschen verbrachten als vorher. Sie redeten häufiger mit ihren Freunden, gaben sich dabei optimistischer und benutzten häufiger «wir» statt «ich».

Nach dem Schreiben, so die Erklärung der Forscher, falle es ihnen leichter, anderen von ihren Erlebnissen zu erzählen.

Die Konsequenz für das soziale Leben ist enorm. Nicht nur, weil das Reden entlastet und verbindet, sondern weil der Betroffene früher oder später auch wieder aufmerksamer seinen Mitmenschen gegenüber sein kann. Statt dauernd um sich selbst zu kreisen, kann er ihnen wieder besser zuhören, wenn das eigene Problem ausgesprochen ist. «Sie sind in der Lage, ein besserer Freund zu sein», sagt Pennebaker. Und Freundschaften, das ist vielfach belegt, sind wahre Schutzschilde gegen Kummer und Krankheiten.

Womöglich kann das Schreiben auch zerbrochene Liebesbeziehungen heilen. Darauf deutet zumindest eine Studie mit dem schönen Titel «Mending Broken Hearts» hin. Der Traumaforscher Stephen Lepore und seine Kollegin Melanie Greenberg baten in ihrer Untersuchung junge Leute, die im Jahr zuvor eine Trennung durchgemacht hatten, entweder über ihre Beziehung oder über etwas völlig anderes zu schreiben. Jene, die auf diese Weise Gelegenheit hatten, ihre Beziehung und deren Ende noch einmal gedanklich und emotional zu rekapitulieren, wurden in den folgenden Monaten nicht nur seltener krank als die anderen Teilnehmer. Sie kamen tendenziell auch häufiger wieder mit ihren ehemaligen Partnern zusammen.[222] Vielleicht sind all die Briefe, die man dem einst Geliebten schreibt und dann doch nie abschickt, eine gute Medizin.

Allerdings, das haben wir oben schon einmal angedeutet, kommt es auf den richtigen Zeitpunkt an. Das Schreiben wirkt nicht immer gleich gut. In einer ganz ähnlichen Studie mit frisch geschiedenen Teilnehmern fanden Matthias Mehl und Kollegen kürzlich genau das Gegenteil heraus. Diejenigen, die ihre tiefsten Gefühle und Gedanken über die Scheidung zu Papier gebracht hatten, waren in der Folgezeit gestresster und eher depressiv als die Probanden der Kontrollgruppe. Vermutlich, weil es noch zu früh war, sagt Mehl. Die Studienteilnehmer waren schon kurz nach ihrer Scheidung rekrutiert worden. Sie hatten wohl noch nicht die nötige Distanz aufgebaut. «Man braucht einen gewissen Abstand zum Trauma», sagt Mehl. Ein zu frühes Offenbaren kann sich negativ auswirken, das zeigen auch andere Studien. So litten etwa Mütter, die kurz nach der Geburt ihres Kindes über ihre tiefsten Ängste und Sorgen rund um die Geburt sprachen, in der Folgezeit häufiger an Depression als Frauen, die sich nicht offenbart hatten.[223] Auch die Praxis des sogenannten Debriefings ist inzwischen umstritten. Dabei werden Helfer nach Katastrophen oder schweren Unfällen schon kurz nach dem Ereignis dazu gebracht, über ihre Erlebnisse zu sprechen. Das soll eine Traumatisierung verhindern. Studien ziehen den Nutzen jedoch in Zweifel. «In längerfristigen Untersuchungen ist herausgekommen, dass es im günstigsten Fall keinen positiven Effekt gibt», sagt *Charité*-Psychiater Malek Bajbouj. Manche sind sogar der Ansicht, ein solches Debriefing schade der Psyche. Pennebaker empfiehlt, nach einem dramatischen Ereignis mindestens ein oder zwei Monate zu warten, bevor man mit dem expressiven Schreiben beginnt.

Alles hat seine Zeit. Man sollte niemanden drängen, sich zu öffnen. Manchmal kommt der richtige Moment erst nach Jahren. Auch manche Verfasser der Dokumente im Tagebucharchiv in Emmendingen brauchten erst Abstand, bevor sie jene Texte hervorbringen konnten, die heute im Archiv lagern. Oft sind es Erinnerungen an den Zweiten Weltkrieg, die erst spät ihren Weg auf das Papier fanden. Die von Siegfried S. etwa. Er hat seine Kriegserlebnisse erst nach vielen Jahren aufgeschrieben, dann aber gleich als ganzes Buch. *Die Tränen des Indianers* hat er es genannt. Es handelt von Gefangenschaft und Gewalt, und von dem, was ein Mensch bereit ist zu tun, um zu überleben. Der Autor erklärt: «Dieses Buch musste ich schreiben. Fünfzig Jahre grüble ich über die Engel meiner Jugend. Seit einem Jahr lassen mir die Gedanken keine Ruhe mehr, auffrischen, einordnen, sortieren, schwarze Löcher entdecken, nachforschen, hinterfragen, fragen, fragen. In vier Wochen habe ich das Ergebnis zu Papier gebracht. Für mich ist es eine Zwangstherapie, irgendwann muss ich meine Erlebnisse verarbeiten, irgendwann müssen meine Albträume zu Träumen werden. Dieses Buch wollte ich schreiben. Meine Freunde sind es wert, mehr von mir zu wissen, als sie ahnen können. Und wenn meine

Freunde am Ende der Lektüre ahnen, was ich sagen, was ich mitteilen will, dann habe ich mein Ziel erreicht.»

Ob seine Freunde ihn verstanden haben, ist nicht überliefert. Dafür sind andere Beziehungen belegt, die das Tagebucharchiv gestiftet hat. Regelmäßig veröffentlichen Frauke von Troschke und ihre Mitarbeiter Broschüren, in denen sie Tagebuchauszüge aus verschiedenen Jahrzehnten zu einem bestimmten Thema zusammenstellen. Auch die noch lebenden Tagebuchautoren bekommen diese Broschüren zugeschickt und können darin lesen, was andere von sich preisgeben. Auf diese Weise erfuhr etwa eine nach Mexiko ausgewanderte Malerin von einer Hundertjährigen im Altersheim in Freiburg. Ihre Texte bewegten sie so sehr, dass sie Kontakt zu der einsamen alten Dame aufnahm und ihr Blumen schickte. Und auch manche Mitarbeiter des Tagebucharchivs besuchten die Hundertjährige im Heim.

So reicht die Magie der Worte weit über das hinaus, was in Studien messbar ist. Worte berühren auch jene, die sie lesen. Ob wir über unsere Gefühle reden oder schreiben, eigene Gedichte verfassen oder die von anderen rezitieren, ob wir Wolfgang Herrndorfs Blogeinträge* lesen oder einfach unseren Freunden zuhören – Worte haben Kraft, sie können heilen und uns mit anderen verbinden. Ohne sie wären wir allein.

---

* 2013 als Buch erschienen bei Rowohlt · Berlin.

9 Worte als Hirntraining
Wie Fremdsprachen unseren Horizont erweitern

«Mit jeder neu gelernten Sprache
erwirbst du eine neue Seele.»
Sprichwort aus Tschechien

Als die Nachbarin an die Tür klopfte und flüsterte, sie wolle Aneta Pavlenko und ihr Baby bei sich verstecken, da wusste Pavlenko endgültig, dass sie fortgehen und ihr Heimatland verlassen würde. Als Jüdin hatte sie in der Ukraine keine Zukunft. Vielleicht war sie sogar in Gefahr. Schon seit längerem hatte die junge Frau mit Schikanen zu kämpfen, war um ein Haar nicht an der Universität angenommen worden und fand dann nach Studienende trotz bester Abschlussnoten keine Arbeit. Ende der achtziger Jahre spitzte sich die Lage für die ethnischen Minderheiten immer weiter zu, und als Gerüchte von einem bevorstehenden Pogrom aufkamen, packte Pavlenko die Koffer. Mit ihrer Mutter und ihrem neugeborenen Sohn machte sie sich 1989 auf nach Amerika. Dort wollten sie noch einmal von vorn beginnen. Pavlenko war bereit, für den Rest ihres Lebens Teller zu spülen – Hauptsache, ihr Sohn würde glücklich und in Sicherheit aufwachsen. Bis auf dreihundert Dollar und drei Koffer voller Familienfotos, Kleidung und Stoffwindeln ließen die beiden Frauen alles zurück. Mehr durften sie bei der Ausreise nicht mitnehmen. Doch Aneta Pavlenko war alles andere als arm, wie sich zeigen sollte. Sie war voller Enthusiasmus und besaß ein wertvolles Kapital, das ihr niemand nehmen konnte: ihre vielen Sprachen.

Es war ein Glück, dass ihre Mutter früher Englisch-Lehrerin gewesen war und die Tochter – Eiserner Vorhang hin oder her – für die Sprachen der weiten Welt hatte begeistern wollen. So hatte Aneta schon als junges Mädchen Fremdsprachen gelernt und sich später auch im Studium darauf spezialisiert. Als erwachsene Frau sprach sie schließlich neben Russisch, Ukrainisch und Polnisch auch Französisch, Spanisch, Englisch und Italienisch. Und das erwies sich auf der langen Reise in die USA als äußerst nützlich. Pavlenko half anderen Flüchtlingen, die sich nicht verständigen konnten. In einer Auffangsiedlung in Italien, in der sie vorübergehend landete, unterrichtete sie Flüchtlingskinder in Englisch und arbeitete als Übersetzerin für die örtlichen Behörden und die Flüchtlingshilfe. Sie war glücklich zu erkennen, dass ihr Sprachschatz einen Marktwert hatte, schreibt sie in einem autobiographischen Aufsatz.[224]

Heute ist Aneta Pavlenko eine weltweit angesehene Sprachwissenschaftlerin. Statt Tellerwäscherin wurde sie Professorin für Angewandte Linguistik. Sie lehrt an der *Temple University* in Philadelphia und erforscht die Effekte von Mehrsprachigkeit. Dabei geht es ihr nicht bloß um die handfesten, offensichtlichen Vorteile – nicht nur darum, dass Fremdsprachen die Möglichkeiten zur Verständigung und auch die Karriere fördern. Pavlenko geht der Frage nach, was Sprachen mit dem Menschen, der sie spricht, selbst machen. Ob sie sein Denken und Fühlen, seine Identität oder gar Persönlichkeit prägen. Fühlt sich das Leben für ein und dieselbe Person auf Russisch anders an als auf Englisch oder Deutsch? Für Aneta Pavlenko liegt das auf der Hand, lebt sie doch selbst in verschiedenen Sprachen und weiß um die Gefühlswelten, die diese in ihr angelegt haben. Ihre Arbeit als Wissenschaftlerin bestätigt ihre persönliche Erfahrung: Bei einer Umfrage unter mehr als tausend Multilingualen gaben fast zwei Drittel an, sich wie eine andere Person zu fühlen, wenn sie die Sprache wechselten. Die Wissenschaft hat solche Erfahrungen jedoch lange Zeit ignoriert: Obwohl etwa die Hälfte der Weltbevölkerung im Alltag mehr als eine Sprache spricht, war die Linguistik lange Zeit eine Wissenschaft der Einsprachigkeit. Wohl auch deshalb, weil sie lange von US-Amerikanern dominiert wurde, die sich nur schwer vorstellen konnten, etwas anderes als Englisch zu sprechen – und dass dies Vorteile haben und Menschen bereichern könnte.

Der Mythos von der gespaltenen Persönlichkeit

Noch vor wenigen Jahrzehnten galt Zweisprachigkeit geradezu als Desaster: Kinder, die mit zwei Sprachen aufwüchsen, würden am Ende keine von ihnen richtig beherrschen, mehr noch, sie würden in ihrer geistigen Entwicklung zurückbleiben und womöglich sogar eine Art gespaltene Persönlichkeit entwickeln. Einer der Ersten, die drastische Vorbehalte gegen die Zweisprachigkeit formulierten, war der britische Pädagoge und Linguist Simon S. Laurie. 1890 schrieb er: «Wenn es für ein Kind möglich wäre, in zwei Sprachen gleichermaßen gut zu leben, umso schlimmer. Seine geistige und seelische Entwicklung würde dadurch nicht verdoppelt, sondern halbiert. Die Einheit des Geistes und des Charakters hätte große Schwierigkeiten, sich unter solchen Umständen zu behaupten.»[225] In der ersten Hälfte des 20. Jahrhunderts schienen viele Studien diese Einschätzung zu bestätigen. Zweisprachig aufwachsende Kinder schnitten in Intelligenztests schlechter ab als einsprachige.[226] Der Sprachwissenschaftler Einar Haugen, ein berühmter Experte für Zweisprachigkeit, war 1906 in den USA in einer Siedlung norwegischer Einwanderer geboren worden, er hatte zu Hause Norwegisch und erst in der Schule Englisch gelernt. Im Rückblick beschrieb er ironisch, mit welchen Risiken ein solches Heranwachsen angeblich verbunden war: «Ohne es zu wissen, war ich unermesslichen Gefahren von Zurückgebliebenheit, geistiger Verarmung, Schizophrenie, Normenlosigkeit und Entfremdung ausgesetzt worden; den meisten davon bin ich offensichtlich entronnen, wenn auch nur um Haaresbreite. Wenn meine Eltern von diesen Gefahren wussten, setzten sie sich entschieden darüber hinweg und machten mich wohl oder übel zweisprachig.»[227]

Als Haugen dies schrieb, Anfang der siebziger Jahre, hatte sich das Blatt bereits gewendet, zumindest in der Wissenschaft. Den Umschwung hatte vor allem eine bahnbrechende Studie von zwei Kanadiern gebracht: Elizabeth Peal und Wallace Lambert von der *McGill University* in Montreal, im französischsprachigen Teil des Landes. Die beiden Psychologen hatten Anfang der sechziger Jahre sowohl Kinder, die Französisch und Englisch sprachen, als auch ausschließlich französischsprachige Kinder mit verschiedenen Aufgaben getestet. Das Ergebnis war eine Überraschung: Die zweisprachigen Kinder schnitten in allen Tests besser ab, in den sprachlichen, aber auch in den nichtsprachlichen. Sie waren geistig beweglicher und kreativer, darüber hinaus waren sie den Einsprachigen auch im Schulstoff voraus – und sie hatten eine positivere Einstellung gegenüber den englischsprachigen Kanadiern. Peal und Lambert fassten das Ergebnis ihrer Studie so zusammen: «Die Erfahrung mit zwei Sprachsystemen scheint [die Kinder] mit geistiger Flexibilität, einer Überlegenheit in der Konzeptbildung und vielfältigeren kognitiven Fähigkeiten ausgestattet zu haben.»[228]

Das war eine Sensation. Wie ist diese Kehrtwende zu erklären? Vor allem mit methodischen Problemen: Zum einen hatten die Forscher in den früheren Studien nicht gut genug darauf geachtet, dass die ein- und zweisprachigen Gruppen vergleichbar waren, was Alter, Geschlecht, Bildung und den soziökonomischen Hintergrund betraf. Zum anderen ist unklar, ob die zweisprachigen Kinder die Sprache, in der sie getestet wurden, ausreichend gut beherrschen. Die Studie von Peal und Lambert wiederum könnte zweisprachige Kinder begünstigt haben.[229]

Doch in den folgenden Jahrzehnten häuften sich die Belege für die Vorteile der Zweisprachigkeit. In den meisten Studien wurden Kinder untersucht, die zweisprachig aufwuchsen, oder Erwachsene, die schon als Kinder zwei Sprachen gelernt hatten und sie noch immer jeden Tag benutzten. Kinder, die mit zwei Sprachen aufwachsen, können zum Beispiel sprachliche Aufgaben besser lösen, für die es nötig ist, die Form und den Inhalt des Gesagten zu unterscheiden: Sie haben ein größeres metasprachliches Bewusstsein, dazu später mehr. Aber auch bei Tests, die nichts mit Sprache zu tun haben, sind Zweisprachige oft überlegen – vor allem dann, wenn es darum geht, irrelevante Informationen zu ignorieren.

All diese Erkenntnisse sind vor allem mit dem Namen einer Forscherin verbunden: Ellen Bialystok. Die Psychologin erforscht seit vierzig Jahren, wie sich Zweisprachigkeit auf das Denken auswirkt. Sie arbeitet ebenfalls in Kanada, an der *York University* in Toronto, im englischsprachigen Teil des Landes. Kanada ist ideal für die Erforschung der Mehrsprachigkeit: Es hat zwei Amtssprachen, und es kommen viele Einwanderer ins Land, die ihre eigenen Sprachen mitbringen. In einer wegweisenden Studie legte Bialystok ein- und zweisprachigen Kindern Sätze vor und bat sie zu entscheiden, ob diese grammatisch korrekt waren oder nicht. Einige der Sätze waren inhaltlich völliger Unsinn, beispielsweise «Äpfel wachsen auf Nasen». «Kinder reagieren auf so etwas richtig empört», erzählt Bialystok. «Sie sagen meist, das ist verrückt, das kann man doch nicht sagen.» Zweisprachige

Kinder könnten dieses Unbehagen aber leichter überwinden und sich auf die Grammatik konzentrieren. Eine wichtige Fähigkeit: Dieses metasprachliche Bewusstsein sei nämlich der Schlüssel dazu, Sprache zum Lernen und Denken benutzen zu können.[230]

Warum aber fällt es Kindern, die zwei Sprachen sprechen, leichter, zwischen Form und Inhalt, zwischen Wichtigem und Unwichtigem zu unterscheiden? Die Antwort liegt in dem Hirnsystem, das unser Verhalten steuert und kontrolliert, erklärt Bialystok: «Man kann es sich als eine Art Generaldirektor vorstellen, der alles überwacht. Sein Job ist es, dafür zu sorgen, dass wir uns auf das Relevante konzentrieren und Ablenkungen ignorieren.» Bei zweisprachigen Menschen hat dieser Generaldirektor alle Hände voll zu tun. Denn immer, wenn sie sprechen, sind beide Sprachen aktiv. Das Kontrollsystem muss deshalb ständig dafür sorgen, dass die richtigen Wörter gewählt werden und der Sprecher bei der Sprache bleibt, die gerade gefragt ist. Und das ist offenbar ein ziemlich gutes Training. Menschen, die zweisprachig aufgewachsen sind und beide Sprachen jeden Tag benutzen, sind besser darin, sich auf eine Aufgabe zu konzentrieren und zwischen verschiedenen Aufgaben hin- und herzuwechseln. Ob sie auch besser darin sind, zwei Aufgaben gleichzeitig zu erledigen, testete Jason Telner, ein Doktorand von Bialystok. Sein Experiment ist für den Alltag nicht empfehlenswert: Er setzte ein- und zweisprachige Probanden in einen Fahrsimulator und gab ihnen über Kopfhörer zusätzliche Aufgaben. «Das war so, als ob sie Auto führen und gleichzeitig mit dem Handy telefonierten», erzählt Bialystok. Telner maß, wie sehr sich das Fahrverhalten der Testpersonen durch die Doppelbelastung verschlechterte. Und tatsächlich: Bei den Zweisprachigen sackte die Fahrleistung zwar auch ab, aber nicht so stark wie bei den Einsprachigen.[231]

Zweisprachigkeit führt also nicht zu kognitiven Einbußen, ganz im Gegenteil. Und das kann gerade Kindern aus sozial schwachen Einwandererfamilien zugutekommen, fand Bialystok heraus. Sie testete Kinder, die mit ihren Familien aus Portugal nach Luxemburg gekommen waren und beide Sprachen beherrschten. Überprüft wurden ihr Arbeitsgedächtnis, ihre Fähigkeit zum abstrakten Denken und zu selektiver Aufmerksamkeit und inwiefern sie in der Lage waren, störende Einflüsse zu unterdrücken.

In den beiden ersten Bereichen gab es keine Unterschiede zu einsprachigen Einwandererkindern, in den beiden letzten, in denen es um die kognitive Kontrolle geht, schnitten die zweisprachigen Kinder besser ab. «Einwandererkinder werden oft dazu gedrängt, ihre Herkunftssprache aufzugeben. Das ist gleich aus mehreren Gründen ein Fehler», betont Bialystok. «Es ist ein Verlust für die Familien, und es ist ganz einfach eine Vergeudung von Chancen.»

Menschen, die zwei Sprachen sprechen, haben allerdings auch einige Nachteile, doch diese liegen allein im sprachlichen Bereich: Sie haben in jeder ihrer Sprachen einen kleineren Wortschatz als Einsprachige, in Experimenten, in denen sie Bilder benennen sollen, sind sie langsamer und weniger genau, sie sind langsamer im Verstehen und Aussprechen von Wörtern, und ihnen fallen zu einem vorgegebenen Begriff weniger Wörter ein. «Der einfache Akt, ein geläufiges Wort abzurufen, ist für Zweisprachige aufwendiger», fasst Ellen Bialystok zusammen.[232] Das bedeutet aber nicht, dass sie im alltäglichen Leben hinterherhinken. «Zweisprachige Kinder, die von Geburt an zwei Sprachen ausgesetzt waren, erreichen ihre sprachlichen Meilensteine in jeder ihrer Sprachen zur selben Zeit und, vor allem, zur selben Zeit wie Einsprachige», betont die Neurowissenschaftlerin Laura-Ann Petitto von der *Gallaudat University* in Washington.[233]

Und beim Lernen weiterer Sprachen sind Zweisprachige absolut im Vorteil. Um eine Sprache möglichst gut und akzentfrei zu lernen, muss man die verschiedenen Laute auseinanderhalten können. Babys können das noch bei allen Sprachen dieser Welt, aber im Alter von etwa einem Jahr haben Kinder diese Fähigkeit verloren. Das ist bei zweisprachigen Kindern anders, stellte Petitto fest. Sie können selbst im Alter von einem Jahr die spezifischen Laute ihnen unbekannter Sprachen unterscheiden. Die Neurowissenschaftlerin spricht deshalb von einem «Wahrnehmungskeil», der bei Zweisprachigen die Tür zu anderen Sprachen offen hält.[234]

Die Auswirkungen auf die Hörfähigkeit scheinen sehr tiefgreifend zu sein, wie die Neurobiologin Nina Kraus von der *Northwestern University* in Illinois herausfand. Zweisprachig aufgewachsene Menschen können Sprachreize auch leichter von Störgeräuschen unterscheiden, ihr Hörsystem arbeitet unter schwierigen Bedingungen besser. Was aber entscheidend ist: Es war der Hirnstamm, der im Experiment deutlicher auf die Schlüsselreize reagierte. Das ist ein entwicklungsgeschichtlich alter Teil des Hirns, der für sehr grundlegende Funktionen zuständig ist. Eine solch fundamentale Anpassung des Gehirns kannte man bisher nur von Profimusikern.[235]

Der Generaldirektor altert langsamer

Besonders deutlich treten die Vorteile der Zweisprachigkeit bei Kindern zutage, bei jungen Erwachsenen sind sie weniger ausgeprägt und kommen oft erst zum Vorschein, wenn die jeweilige Aufgabe sehr schwierig ist. Doch Bialystok und andere Forscher stellten etwas äußerst Erstaunliches fest: Bei alten Menschen sind die kognitiven Vorteile durch die Zweisprachigkeit wieder sehr markant.

Zum ersten Mal konnte die Psychologin vor zehn Jahren Belege für dieses Phänomen sammeln. Sie ließ mittelalte und alte Erwachsene einen Test machen, in dem ihre Fähigkeit, ihre Aufmerksamkeit zu steuern, auf die Probe gestellt wurde. In beiden Altersgruppen schnitten zweisprachige Versuchspersonen besser ab, aber bei den Älteren war der Vorsprung der Zweisprachigen größer. Offenbar, so folgerte Bialystok, hilft das Training durch die Zweisprachigkeit, den altersbedingten Abbau aufzuwiegen – der «Generaldirektor» altert langsamer.[236]

Einige Jahre später entdeckte die Psychologin, was dabei auf neuronaler Ebene geschieht. Zusammen mit einigen Kollegen untersuchte sie die sogenannte Weiße Substanz im Hirn von älteren ein- und zweisprachigen Probanden. Während die Graue Substanz aus den Zellkörpern von Nervenzellen (den «grauen Zellen») besteht, ist die Weiße Substanz die Gesamtheit der Nervenbahnen im Gehirn. Ihre weiße Farbe erhalten sie durch die Myelinschicht, mit der sie umhüllt sind. Diese sorgt dafür, dass Reize schnell weitergeleitet werden und ans richtige Ziel gelangen. Im Alter wird diese Isolation zunehmend beschädigt, das Denkvermögen schwindet. Doch bei den zweisprachigen Menschen, die Bialystok untersucht hat, war sie in besserem Zustand als bei den einsprachigen, besonders im Corpus callosum, der die beiden Hirnhälften verbindet. Außerdem waren bei den Zweisprachigen die vorderen und hinteren Hirnregionen stärker miteinander vernetzt, stellte Bialystok fest: «Diese bessere strukturelle und funktionale Verschaltung kann eine neuronale Basis für eine ‹Hirnreserve› sein.»[237] Mit «Hirnreserve» beschreiben Forscher die kognitiven Ressourcen, von denen Menschen im Alter zehren können. Bildung, eine bessere berufliche Stellung, ein höherer sozioökonomischer Status sowie körperliche, intellektuelle und soziale Aktivitäten tragen dazu bei, die Denkfähigkeit länger zu erhalten. Und Zweisprachigkeit schützt ganz offensichtlich ebenfalls vor kognitivem Abbau. Durch das andauernde Training verändert sich das Hirn auch anatomisch, also sichtbar. Hirnforscher bezeichnen dieses Phänomen als «Plastizität». Bialystok und ihre Kollegen konnten zum ersten Mal nachweisen, dass die Zweisprachigkeit sich auch auf die Weiße Substanz, die Verbindungen der Nervenzellen, auswirkt. Für die Graue Substanz hatte das der Psychologe Andrea Mechelli schon früher festgestellt: Sie ist bei Zweisprachigen an einigen Stellen dichter.[238] Nun wurde Ellen Bialystok erst recht neugierig. Wäre es möglich, dass Zweisprachigkeit nicht nur den normalen Alterungsprozess verzögert, sondern auch einen positiven Effekt auf krankhafte Veränderungen des Hirns im Alter hat? Sie sah sich die Krankenakten von fast zweihundert Patienten genauer an, bei denen Demenz diagnostiziert worden war. Die Hälfte der Kranken war zweisprachig, die andere Hälfte nicht. Die Psychologin fand einen deutlichen Unterschied: Bei den Zweisprachigen war die Demenz drei bis vier Jahre später festgestellt worden als bei den Einsprachigen. Und das, obwohl Letztere sogar eine höhere Bildung und bessere berufliche Stellung gehabt hatten, was ja ebenfalls den kognitiven Abbau verzögern kann.[239]

Bialystok wiederholte die Studie mit zweihundert weiteren Patienten, bei denen Alzheimer vermutet wurde. Das Ergebnis bestätigte sich; die Zweisprachigen hatten ihre Diagnose vier Jahre später bekommen, und die ersten Symptome hatten bei ihnen sogar fünf Jahre später eingesetzt.[240] Wohlgemerkt: Auch zweisprachige Menschen bekommen Alzheimer und andere Formen von Demenz. Aber offenbar können sie den Verlust kognitiver Fähigkeiten länger ausgleichen, sodass er erst später auffällt und deshalb auch die Diagnose später gestellt wird. Das konnte Bialystok auch anhand von Hirnscans nachweisen.[241] Die Macht der Worte kann den geistigen Verfall durch Demenz aufhalten.

Die Welt in den Augen der anderen

Die Vorteile von Zweisprachigkeit gehen sogar noch darüber hinaus: Sie fördert neben kognitiven Fähigkeiten auch solche, die für das soziale Miteinander wichtig sind: Kinder, die mit zwei Sprachen aufwachsen, können sich besser in andere hineinversetzen. Das hat die Kognitionsforscherin Ágnes Kovács mit Experimenten herausgefunden, die dem klassischen «Smarties-Test», den wir in Kapitel 4 kennengelernt haben, sehr ähneln. Wieder geht es um die *Theory of Mind*, also die Fähigkeit, sich in andere hineinzuversetzen und Vermutungen darüber anzustellen, was sie wissen und was nicht. Und da schnitten zweisprachige Kinder besser ab als ihre einsprachigen Altersgenossen.[242] Das kann zum einen daran liegen, dass sie eine größere soziolinguistische Kompetenz haben: Sie müssen immer entscheiden, ob ihr Gegenüber beide Sprachen versteht oder nur eine, und wenn ja, welche. Das könnte ihre Fähigkeit fördern, darüber nachzudenken, was andere wissen können. Vielleicht sind sie aber auch gar nicht besser darin, die Perspektive von anderen einzunehmen, sondern vielmehr darin, ihre eigene Sichtweise zu unterdrücken. Dabei könnte wiederum der gut trainierte «Generaldirektor» im Hirn helfen, das kognitive Kontrollsystem. Wenn zweisprachige Kinder also im «Smarties-Test» wissen, dass statt Smarties Knöpfe in der Schachtel sind, dann können sie womöglich dieses Wissen besser für einen Moment ausschalten und die Situation mit den Augen einer Person betrachten, die die Knöpfe nicht gesehen hat und deshalb glauben muss, in der Schachtel seien Smarties. Werden diese Kinder also gefragt, was andere in der Schachtel vermuten, fällt es ihnen leichter zu sagen: «Smarties.»

Erwachsene haben zwar keine Schwierigkeiten damit, solche Testfragen richtig zu beantworten, aber auch sie sind normalerweise für einen kurzen Moment von ihrer eigenen Sicht der Dinge eingenommen. Das kann man mit Eye-Trackern feststellen, die wir bereits im Kapitel 5 kennengelernt haben. Wird also zum Beispiel in einem Experiment vor den Augen des Probanden ein Gegenstand aus einer Kiste herausgenommen und in einer anderen versteckt, ohne dass eine andere Person, die ebenfalls anwesend ist, diesen Ortswechsel mitbekommt, und wird dieser Proband dann gefragt, wo diese Person den Gegenstand vermutet, so wandern seine Augen für ein paar Sekundenbruchteile zu der Kiste, in der der Gegenstand tatsächlich steckt. Dann erst nimmt der Proband die Perspektive der unwissenden Person ein und deutet auf die leere Kiste, in der diese den Gegenstand vermuten muss. Die Psychologen Paula Rubio-Fernández und Sam Glucksberg haben einen solchen Versuch auch mit zweisprachigen Erwachsenen gemacht, und bei ihnen war die Ablenkung durch die eigene Perspektive tatsächlich geringer.[243] Zweisprachigkeit fördert also die *Theory of Mind*, und die wiederum ist die kognitive Voraussetzung für Empathie.

Angesichts all der Erkenntnisse, die Forscher in den vergangenen Jahrzehnten über die Auswirkungen von Zweisprachigkeit zusammengetragen haben, empfehlen inzwischen die meisten Fachleute Eltern, die zwei verschiedene Sprachen sprechen, ihre Kinder zweisprachig zu erziehen. Forscher wie Ellen Bialystok sehen darin ein großes Geschenk.

Aber natürlich hat nicht jeder das Glück, zwei Sprachen in die Wiege gelegt zu bekommen. Was ist mit all denen, die erst später mit mehr oder weniger großer Mühe eine Fremdsprache lernen? Können auch sie von den Vorteilen der Zweisprachigkeit – kognitive Flexibilität, Schutz vor Demenz, Empathiefähigkeit – profitieren? Darüber gehen die Ansichten auseinander. Manche Forscher, wie der Neurowissenschaftler Brian Bold von der *University of Kentucky*, meinen, Sprachenlernen im Erwachsenenalter gehöre im besten Fall in die «Kann-nicht-schaden-Kategorie».[244] Andere, wie die Psychologin Viorica Marian von der *Northwestern University* in Illinois, glauben dagegen, man könne nicht nur in jedem Alter eine Sprache lernen, sondern dadurch auch kognitive Vorteile erlangen.[245] Die Neurowissenschaftlerin Laura-Ann Petitto konnte immerhin nachweisen, dass auch Kinder aus einsprachigen Elternhäusern davon profitieren, in eine zweisprachige Schule zu gehen. Sie konnten besser lesen als gleichaltrige Schüler, die einsprachige Schulen besuchten.[246]

Doch auch Befürworter der Zweisprachigkeit wie Ellen Bialystok räumen ein, dass der Leistungsschub bei Erwachsenen normalerweise nicht so groß ist wie bei Kindern. Dennoch sei es natürlich von Vorteil, eine neue Sprache zu lernen, weil es eine anregende Tätigkeit sei und eine gute Möglichkeit, das Hirn zu trainieren. Und das sei bei weitem noch nicht das Wichtigste, betont Ellen Bialystok: «Eine neue Sprache zu lernen, verbindet mit anderen Menschen, anderen Denkweisen und anderen Kulturen. Es eröffnet eine neue Welt. Selbst wenn es das Hirn nicht verändert, hat es ziemlich viele Vorteile.»

Die Verwandlung

Eine neue Sprache kann uns sogar helfen, andere Facetten unserer Persönlichkeit auszuleben und neue Perspektiven auf das Leben zu gewinnen. Denn Mehrsprachigkeit prägt einen Menschen auch in seinem Herzen und womöglich sogar sein Wesen. Jede Sprache bietet andere Ausdrucksmöglichkeiten, vermag andere Gefühle zu wecken, aber auch kulturelle Werte, Rollenbilder und Haltungen zu übertragen. Wer eine neue Sprache lernt, erweitert sein Verhaltensrepertoire. Untersuchungen zeigen zum Beispiel, dass schüchterne Personen in einer Fremdsprache manchmal ungehemmter aus sich herausgehen können. Einige bemerken an sich selbst sogar eine veränderte Körpersprache, Mimik oder Stimme. Die Fremdsprache wird mitunter zu einer willkommenen Verkleidung oder Maske. Zwar fühlen sich einige dabei nicht ganz authentisch, das muss aber gar nicht schlecht sein. Eine Frau beschrieb das in einer Studie britischer Forscher so: «Meine Muttersprache zu sprechen, ist so, wie in meiner eigenen Haut zu sein – ein ganz natürliches und angenehmes Gefühl. Meine Zweitsprache zu nutzen, ist in etwa so, wie hinreißende Kleider und Make-up für den Abend zu tragen – kein völlig natürlicher Zustand, aber einer, der mir erlaubt, zu strahlen und wunderschön zu erscheinen.»[247] Die Verwandlung macht vielen Spaß. Sie haben das Gefühl, sich selbst neu erfinden zu können. «Englisch scheint das Ich zu sein, das ich immer schon gewesen bin. Spanisch ist die Person, die ich gern werden möchte», sagte die Teilnehmerin einer anderen Studie.[248] Eine fremde Sprache entrückt uns dem Alltag. Sie kann einen Menschen befreien – auch von starken Gefühlen.

Wie schon in Kapitel 5 beschrieben, ist eine Zweit- oder Drittsprache, die wir später lernen, emotional oft nicht so tief in uns verankert wie unsere Muttersprache. Die emotionale

Resonanz ihrer Worte ist geringer, daher fällt es manchmal leichter, bestimmte Dinge in einer Fremdsprache auszusprechen. Schimpfwörter zum Beispiel, aber auch Liebesbekenntnisse oder furchterregende Gedanken. Schon Sigmund Freud stellte fest, dass einige seiner Patienten lieber in ihrer Zweitsprache über belastende oder obszöne Themen redeten. Psychotherapeuten machen sich diese emotionale Distanz manchmal sogar zunutze, damit Patienten sich behutsam traumatischen Erinnerungen annähern können, die in ihrer Muttersprache unaussprechlich wären. Sogar Schriftsteller wählen mitunter eine andere als ihre Muttersprache, um sich beim Schreiben von zu engen emotionalen Bindungen zu lösen. Joseph Conrad etwa schrieb seine Bücher bekanntlich auf Englisch. Dabei war Conrad gebürtiger Pole und Englisch – nach Polnisch und Französisch – nur seine Drittsprache. Seinem Biographen Frederick Karl zufolge schrieb er nicht auf Polnisch, um sich von seinem Vater und seinem Heimatland zu distanzieren.[249]

Der spanische Dichter und Schriftsteller Felipe Alfau wiederum nutzte für seine Werke sowohl seine Muttersprache als auch seine Zweitsprache Englisch, allerdings für unterschiedliche Zwecke: «Die Gedichte schrieb ich in meiner Muttersprache, da Poesie zu nah am Herzen ist, wohingegen Fiktion eine mentale Aktivität ist, eine Erfindung, etwas Fremdes, Distanziertes.»[250]

Gerade weil Fremdsprachen einen distanzierteren Blick ermöglichen, können sie in Situationen hilfreich sein, in denen ein kühler Kopf gefragt ist. Der Psychologe Boaz Keysar von der *University of Chicago* und seine Kollegen fanden Hinweise darauf, dass Menschen rationaler handeln, wenn sie Entscheidungen in einer Fremdsprache treffen. Die Forscher erweiterten ein berühmtes Experiment des Ökonomie-Nobelpreisträgers Daniel Kahneman. Dieser hatte vor Jahren demonstriert, dass Menschen stärker dazu neigen, mögliche Verluste zu vermeiden, als mögliche Gewinne einzufahren. Werden sie explizit mit der Möglichkeit eines Verlustes konfrontiert, entscheiden sie anders als bei der Betonung möglicher Gewinne. Selbst wenn das Risiko in beiden Fällen identisch ist. Angenommen, es geht darum, mit Hilfe des richtigen Behandlungsprogramms eine schwere Epidemie zu bekämpfen. Viele Menschenleben stehen auf dem Spiel. Das eine Programm würde von insgesamt 600 Menschen mit Sicherheit 200 «retten», das andere Programm hingegen würde ein Risiko beinhalten: entweder sterben alle oder alle überleben. Wie verhalten wir uns?

Studien ergaben: Wir entscheiden uns tendenziell eher dafür, 200 Menschen mit Sicherheit zu retten – lieber den Spatz in der Hand als die Taube auf dem Dach. Wir gehen auf Nummer sicher. Dabei könnten wir womöglich alle 600 retten, wenn wir bereit wären, ein Risiko einzugehen. Aber das erscheint uns zu gefährlich. Wird nun aber die Frage anders formuliert, ändern wir unser Verhalten. Vor die Wahl gestellt, von den 600 Menschenleben mit Sicherheit 400 «zu verlieren» oder ein Risiko einzugehen, dass alle sterben oder alle überleben, wählen wir tendenziell eher die zweite Variante. Wir wählen das Risiko. Denn 400 Tote erscheinen zu viel. Dabei sind 400 Tote in diesem Szenario nichts anderes als die 200 garantiert geretteten Leben im ersten. Die Ausgangslage ist in beiden Fällen die gleiche, aber die unterschiedliche Beschreibung verzerrt die Wahrnehmung.

Unsere Risikobereitschaft hängt also davon ab, wie ein und dieselbe Situation geschildert wird. Das ist irrational. So weit die Erkenntnisse von Kahneman. Das Team von Boaz Keysar wiederholte die Studie mit ähnlichen Fragestellungen, aber einer bedeutenden Abwandlung: Mal wurden die Versuchspersonen mit der Entscheidung in ihrer Muttersprache konfrontiert, mal in ihrer Zweitsprache. Keysar und seine Kollegen testeten unter anderem Amerikaner, die Japanisch gelernt hatten, und Koreaner, die auch Englisch sprachen. Mal ging es um hypothetische Menschenleben, mal um handfeste finanzielle Entscheidungen. Dabei ergab sich eine interessante Verschiebung: Wann immer die Probanden in ihrer Zweitsprache entschieden, fielen deutlich weniger von ihnen der emotionalen Verzerrung zum Opfer. Sie ließen sich von den Formulierungen nicht so leicht manipulieren. Ihre Entscheidungen wurden rationaler. Offenbar begriffen die Probanden, dass das beschriebene Szenario immer dasselbe war. Die Forscher waren überrascht. Es hätte durchaus auch sein können, dass die Fremdsprache zu viele kognitive Ressourcen bindet und die Entscheidungen umso irrationaler werden. Aber das Gegenteil war der Fall. Es scheint, als würden Menschen ein bisschen weiser, wenn sie eine Fremdsprache sprechen. Das klingt unglaublich, aber die Erklärung der Forscher ist recht simpel: Eine Fremdsprache zwingt dazu, bewusster nachzudenken. Das Denken verlangsamt sich, wird weniger intuitiv, spontane emotionale Eingebungen verlieren an Kraft – und das schützt vor einer verzerrten Wahrnehmung. Man kann Risiken realistischer einschätzen.[251] Und das könnte – finanziell gesehen – auf lange Sicht sehr nützlich sein. Einen Sprachkurs zu belegen, zahlt sich also womöglich doppelt aus.

In einer Fortsetzung der Studie entdeckte Keysar gemeinsam mit anderen Forschern, wie Sprache das moralische Empfinden beeinflusst. Wieder nutzten sie dafür ein berühmtes Gedankenexperiment: Angenommen, ein Zug rast auf eine Gruppe von fünf Menschen zu – er wird sie töten, das ist abzusehen; die einzige Möglichkeit, den Zug aufzuhalten, besteht darin, einen kräftigen Mann auf die Gleise zu stoßen, der das Gefährt mit seinem Körper abbremst. In diesem Fall würde eine Person sterben, die fünf anderen dagegen gerettet werden. Wäre es richtig, den Mann auf die Gleise zu stoßen? Wie würden Sie entscheiden?

Es ist eine unbequeme, aber beliebte Frage in Studien zum Moralempfinden. Immer wieder zeigt sich dabei, dass die meisten Menschen es nicht über sich bringen würden, den Mann vor den Zug zu schubsen. Obwohl sie mehr Personen retten könnten, erscheint es ihnen moralisch falsch, dafür ein anderes Leben bewusst zu opfern und dies auch noch mit den eigenen Händen zu tun. Die emotionale Last dieser Entscheidung wäre für die meisten zu groß. Etwas anders sieht die Sache allerdings aus, wenn Testpersonen in einer Fremdsprache mit diesem moralischen Dilemma konfrontiert werden. Darauf deutet die neue Studie hin: In einer Fremdsprache entschieden sich dabei deutlich mehr Probanden dafür, den einen Mann zu opfern, um die Gruppe zu retten.[252] Sie entschieden häufiger utilitaristisch. Das bedeutet, sie gingen nach dem Prinzip vor: Fünf Leben sind mehr wert als eines. Sie kalkulierten nach maximaler Nützlichkeit, man könnte auch sagen: kühler. Die emotionale Bürde der Moral lastet in einer Fremdsprache offenbar nicht so stark auf dem Bewusstsein. Es ist ein weiterer erstaunlicher Befund, der zugleich irritiert. Sollte unser Moralempfinden nicht immer dasselbe sein? Sollten wir einem Menschenleben nicht immer denselben Wert beimessen? Eigentlich schon, sagt uns der gesunde Menschenverstand. Aber anscheinend ist das nicht der Fall.

Das heißt jedoch nicht, dass ein Mensch zum emotionslosen Roboter wird, wenn er statt Deutsch nun Englisch oder Chinesisch spricht. Die Angelegenheit ist komplexer, wie immer, wenn Gefühle im Spiel sind. Denn persönliche Erfahrungen und die individuellen Umstände, unter denen man eine Sprache lernt und spricht, spielen ebenfalls eine

Rolle. Vielleicht nicht bei finanziellen oder moralischen Entscheidungen, wohl aber für die Stimmung, in die die Sprache einen Menschen versetzt. Wer sich beim Auslandssemester unter den Platanen von Aix-en-Provence verliebte, wird Französisch vielleicht sein Leben lang als besonders romantisch empfinden. Womöglich wird es ihm auch leichter fallen, von dieser Liebesbeziehung auf Französisch zu erzählen. Bei einem anderen mag die gleiche Sprachmelodie Unbehagen hervorrufen, weil sie ihn an eine einsame Zeit in einem ungeliebten Auslandsjob erinnert. «Emotionen und Zweisprachigkeit stellen eine sehr komplizierte und auch sehr persönliche Realität her, die keine festen Regeln besitzt», sagt der mehrsprachige Psycholinguist François Grosjean.[253]

Aneta Pavlenko, die amerikanische Linguistin, die einst mittellos aus der Ukraine einwanderte, kann dies bestätigen. Heute sind Englisch und Russisch die wichtigsten Sprachen für sie, und beide haben sehr unterschiedliche emotionale Spuren in ihr hinterlassen. Das Russische hat für sie keine neutralen Wörter, alle sind getränkt von Emotionen. Russisch erinnert sie an ihre Familie, die Freundschaften und das Glück ihrer Kindheit, aber auch an das Gefühl, im eigenen Land unterdrückt zu werden. Russisch sei die Sprache des verhassten Systems, das sie als Jüdin und Frau unterdrückte, sie zur stummen Sklavin machen wollte, schreibt Pavlenko.[254] Englisch dagegen stehe für Freiheit. Englisch ist die Sprache, in der sie alles sagen durfte. In einem Land, in dem sie alles tun konnte. Jede ihrer Sprachen binde sie auf andere Weise – mit Banden, die sich nicht abschütteln ließen.

Worte und Normen

Geprägt durch die eigene Erfahrung begann Aneta Pavlenko, die Identitäten mehrsprachiger Menschen systematisch zu erforschen. In einer der größten Befragungen zu diesem Thema sammelte sie Aussagen von mehr als tausend multilingualen Personen aus verschiedenen Ländern. Auf die Frage: «Fühlen Sie sich manchmal wie eine andere Person, wenn Sie Ihre andere Sprache verwenden?» reagierten viele mit Enthusiasmus. Die Frage schien die meisten sehr zu beschäftigen. Fast zwei Drittel der Befragten beantworteten sie mit «ja». Es stellte sich heraus, dass dafür nicht nur die emotionale Prägung und der individuelle Lernkontext verantwortlich waren, sondern auch die Besonderheiten und Kulturen der Länder, aus denen die jeweiligen Sprachen stammten. Eine andere Sprache zu sprechen, bedeute auch, Teil einer anderen Gemeinschaft zu sein, erklärten einige der Befragten.[255]

Sprachen scheinen einen bestimmten Code in sich zu tragen, der die Identität von Menschen beeinflussen kann. Denn jede überträgt ein Konzept, einen kulturellen Rahmen. Jede weckt landestypische Assoziationen und Erinnerungen.

Ein kleines Experiment demonstriert das recht anschaulich: Als bilinguale Chinesen auf Englisch nach einer Statue oder Touristenattraktion gefragt wurden, erinnerten sie sich eher an die Freiheitsstatue und den Grand Canyon. Wurden sie dagegen auf Mandarin befragt, kamen ihnen eher die Mao-Statue und die Chinesische Mauer in den Sinn.[256]

Es scheint, als aktivierten die Wörter einer Sprache ein spezifisches Wissen und versetzten Menschen mental in das jeweilige Land. Sie erinnern sich dann besser an Dinge, die sie in diesem Land und in dieser Sprache kennengelernt oder erlebt haben. Außerdem werden ihnen auch die Normen und Rollenbilder dieser Kultur stärker bewusst. Gerade bei Zweisprachigen, die in verschiedenen Kulturen gelebt und deren Werte über Jahre verinnerlicht haben, lässt sich das beobachten. Sie betrachten Situationen zum Teil sehr unterschiedlich, je nachdem, in welcher Welt sie sich sprachlich gerade befinden. Erste Hinweise darauf fand die Psychologin Susan Ervin-Tripp in den sechziger Jahren. Sie bat unter anderem Japanerinnen, die in Amerika lebten, Sätze zu vervollständigen – mal auf Japanisch, mal auf Englisch. Dabei ergaben sich bemerkenswerte Unterschiede. So fügte eine Japanerin zum Beispiel bei dem Satzbeginn «Echte Freunde sollten ...» auf Japanisch hinzu: «... sich gegenseitig helfen.» Im Englischen lautete das Satzende dagegen: «... sehr offen zueinander sein.» Ein anderes Mal begann der Satz mit «Wenn meine Wünsche im Widerspruch zu meiner Familie stehen ...». Auf Japanisch ergänzte eine Teilnehmerin: «... dann ist dies eine Zeit großer Traurigkeit.» Auf Englisch sagte sie: «... dann tue ich das, was ich will.»[257] In den Antworten der Frauen fanden sich demnach Hinweise auf kulturelle Normen. Ein Sprachwechsel sei womöglich mit einer Verschiebung sozialer Rollen und emotionaler Haltungen verbunden, folgerte Ervin-Tripp. Es ist fast so, als würde die Sprache einen Schalter im Kopf umlegen.

Die Unterschiede, die sich daraus ergeben, sind längst nicht so dramatisch wie die einst unterstellte gespaltene Persönlichkeit von Mehrsprachigen. Dennoch: Zu einem gewissen Grad scheinen zweisprachige Menschen verschiedene Konzepte ihres Ichs zu besitzen, die an die Werte der jeweiligen Kultur gekoppelt sind. Sprache kann diese Konzepte aktivieren. Darauf deuten Erkenntnisse über chinesische Studenten in Kanada hin. Diese wurden von Wissenschaftlern nach ihrem Selbstbild befragt, manche auf Mandarin oder Kantonesisch, andere auf Englisch. Die Berichte der einen unterschieden sich deutlich von denen der anderen:

Auf Mandarin oder Kantonesisch berichteten die Probanden über ein geringeres Selbstwertgefühl als jene, die auf Englisch erzählten, und die chinesischen Berichte rückten die eigene Person auch weniger stark in ein positives Licht als die englischen. Während die Teilnehmer auf Englisch vor allem vorteilhafte Eigenschaften von sich erwähnten, gestanden sie im Chinesischen auch negative Seiten ein.[258] Es schien, als würden sich die Studenten je nach Sprache wie durch eine andere Brille betrachten. Vielleicht weil es in englischsprachigen Ländern üblicher ist, die eigene Person hervorzuheben und möglichst gut dazustehen, während Menschen in kollektivistischen Kulturen zurückhaltender sind und eher die Gemeinschaft betonen. Darauf deutet auch eine Studie mit russischen Migranten in den USA hin. Dabei befragten zwei Wissenschaftlerinnen die Probanden nach autobiographischen Erinnerungen. Auf Stichworte wie Sommer, Geburtstag, Hund, Schnee, Arzt oder Freund sollten sie von einem Ereignis aus ihrem Leben erzählen, das ihnen dazu einfiel. Alle Personen wurden sowohl auf Englisch als auch auf Russisch befragt – und erzählten je nach Sprache völlig andere Geschichten. Die englischen Erzählungen kreisten eher um die eigene Person, was sich auch in der Häufigkeit des Wortes «ich» widerspiegelte, während die russischen Berichte andere Personen in den Vordergrund stellten und häufiger das «Wir» betonten.[259]

Die englische Sprache scheint demnach jene individualistische Haltung wachzurufen, die in englischsprachigen Kulturen üblich ist. Kulturelle Unterschiede sickern in die Sprache, beeinflussen kognitive Vorgänge und letztlich auch das Konzept des eigenen Ichs, folgern die Forscherinnen. Dieser Effekt wirkt sogar bis in die Gefühlswelt hinein. So berichteten Chinesen in einer Studie, dass sie ihrer Wut viel leichter auf Englisch Luft machen könnten, da die amerikanische Kultur – anders als die chinesische – ihnen nicht auferlege, den eigenen Ärger zu unterdrücken. Im Englischen könnten sie den kulturellen Normen entfliehen und ihre Wut ungehemmter ausleben.[260]

Man könnte sagen, Menschen nehmen je nach Sprache sich selbst und ihre Umwelt etwas anders wahr. Sie legen einen anderen Maßstab an – und beurteilen auch andere Personen nicht immer gleich. Das zeigt die Geschichte von Andreas beziehungsweise Andy. Es ist die Geschichte eines ambitionierten jungen Mannes, der nach seinem Abschluss an einer Elite-Universität seine gesamte Energie in seine Karriere investiert, im Gegenzug jedoch kaum noch Zeit für seine Freundin und seine alleinstehende Mutter hat. Was soll man von ihm halten? Muss man ihn bemitleiden oder ihm Vorwürfe machen? Die Antwort, so zeigte sich, ist auf Griechisch eine andere als auf Englisch. Die zypriotische Psychologin Alexia Panayiotou hatte bilingualen Probanden die Geschichte des jungen Mannes zu lesen gegeben, zunächst auf Englisch, später auf Griechisch. Der Text war so gut wie identisch, die Reaktionen jedoch nicht. Auf Griechisch weckte die Geschichte von Andreas sowohl bei Griechen als auch bei Amerikanern tendenziell eher Besorgnis. Manche stimmte die Geschichte traurig, andere sagten, man müsse den jungen Mann warnen. Andy, die englische Version von Andreas, wirkte dagegen auf beide Gruppen eher unsympathisch. Sie hatten weniger Verständnis für seine Prioritäten und hielten ihn zum Teil für selbstsüchtig.[261] Die Probanden maßen ganz offensichtlich mit zweierlei Maß. Und dieses Maß richtete sich nach der Sprache. Zwar war die Teilnehmerzahl dieser Studie gering, man kann die Ergebnisse daher nicht verallgemeinern. Andere Studien deuten aber auf ähnliche Phänomene hin. So fand der Marketing-Forscher David Luna heraus, dass bilinguale Frauen Darstellerinnen in Werbefilmen als extrovertierter und unabhängiger empfinden, wenn diese Spanisch statt Englisch sprechen. Und auch die Zuschauerinnen selbst waren derart beeinflussbar. Nach eigenen Angaben fühlten sie sich ebenfalls durchsetzungsfähiger, wenn sie Spanisch sprachen.[262]

Barcelona in Bottrop

Andere Wörter und Sprachstile lassen offenbar andere Facetten der Persönlichkeit hervortreten. Manche Menschen fühlen sich auf Griechisch lebendiger, auf Spanisch zärtlicher, auf Russisch sentimentaler, auf Englisch kühler oder auf Französisch aggressiver. In der Literatur zur Mehrsprachigkeit gibt es etliche Berichte solcher Verwandlungen. Dass es sich dabei nicht bloß um Hirngespinste handelt, zeigen Persönlichkeitstests mit zweisprachigen Probanden. Kürzlich haben etwa Psychologen aus dem Forschungsprojekt *Languages of Emotions* der *FU Berlin* untersucht, ob Spanier und Deutsche ihre Persönlichkeit verändern oder zumindest selbst anders wahrnehmen, wenn sie die jeweils andere Sprache sprechen. Sie testeten ganz bewusst Personen, die nicht mit beiden Sprachen und Kulturen aufgewachsen waren, sondern die Fremdsprache im Schnitt erst mit zwanzig Jahren gelernt hatten. Die Forscher nahmen deshalb an, dass sie auch die mit der neuen Sprache verbundenen kulturellen Werte erst nach der Pubertät kennengelernt hatten – also zu einem Zeitpunkt, an dem sich die Persönlichkeit weitgehend stabilisiert hat. Können auch solche späten Fremdsprachenlerner noch neue Seiten an sich entdecken und sich verändern? Die Forscher wollten dies mit Hilfe standardisierter Fragebögen herausfinden. Als Maß dienten ihnen dabei die sogenannten

Big Five, die Standarddimensionen der Persönlichkeitsforschung: Extraversion (extrovertiert/introvertiert), Neurotizismus (emotional stabil/labil), Gewissenhaftigkeit, Verträglichkeit und Offenheit für neue Erfahrungen. Bei einem Big-Five-Test müssen Teilnehmer zum Beispiel angeben, ob sie auf Partys gern im Mittelpunkt stehen, ob sie sich häufig Sorgen machen und launisch sind, wie ernst sie die Probleme anderer Leute nehmen und ob sie ihren Verpflichtungen immer sofort nachkommen.

Aus allen Antworten ergeben sich dann Werte für die fünf verschiedenen Dimensionen. Um einen etwaigen Effekt der Sprache zu ermitteln, sollten die Probanden den Fragebogen mit etwas zeitlichem Abstand zweimal ausfüllen, einmal auf Deutsch, einmal auf Spanisch. Die Reihenfolge variierte. Aber das Ergebnis war immer das gleiche: Unabhängig von der Muttersprache erreichten die Probanden beider Gruppen im Schnitt höhere Werte für Extraversion und Neurotizismus, wenn sie den Persönlichkeitstest auf Spanisch ausfüllten. Sie schätzten sich dann also beispielsweise als gesprächiger und dominanter ein, aber auch als emotional etwas instabiler. Im Gegenzug stellten sich beide Gruppen als verträglicher dar, wenn Deutsch die Testsprache war.[263]

Das Ergebnis legt nahe, dass das Erlernen einer Sprache automatisch neue kulturelle Konzepte und Codes mit sich bringt, egal zu welchem Zeitpunkt. Selbst wenn man nicht mit der Kultur eines Landes aufgewachsen ist, sondern vielleicht nur eine Weile dort gelebt hat. Dadurch, so die Vermutung der Forscher, erhöhe sich die Bandbreite der Persönlichkeit eines Menschen. Er kann andere Facetten an sich wahrnehmen und ausleben. «Man nimmt kulturelle Codes sehr schnell und unbewusst an. Und die werden natürlich in der Sprache klar vermittelt», sagt Markus Conrad, einer der beteiligten Forscher. Er glaubt, dass deutsche Muttersprachler tatsächlich extrovertierter werden, wenn sie Spanisch sprechen.

Conrad spricht selbst Spanisch und lebt derzeit auf Teneriffa. Dort reden ihn die Leute mit «mi niño» an, «mein Junge». Das ist sehr nett gemeint. Zwar erscheine einem die zärtliche Anrede mit der Zeit normal. «Aber sie verliert trotzdem nicht ihre Wirkmacht», glaubt Conrad. «Man ist ständig mit einer in der Sprache vermittelten anderen Konzeption von menschlicher Beziehung konfrontiert. Und das geht in Fleisch und Blut über. Wenn man zwischen den Sprachen hin und her wechselt, hat man gar keine andere Wahl, als diese kulturellen Codes mitzubenutzen.» Conrad sagt, er kann nur jedem Deutschen raten, Spanisch zu lernen. Seiner eigenen Erfahrung nach färbe das den Blick auf die Welt positiver.

Jemand, der auf Teneriffa lebt, hat natürlich leicht reden. Doch Conrads Studie deutet darauf hin, dass der Wohnort nicht unbedingt eine Rolle spielt – dass auch Bottrop sich ein bisschen wie Barcelona anfühlen kann, wenn man dort nur oft genug Spanisch spricht. Egal wo – mit einer neuen Sprache weitet sich immer auch die Perspektive auf das Leben. Denn jede bietet ein anderes Repertoire, um unsere Erfahrungen in Worte zu fassen. Der Schriftsteller Ilija Trojanow, ein begnadeter Mehrsprachler, hat einmal gesagt, dass man in jeder Sprache, die man halbwegs gut beherrscht, ein anderes Leben führt, weil jede Sprache eigene Rollen schafft und andere Möglichkeiten bietet, sich als Mensch auszudrücken. Beim Denken könne er sich aus den jeweiligen Sprachen «die Rosinen herauspicken» und die Ausdrücke verwenden, die ihm am besten geeignet erscheinen.[264] Insofern kann jede weitere Sprache die menschliche Existenz begreifbarer machen, eine engere Verbindung zwischen Erlebtem und Worten stiften. Manchmal findet man erst in einer Fremdsprache einen Begriff, nach dem man ein Leben lang gesucht hat. Ein einzigartiges Wort, mit dem sich die innere Welt der Gefühle und Gedanken so präzise beschreiben lässt, wie es in der Muttersprache nicht möglich wäre. Als der Deutsche Sprachrat vor einigen Jahren nach dem schönsten deutschen Wort suchte, schlug eine Spanierin das Wort «Fernweh» vor. Die Entdeckung dieses Begriffs hatte sie offenbar sehr glücklich gemacht. «Bis ich angefangen habe, Deutsch zu lernen, habe ich dieses Gefühl nicht benennen können», erklärte sie. «Es ist komisch, etwas zu spüren und kein Wort dafür zu haben.»[265]

Die Spiegelung des Mondes im Wasser

Zu erfahren, wie Menschen in anderen Ländern über die Dinge reden, ist ein Abenteuer an sich. Wer Fremdsprachen lernt, kann zum Beispiel erfahren, dass die Norweger ein Wort haben, um die Wetterlage, gleich nachdem der Regen aufgehört hat, zu beschreiben: Oppholdsvær. Man lernt vielleicht, dass der Mülleimer im Französischen den klangvollen Namen Poubelle trägt, während die Erdbeere auf Schwedisch Jordgubbe heißt. Man kann das Gefühl bekommen, dass auf Hindi wichtige Verben wie Frauennamen klingen: ana (kommen), lena (nehmen), pina (trinken), lana (bringen), jana (gehen). Und vielleicht stößt man auch auf jenen Begriff, der vor einigen Jahren zum schönsten Wort der Welt gewählt wurde: das türkische Wort Yakamoz – die Spiegelung des Mondes im Wasser.[266]

Es ist bestimmt kein Zufall, dass so viele herausragende Schriftsteller mehrsprachig sind. Wer aus einem so reichen Repertoire schöpfen kann, sieht sicher andere Bilder vor seinem inneren Auge und baut womöglich eine innigere Beziehung zu den Wörtern auf, weil keines ihm selbstverständlich erscheint. Die Nobelpreisträgerin Herta Müller etwa lernte als Jugendliche Rumänisch und stellte beeindruckt fest, wie sich die Dinge und Lebewesen durch die neue Sprache verwandelten. Der Gaumen war plötzlich ein «Mundhimmel» (cerul gurii). Und die Schwalbe hieß nun «Reihensitzchen» (rîndunica), was Herta Müller sehr passend erschien. War ihr doch schon aufgefallen, dass die Schwalben jeden Sommer in dichten schwarzen Reihen auf Drähten saßen. Und nun staunte sie, wie schön man die Tiere benennen konnte. «Es wurde immer öfter so, dass die rumänische Sprache die sinnlicheren, auf mein Empfinden besser passenden Wörter hatte als meine Muttersprache», schreibt Herta Müller in einem Essay.[267] Den Spagat der Verwandlung habe sie nicht mehr missen wollen. Zwar habe sie in ihren Büchern noch keinen Satz in ihrer Zweitsprache geschrieben. «Aber selbstverständlich schreibt das Rumänische immer mit, weil es mir in den Blick hineingewachsen ist.»

Die biblische Geschichte vom Turmbau zu Babel erzählt davon, wie Gott die Menschen verwirren will, indem er ihre Gemeinschaft zerschlägt und sie durch verschiedene Sprachen auseinandertreibt. Was mussten sie auch einen Turm bauen, dessen Spitze bis in den Himmel reicht? Nie wieder sollen die Menschen sich zusammentun und seiner Macht gefährlich werden können. Die fremden Sprachen sollen sie trennen. Fremdsprachenlernen bedeutet dieser Logik zufolge Macht. «Sprache ist die eine Sache, die uns Menschen in die Nähe der Götter rückt», sagt die Kommunikationsforscherin Christina Kotchemidova.[268]

Wer die Macht der Worte am eigenen Leib erfahren möchte, für den gibt es nur einen Rat: Wir sollten unseren Mund weit öffnen, Jordgubben essen und vom Yakamoz schwärmen – und so viele fremde Wörter wie möglich an unserem Mundhimmel aufsteigen lassen. Auch wenn dann das Fernweh kommt. Das kennen wir ja gut.

Danksagung

Wir danken

den Wissenschaftlern des Exzellenz-Clusters *Languages of Emotion* der *FU Berlin* für die Einblicke in ihre einmaligen Forschungsprojekte;

Thomas Berg von der *Universität Hamburg* und Holden Härtl von der *Universität Kassel* für ihren Expertenrat;

dem *Deutschen Tagebucharchiv* in Emmendingen (www.tagebucharchiv.de) für das Vertrauen und den Zugang zu einem besonderen, unvergesslichen Teil deutscher Zeitgeschichte;

Heike Wilhelmi, die uns bei unserem ersten Buchprojekt begleitet und das Kleingedruckte von uns ferngehalten hat;

Ulrike Martzinek, weil ihre Worte uns schon so oft geholfen haben;

Katrin Elger und Anna Marohn für ihren nicht endenden Zuspruch und den wachsamen Blick auf den letzten Metern;

Jens Lubbadeh für seine Unterstützung, auch in den Momenten, in denen es keine Worte gab;

Burak Kara für alles, was passiert wurde, ve sözleri ve sözü için.

Und allen, die uns immer wieder inspiriert und ermutigt haben und sich von unserer Begeisterung für die Macht der Worte anstecken ließen.

Anmerkungen

1 Daniel Tammet (2010): Wolkenspringer. Piper Verlag
2 Philip Bethge (2009): Picknick im Genitiv. Der Spiegel, 02.03.2009
3 Philipp Hübl (2009): Kleines i. Deutsch für Anfänger. Frankfurter Allgemeine Zeitung, 11.03.2009
4 Vilayanur Ramachandran (2007): Vortrag auf der TED-Konferenz. Auf: http://www.ted.com/talks/vilayanur_ramachandran_on_your_mind»#t-19733
5 Vilayanur Ramachandran, Edward Hubbard (2001): Synaesthesia – A Window into Perception, Thought and Language. Journal of Consciousness Studies, Bd. 8, Nr. 12
6 Wolfgang Köhler (1949): Gestalt Psychology. Liveright, New York
7 Arthur Jacobs, Raoul Schrott (2011): Gehirn und Gedicht. Wie wir unsere Wirklichkeiten konstruieren. Carl Hanser Verlag
8 Daniel Tammet (2007): Elf ist freundlich und Fünf ist laut. Ein genialer Autist erklärt seine Welt. Patmos Verlag
9 Vilayanur Ramachandran, Edward Hubbard (2003): Hearing Colors, Tasting Shapes. Scientific American, Mai 2003
10 Vilayanur Ramachandran (2012): The Tell-Tale Brain. A Neuroscientist's Quest for What Makes Us Human. W. W. Norton & Company
11 Vilayanur Ramachandran, Edward Hubbard (2003): Hearing Colors, Tasting Shapes. Scientific American, Mai 2003
12 Edward Sapir (1929): A Study in Phonetic Symbolism. Journal of Experimental Psychology, Bd. 12, Nr. 3
13 L. J. Shrum et al. (2012): Sound Symbolism Effects Across Languages. Implications for Global Brand Names. International Journal of Research in Marketing, Bd. 29, Nr. 3
14 Patrick D. Thompson, Zachary Estes (2011): Sound Sym-

bolic Naming of Novel Objects Is a Graded Function. The Quarterly Journal of Experimental Psychology, Bd. 64, Nr. 12

15 Vilayanur Ramachandran (2012): The Tell-Tale Brain. A Neuroscientist's Quest for What Makes Us Human. W. W. Norton & Company

16 John J. Ohala (1994): The Frequency Code Underlies The Sound Symbolic Use of Voice Pitch. In: L. Hinton et al. (Hrsg.): Sound Symbolism. Cambridge University Press

17 Ivan Fónagy (1961): Communication in Poetry. Word, Bd. 17. Zit. in: David Schmidtke et al. (2014): Phonological Iconicity. Frontiers in Psychology, Bd. 5, Nr. 80

18 Ralf Rummer (2014): Mood is Linked to Vowel Type. The Role of Articulatory Movements. Emotion, Bd. 14, Nr. 2

19 Fritz Strack et al. (1988): Inhibiting and Facilitating Conditions of the Human Smile. A Nonobtrusive Test of The Facial Feedback Hypothesis. Journal of Personality and Social Psychology, Bd. 54, Nr. 5

20 Thomas Berg (2013): Anglistische Sprachwissenschaft. UTB basics

21 Steven J. Mithen (2006): The Singing Neanderthals. The Origins of Music, Language, Mind and Body. Phoenix

22 Katerina Kantartzis et al. (2011): Japanese Sound Symbolism Facilitates Word Learning in English Speaking Children. Cognitive Science, Bd. 35, Nr. 3

23 Richard Klink (2000): Creating Brand Names with Meaning. The Use of Sound Symbolism. Marketing Letters, Bd. 11, Nr. 1

24 Richard Klink (2000): Creating Brand Names with Meaning. The Use of Sound Symbolism. Marketing Letters, Bd. 11, Nr. 1

25 Alberto Gallace et al. (2011): On the Taste of «Bouba» and «Kiki». An Exploration of Word-Food Associations in Neurologically Normal Participants. Cognitive Neuroscience, Bd. 2, Nr. 1

26 Charles Spence (2012): Managing Sensory Expectations Concerning Brands and Products. Capitalizing on the Po-

tential of Sound and Shape Symbolism. Journal of Consumer Psychology, Bd. 22, Nr. 1

27 Charles Spence (2012): Managing Sensory Expectations Concerning Brands and Products. Capitalizing on the Potential of Sound and Shape Symbolism. Journal of Consumer Psychology, Bd. 22, Nr. 1

28 Sharon Begley (2002): Strawberry is no Blackberry. Building Brands Using Sounds. Wall Street Journal

29 Christine Flaßbeck, Hans-Peter Erb (2011): Effects of Sound on Behavior. Phonetic Priming Affects Individuals' Test Performance. Poster auf der 16. Tagung der European Association of Social Psychology (EASP) in Stockholm

30 Paul H. Thibodeau, Lera Boroditsky (2011): Metaphors We Think With: The Role of Metaphor in Reasoning. Plos One, Bd. 6, Nr. 2

31 George Lakoff (2003): Metaphor and War, Again. Alternet, 17. Maerz 2003. http://georgelakoff.com/writings/

32 Daniel Casasanto (2013): Development of Metaphorical Thinking: The Role of Language. In: Mike Borkent et al. (Hrsg.): Language and the Creative Mind

33 George Lakoff, Rafael E. Núñez (2000): Where Mathematics Comes From. How the Embodied Mind Brings Mathematics into Being

34 Dedre Gentner et al. (2001): Metaphor is like Analogy. In: Dedre Gentner et al. (Hrsg.): The Analogical Mind: Perspectives from Cognitive Science

35 Lera Boroditsky (2001): Does Language Shape Thought? English and Mandarin Speakers' Conceptions of Time. Cognitive Psychology, Bd. 43, S. 1

36 Mahesh Srinivasan, Susan Carey (2010): The Long and the Short of it: On the Nature and Origin of Functional Overlap Between Representations of Space and Time. Cognition, Bd. 116, Nr. 2

37 George Lakoff, Mark Johnson (2003): Metaphors We Live By

38 Orly Fuhrman, Lera Boroditsky (2010): Cross-Cultural Differences in Mental Representations of Time: Evidence from an Implicit Nonlinguistic Task. Cognitive Science, Bd. 34, S. 1430

39 Steven Pinker (2007): The Stuff of Thought. Language as a Window into Human Nature
40 Daniel Casasanto (2013): Experiential Origins of Mental Metaphors: Language, Culture, and the Body. In: Mark Landau et al. (Hrsg.): The Power of Metaphor. Examining its Influence on Social Life
41 Daniel Casasanto (2009): Embodiment of Abstract Concepts. Good and Bad in Right- and Left-Handers. Journal of Experimental Psychology: General, Bd. 138, S. 351
42 Daniel Casasanto, Tania Henetz (2012): Handedness Shapes Children's Abstract Concepts. Cognitive Science, Bd. 36, S. 359
43 Daniel Casasanto, Evangelia Chrysikou (2011): When Left is «Right»: Motor Fluency Shapes Abstract Concepts. Psychological Science, Bd. 22, S. 419
44 Daniel Oppenheimer, Thomas Trail (2010): When Leaning to the Left Makes you Lean to the Left. Social Cognition, Bd. 28, S. 651
45 Michiel Van Elk et al. (2010): From Left to Right. Processing Acronyms Referring to Names of Political Parties Activates Spatial Associations. Quarterly Journal of Experimental Psychology, Bd. 63, S. 22202
46 Daniel Casasanto, Roberto Bottini (2014): Can Mirror-Reading Reverse the Flow of Time? Journal of Experimental Psychology: General, Bd. 143, Nr. 2
47 Daniel Casasanto, Lera Boroditsky (2008): Time in the Mind. Using Space to Think about Time. Cognition, Bd. 106, Nr. 2
48 Daniel Casasanto (2008): Who's Afraid of the Big Bad Whorf? Crosslinguistic Differences in Temporal Language and Thought. Language Learning, Bd. 58, S. 63
49 Sarah Dolscheid et al. (2013): The Thickness of Musical Pitch: Psychophysical Evidence for Linguistic Relativity. Psychological Science, Bd. 24, Nr. 5
50 Stella Lourenco, Matthew Longo (2011): Origins and the Development of Generalized Magnitude Representations. In: Stanislas Dehaene, Elizabeth Brannon (Hrsg.): Space, Time,

and Number in the Brain: Searching for the Foundations of Mathematical Thought
51 Sarah Dolscheid et al. (2014): Prelinguistic Infants are Sensitive to Space-Pitch Associations Found Across Cultures. Psychological Science, doi: 10.1177/0956797614528521
52 Véronique Boulenger et al. (2012): When Do You Grasp the Idea? MEG Evidence for Instantaneous Idiom Understanding. NeuroImage, Bd. 59, S. 3502
53 Lisa Aziz-Zadeh, Antonio Damasio (2008): Embodied Semantics for Actions: Findings from Functional Brain Imaging. Journal of Physiology, Bd. 102, S. 35;
Ana Raposo et al. (2009): Modulation of Motor and Premotor Cortices by Actions, Action Words and Action Sentences. Neuropsychologia, Bd. 47, S. 388
54 Benjamin Bergen (2012): Louder Than Words. The New Science of How the Mind Makes Meaning
55 Rutvik Desai et al. (2012): The Neural Career of Sensorimotor Metaphors. Journal of Cognitive Neuroscience, Bd. 23, Nr. 9
56 Vilayanur Ramachandran, Edward Hubbard (2005): The Emergence of the Human Mind. Some Clues from Synesthesia. In: Lynn Robertson, Noam Sagiv (Hrsg.): Cognitive Consequences and Perceptual Nature of Number Forms («Lines»)
57 Vilayanur Ramachandran, Edward Hubbard (2003): Hearing Colors, Tasting Shapes. Scientific American, Mai 2003
58 Paul McGeoch et al. (2007): Apraxia, Metaphor and Mirror Neurons. Medical Hypotheses, Bd. 69, S. 1156
59 James Geary (2011): I Is an Other. The Secret Life of Metaphor and how it Shapes the Way We See the World.
60 Paul Krugman (2010): Block Those Metaphors. The New York Times, 12. Dezember 2010
61 Paul Thibodeau, Lera Boroditsky (2013): Natural Language Metaphors Covertly Influence Reasoning. Plos One, Bd. 8, Nr. 1
62 Richard Stephens (2013): Swearing – The Language of Life and Death. The Psychologist, Bd. 26, Nr. 9
63 www.planecrashinfo.com/lastwords

64 Timothy Jay (1999): Why We Curse
65 Laetitia Silvert et al. (2004): Autonomic Responding to Aversive Words Without Conscious Valence Discrimination. International Journal of Psychophysiology, Bd. 53, S. 135
66 Johanna Kissler, Cornelia Herbert (2012): Emotion, Etmnooi, or Emitoon? – Faster Lexical Access to Emotional than to Neutral Words During Reading. Biological Psychology, Bd. 92, Nr. 3
67 Natalie S. Werner et al. (2010): Implicit Memory for Emotional Words is Modulated by Cardiac Perception. Biological Psychology, Bd. 85, Nr. 3
68 Catherine Harris, Ayşe Ayçiçeği, Jean Berko Gleason (2003): Taboo Words and Reprimands Elicit Greater Autonomic Reactivity in a First Language than in a Second Language. Applied Psycholinguistics, Bd. 24, S. 561
69 Burak Kara (2014): persönliche Kommunikation
70 J. J. Tomash, Phil Reed (2013): The Relationship Between Punishment History and Skin Conductance Elicited During Swearing. The Analysis of Verbal Behavior, Bd. 29, S. 109
71 Timothy Jay (1999): Why We Curse
72 Timothy Jay, Kristin Janschewitz (2012): The Science of Swearing. Observer, Bd. 25, Nr. 5
73 Melissa Mohr (2013): Holy Shit. A Brief History of Swearing
74 John M. Ringman et al. (2010): The Use of Profanity During Letter Fluency Tasks in Frontotemporal Dementia and Alzheimer's Disease. Cognitive & Behavioral Neurology, Bd. 23, Nr. 3
75 Jeffrey S. Bowers, Christopher W. Pleydell-Pearce (2011): Swearing, Euphemisms, and Linguistic Relativity. PLoS One, Bd. 6, Nr. 7
76 Richard Stephens et al. (2009): Swearing as a Response to Pain. NeuroReport, Bd. 20, S. 1056
77 Richard Stephens, Claudia Umland (2011): Swearing as a Response to Pain – Effect of Daily Swearing Frequency. The Journal of Pain, Bd. 12, Nr. 12
78 Magan L. Robbins et al. (2011): Naturalistically Observed Swearing, Emotional Support and Depressive Symptoms

in Women Coping with Illness. Health Psychology, Bd. 30, Nr. 6
79 Cory R. Scherer, Brad J. Sagarin (2006): Indecent Influence: The Positive Effects of Obscenity on Persuasion. Social Influence, Bd. 1, Nr. 2
80 The Production Code of the Motion Picture Industry (1939)
81 Melissa Mohr (2013): Holy Shit. A Brief History of Swearing
82 Hans-Martin Gauger (2012): Das Feuchte und das Schmutzige. Kleine Linguistik der vulgären Sprache
83 Melissa Mohr (2013): Holy Shit. A Brief History of Swearing
84 Daniel Everett (2008): Don't Sleep, There Are Snakes. Life and Language in the Amazonian Jungle
85 Daniel Everett (2012): Language. The Cultural Tool
86 Samuel Johnson (1755): Preface to a Dictionary of the English Language
87 Samuel Johnson (1779–81): Lives of the Most Eminent English Poets
88 Wilhelm von Humboldt (1903–36): Gesammelte Schriften
89 Ludwig Wittgenstein (1921): Tractatus logico-philosophicus
90 Steven Pinker (1994): The Language Instinct
91 Steven Pinker (2007): The Stuff of Thought
92 Daniel Casasanto (2008): Who's Afraid of the Big Bad Whorf? Crosslinguistic Differences in Temporal Language and Thought. Language Learning, Bd. 58, S. 63
93 Paul Bloom, Frank Keil (2001): Thinking Through Language. Mind & Language, Bd. 16, Nr. 4
94 Susan Gelman, Ellen Markman (1986): Categories and Induction in Young Children. Cognition, Bd. 23, S. 183
95 Paul Bloom, Frank Keil (2001): Thinking Through Language. Mind & Language, Bd. 16, Nr. 4
96 Natalie Davidson, Susan Gelman (1990): Inductions form Novel Categories: The Role of Language and Conceptual Structure. Cognitive Development, Bd. 5, S. 171
97 Susan Hespos, Elizabeth Spelke (2004): Conceptual Precursors to Language. Nature, Bd. 430, S. 453

98   Paul Bloom, Frank Keil (2001): Thinking Through Language. Mind & Language, Bd. 16, Nr. 4
99   Michael Frank et al. (2008): Number as a Cognitive Technology: Evidence from Pirahã Language and Cognition. Cognition, Bd. 108, Nr. 3
100 Molly Flaherty, Ann Senghas (2011): Numerosity and Number Signs in Deaf Nicaraguan Adults. Cognition, Bd. 121, S. 3
     Elizabet Spaepen et al. (2010): Number Without a Language Model. PNAS, doi: 10.1073/pnas.1015975108
101 Fei Xu, Elizabeth Spelke (2000): Large Number Discrimination in 6-Month-Old Infants. Cognition, Bd. 74, S. B1
102 Rochel Gelman, Charles Gallistel (2004): Language and the Origin of Numerical Concepts. Science, Bd. 306, S. 441
103 Pierre Pica et al. (2004): Exact and Approximate Arithmetic in an Amazonian Indigine Group. Science, Bd. 306, S. 499
104 Benjamin Harvey (2013): Topographic Representation of Numerosity in the Human Parietal Cortex. Science, Bd. 341, S. 1123
105 Rosemary Varley et al. (2005): Agrammatic but Numerate. PNAS, Bd. 102, Nr. 9
106 Catherine Byrne, Rosemary Varley (2011): From Mathematics to Language: A Novel Intervention for Sentence Comprehension Difficulties in Aphasia. Journal of Neurolinguistics, Bd. 24, Nr. 2
107 Janet Astington, Jennifer Jenkens (1999): A Longitudinal Study of the Relation Between Language and Theory-of-Mind Development. Developmental Psychology, Bd. 35, S. 1311
108 Rosemary Varley, Michael Siegal (2000): Evidence for Cognition Without Grammar from Causal Reasoning and ‹Theory of Mind› in an Agrammatic Aphasic Patient. Current Biology, Bd. 10, S. 723
109 Candida Peterson, Michael Siegal (1999): Representing Inner Worlds. Theory of Mind in Autistic, Deaf, and Normal Hearing Children. Psychological Science, Bd. 10, Nr. 2
110 Angeline Lillard (1997): Other Folks' Theories of Mind and Behavior. Psychological Science, Bd. 8, S. 268

111 Michael Siegal et al. (2001): Mind over Grammar: Reasoning in Aphasia and Development. Trends in Cognitive Science, Bd. 5, Nr. 7
112 David Buttelmann et al. (2009): Eighteen-Month-Old Infants Show False Belief Understanding in an Active Helping Paradigm. Cognition, Bd. 112, S. 337
113 Linda Hermer, Elizabeth Spelke (1996): Modularity and Development: The Case of Spatial Reorientation. Cognition, Bd. 61, S. 195
114 Linda Hermer-Vazquez et al. (1999): Sources of Flexibility in Human Cognition: Dual-Task Studies of Space and Language. Cognitive Psychology, Bd. 39, S. 3
115 Kristin Ratliff, Nora Newcombe (2007): Is Language Necessary for Human Spatial Reorientation? Reconsidering Evidence from Dual Task Paradigms. Cognitive Psychology, Bd. 56, Nr. 2
116 Amy Learmonth et al. (2001): Toddler's Use of Metric Information and Landmarks to Reorient. Journal of Experimental Child Psychology, Bd. 80, S. 225
117 Jennie Pyers et al. (2010): Evidence from an Emerging Sign Language Reveals that Language Supports Spatial Cognition. PNAS, Bd. 107, Nr. 27
118 Daniel Kahneman (2012): Thinking, Fast and Slow
119 Peter Carruthers (2008): Language in Cognition. In: Eric Margolis et al. (Hrsg.): The Oxford Handbook of Philosophy of Cognitive Science
120 Benjamin Lee Whorf (1939): The Relation of Habitual Thought and Behavior to Language. In: Language, Culture, and Personality. Essays in Memory of Edward Sapir. Sapir Memorial Publication Fund
121 Benjamin Lee Whorf (1940): Linguistics as an Exact Science. In: John B. Carroll et al. (2012): Language, Thought, and Reality. Selected Writings of Benjamin Lee Whorf. MIT Press
122 Keith Chen (2012): Could Your Language Affect Your Ability to Save Money? TED Talk, www.ted.com
123 Stephen Levinson (1997): Language and Cognition. The

Cognitive Consequences of Spatial Description in Guugu Yimithirr. Journal of Linguistic Anthropology, Bd. 7, Nr. 1
124 Stephen Levinson (2004): Space in Language and Cognition. Explorations in Cognitive Diversity. Cambridge University Press
125 Stephen Levinson (2004): Space in Language and Cognition. Explorations in Cognitive Diversity. Cambridge University Press
126 Jennie E. Pyers et al. (2010): Evidence from an Emerging Sign Language Reveals that Language Supports Spatial Cognition. PNAS, Bd. 107, Nr. 27
127 Gavin M. Bidelman et al. (2013): Tone Language Speakers and Musicians Share Enhanced Perceptual and Cognitive Abilities for Musical Pitch. Evidence for Bidirectionality Between the Domains of Language and Music. PLoS One, Bd. 8, Nr. 4
128 Herta Müller (2001): Wenn sich der Wind legt, bleibt er stehen oder: Wie fremd wird die eigene Sprache beim Lernen der Fremdsprache. Festschrift anlässlich der Ausstellung «50 Jahre Goethe-Institut» im Deutschen Historischen Museum
129 Lera Boroditsky et al. (2003): Sex, Syntax, and Semantics. In: Language in Mind: Advances in the Study of Language and Thought. MIT Press
130 Maria D. Sera et al. (2002): When Language Affects Cognition and When It Does Not: An Analysis of Grammatical Gender and Classification. Journal of Experimental Psychology: General, Bd. 131, Nr. 3
131 Lera Boroditsky et al. (2003): Sex, Syntax, and Semantics. In: Language in Mind: Advances in the Study of Language and Thought. MIT Press
132 Herta Müller (2001): Wenn sich der Wind legt, bleibt er stehen oder: Wie fremd wird die eigene Sprache beim Lernen der Fremdsprache. Festschrift anlässlich der Ausstellung «50 Jahre Goethe-Institut» im Deutschen Historischen Museum
133 Guy Deutscher (2011): Im Spiegel der Sprache. Warum die Welt in anderen Sprachen anders aussieht. C. H. Beck

134 Jonathan Winawer et al. (2007): Russian Blues Reveal Effects of Language on Color Discrimination. PNAS, Bd. 104, Nr. 19
135 Panos Athanasopoulos et al. (2011): Representation of Color Concepts in Bilingual Cognition. The Case of the Japanese Blues. Bilingualism: Language and Cognition, Bd. 14, Nr. 1
136 Terry Regier, Paul Kay (2009): Language, Thought, and Color. Whorf Was Half Right. Trends in Cognitive Sciences, Bd. 13, Nr. 10
137 Panos Athanasopoulos et al. (2010): Perceptual Shift in Bilingualism. Brain Potentials Reveal Plasticity in Pre-Attentive Color Perception. Cognition, Bd. 116, Nr. 3
138 John McWhorter (2014): The Language Hoax. Why the World Looks the Same in Any Language. Oxford University Press
139 Dan Slobin (2003): Language and Thought Online: Cognitive Consequences of Linguistic Relativity. In: Language in Mind: Advances in the Study of Language and Thought. MIT Press
140 Dan Slobin (2003): Language and Thought Online: Cognitive Consequences of Linguistic Relativity. In: Language in Mind: Advances in the Study of Language and Thought. MIT Press
141 Elizabeth F. Loftus, John C. Palmer (1974): Reconstruction of Automobile Destruction. An Example of the Interaction Between Language and Memory. Journal of Verbal Learning and Verbal Behavior, Bd. 13, Nr. 5
142 Caitlin M. Fausey, Lera Boroditsky (2011): Who Dunnit? Cross-Linguistic Differences in Eye-Witness Memory. Psychonomic Bulletin & Review, Bd. 18, Nr. 1
143 Luna Filipović (2013): Constructing Causation in Language and Memory. Implications for Access to Justice in Multilingual Interactions. The International Journal of Speech, Language and the Law, Bd. 20, Nr. 1
144 Keith Chen (2013): The Effects of Language on Economic Behavior. Evidence From Saving Rates, Health Behaviors, and Retirement Assets. American Economic Review, Bd. 103, Nr. 2

145 Benjamin Lee Whorf (1941): Language and Logic. In: John B. Carroll et al. (2012): Language, Thought, and Reality: Selected Writings of Benjamin Lee Whorf. The MIT Press
146 Aneta Pavlenko (2005): Emotions and Multilingualism. Cambridge University Press
147 Herta Müller (2008): Der König verneigt sich und tötet. Fischer Taschenbuch Verlag
148 Aneta Pavlenko (2014): The Bilingual Mind – And What It Tells Us About Language and Thought. Cambridge University Press
149 Aneta Pavlenko (2005): Emotions and Multilingualism. Cambridge University Press
150 Sigmund Freud (1904): Zur Psychopathologie des Alltagslebens
151 Michael Motley (1979): Personality and Situational Influences upon Verbal Slips: A Laboratory Test of Freudian and Pre-articulatory-Editing Hypotheses. Human Communication Research, Bd. 5, S. 195
152 http://de.wikipedia.org/wiki/Linguistische_Versprecher-Theorien
153 Louis Gottschalk, Goldine Gleser (1969): The Measurement of Psychological States Through the Content Analysis of Verbal Behavior
154 Walter Weintraub (1981): Verbal Behavior: Adaptation and Psychopathology
155 James Pennebaker (2011): The Secret Life of Pronouns
156 James Pennebaker (2011): The Secret Life of Pronouns
157 James Pennebaker, Laura King (1999): Linguistic Styles: Language Use as an Individual Difference. Journal of Personality and Social Psychology, Bd. 77, S. 1296
158 James Pennebaker, Cindy Chung (2008): Computerized Text Analysis of Al-Qaeda Transcripts. In: Klaus Krippendorff, Mary Angela Bock (Hrsg.): A Content Analysis Reader
159 IARPA (2011): Broad Agency Announcement, IARPA-BAA-11-04, Metaphor Program. Auf: www.fbo.gov
160 Alexis Madrigal (2011): Why are Spy Researchers Building a ‹Metaphor Program›? The Atlantic, 25. Mai 2011

161 Benjamin Bergen (2012): Louder Than Words. The New Science of how the Mind Makes Meaning
162 Molly Ireland et al. (2011): Language Style Matching Predicts Relationship Formation and Stability. Psychological Science, Bd. 22, S. 39
163 Richard Slatcher, James Pennebaker (2006): How Do I Love Thee? Let Me Count the Words: The Social Effects of Expressive Writing. Psychological Science, Bd. 17, S. 660
164 Erhard Eppler (1992): Kavalleriepferde beim Hornsignal. Die Krise der Politik im Spiegel der Sprache. Edition Suhrkamp
165 Uwe Pörksen (2014): Talk oder Debatte. Vom Verschwinden der Entscheidungsrede. In: Denkwerk Demokratie. Sprache. Macht. Denken. Campus Verlag
166 Daniel Kahneman (2012): Schnelles Denken, langsames Denken. Siedler Verlag
167 Elisabeth Wehling (2011): Der gedankliche Abbau sozialdemokratischer Werte. Internationale Politikanalyse. Friedrich-Ebert-Stiftung
168 Nina Peter et al. (2012): Sprachbilder in der Krise. Metaphern im medialen und politischen Diskurs. In: Anja Peltzer et al. (Hrsg.): Krise, Cash & Kommunikation. Die Finanzkrise in den Medien. UVK Verlagsgesellschaft
169 Peer Steinbrück (2008): Zur Lage der Finanzmärkte. Regierungserklärung des Bundesministers der Finanzen am 25.09.2008
170 Frank Boers (1997): «No Pain, No Gain» in a Free-Market Rhetoric: A Test for Cognitive Semantics? Metaphor and Symbol, Bd. 12, Nr. 4
171 George Lakoff, Elisabeth Wehling (2009): Auf leisen Sohlen ins Gehirn. Politische Sprache und ihre heimliche Macht. Carl-Auer Verlag
172 Frank Boers (1999): When a Bodily Source Domain Becomes Prominent. The Joy of Counting Metaphors in the Socio-economic Domain. In: R. W. Gibbs, G. J. Steen (Hrsg.): Metaphor in Cognitive Linguistics. John Benjamins
173 Elisabeth Wehling (2014): Sprache, Werte, Frames: Wie findet man den richtigen Rahmen für politische Botschaften?

In: Denkwerk Demokratie: Sprache. Macht. Denken. Campus Verlag
174 Elisabeth Wehling (2014): Sprache, Werte, Frames: Wie findet man den richtigen Rahmen für politische Botschaften? In: Denkwerk Demokratie: Sprache. Macht. Denken. Campus Verlag
175 Elisabeth Wehling, George Lakoff (2011): Die neue Sprache der Sozialdemokratie. Internationale Politikanalyse. Friedrich-Ebert-Stiftung
176 Gerhard Schröder (2003): Mut zum Frieden und zur Veränderung (Agenda 2010). Regierungserklärung am 14.03.2003
177 Der Spiegel (1974): Bestimmte Zeichen, 05.08.1974
178 Erhard Eppler (1992): Kavalleriepferde beim Hornsignal. Die Krise der Politik im Spiegel der Sprache. Edition Suhrkamp
179 Daniel Kahneman (2012): Schnelles Denken, langsames Denken. Siedler Verlag
180 Robert B. Zajonc, D. W. Rajecki (1969): Exposure and Affect. A Field Experiment. Psychonomic Science, Bd. 17, Nr. 4
181 D. W. Rajecki (1974): Effects of Prenatal Exposure to Auditory or Visual Stimulation on Postnatal Distress Vocalizations in Chicks. Behavioral Biology, Bd. 11, Nr. 4
182 Wolf Schneider (1986): Wörter machen Leute. Magie und Macht der Sprache. Piper Verlag
183 Andrei Pleşu (2008): Macht und Ohnmacht der Sprache. In: Jutta Limbach, Katharina von Ruckteschell (Hrsg.): Die Macht der Sprache. Goethe-Institut/Langenscheid
184 Martin Gregor-Dellin (1967): Honecker als Modell. In: Hans Dieter Baroth (Hrsg.): Schriftsteller testen Politikertexte. Scherz Verlag
185 Herta Müller (2008): Der König verneigt sich und tötet. Fischer Verlag
186 Marco Niecke (2006): Wer versteht den Bundeskanzler? Die Verständlichkeit der Großen Regierungserklärungen. ibidem-Verlag
187 Christina Schildmann (2014): «Die Demokratie, die auf uns ausgeübt wird ...»: Woher kommt die Distanz zwischen der jungen Generation und der (Partei-)Politik und was muss ge-

schehen, um sie zu überbrücken? In: Denkwerk Demokratie: Sprache. Macht. Denken. Campus Verlag

188 Simon M. Laham et al. (2012): The Name-Pronunciation Effect: Why People Like Mr. Smith More than Mr. Colquhoun. Journal of Experimental Social Psychology, Bd. 48, Nr. 3

189 Hyunjin Song, Norbert Schwarz (2009): If It's Difficult to Pronounce, It Must Be Risky. Fluency, Familiarity, and Risk Perception. Psychological Science, Bd. 20, Nr. 2

190 Niklas K. Steffens, S. Alexander Haslam (2013): Power through ‹Us›: Leader's Use of We-Referencing Language Predicts Election Victory. PLoS One, Bd. 8, Nr. 10

191 Christina Schildmann (2014): «Die Demokratie, die auf uns ausgeübt wird ...»: Woher kommt die Distanz zwischen der jungen Generation und der (Partei-)Politik und was muss geschehen, um sie zu überbrücken? In: Denkwerk Demokratie: Sprache. Macht. Denken. Campus Verlag

192 James Pennebaker (2011): The Secret Life of Pronouns: What Our Words Say About Us. Bloomsbury Press

193 James Pennebaker (2011): The Secret Life of Pronouns: What Our Words Say About Us. Bloomsbury Press

194 Ina Bornkessel-Schlesewsky et al. (2013): Yes, You Can? A Speaker's Potency to Act Upon His Words Orchestrates Early Neural Responses to Message-Level Meaning. PLoS One, Bd. 8, Nr. 7

195 Martin Stern (1996): Autobiographik als Akt der Selbstheilung bei Theodor Fontane. In: Jahrbuch der Raabe-Gesellschaft

196 Leslie J. Seltzer et al. (2010): Social Vocalisations Can Release Oxytocin in Humans. Proceedings of the Royal Society B, Bd. 277, Nr. 1694

197 James W. Pennebaker (2010): Heilung durch Schreiben. Ein Arbeitsbuch zur Selbsthilfe. Verlag Hans Huber

198 James W. Pennebaker (2010): Heilung durch Schreiben. Ein Arbeitsbuch zur Selbsthilfe. Verlag Hans Huber

199 Silke Heimes (2012): Warum Schreiben hilft. Die Wirksamkeitsnachweise zur Poesietherapie. Vandenhoeck & Ruprecht

200 John Weinman et al. (2008): Enhanced Wound Healing After

Emotional Disclosure Intervention. British Journal of Health Psychology, Bd. 13, Nr. 1
201 James W. Pennebaker (2010): Heilung durch Schreiben. Ein Arbeitsbuch zur Selbsthilfe. Verlag Hans Huber
202 Keith J. Petrie et al. (1995): Disclosure of Trauma and Immune Response to a Hepatitis B Vaccination Program. Journal of Consulting and Clinical Psychology, Bd. 63, Nr. 5
203 James W. Pennebaker (2010): Heilung durch Schreiben. Ein Arbeitsbuch zur Selbsthilfe. Verlag Hans Huber
204 Lynn Willmott et al. (2011): The Effects of Expressive Writing Following First Myocardial Infarction: A Randomized Controlled Trial. Health Psychology, Bd. 30, Nr. 5
205 Melissa A. Craft et al. (2013): Expressive Writing in Early Breast Cancer Survivors. Journal of Advanced Nursing, Bd. 69, Nr. 2
206 James W. Pennebaker (2010): Heilung durch Schreiben. Ein Arbeitsbuch zur Selbsthilfe. Verlag Hans Huber
207 James W. Pennebaker (2010): Heilung durch Schreiben. Ein Arbeitsbuch zur Selbsthilfe. Verlag Hans Huber
208 James W. Pennebaker, Cindy K. Chung (2011): Expressive Writing. Connections to Physical and Mental Health. In: H. S. Friedman (Hrsg.): Oxford Handbook of Health Psychology. Oxford University Press
209 Matthew Lieberman (2012): Diaries: A Healthy Choice. New York Times, 25.11.2012
210 Katharina Kircanski et al. (2012): Feelings into Words. Contributions of Language to Exposure Therapy. Psychological Science, Bd. 23, Nr. 10
211 Sigmund Freud (1916): Vorlesungen zur Einführung in die Psychoanalyse. Erster Teil: Die Fehlleistungen. Fischer Verlag
212 Matthew Lieberman (2012): Diaries: A Healthy Choice. New York Times, 25.11.2012
213 Society for Research in Child Development (2013): Toddler's Language Skills Predict Less Anger by Preschool. Medical News Today, 02.01.2013
214 James Pennebaker (2011): The Secret Life of Pronouns. What Our Words Say About Us. Bloomsbury Press

215 James W. Pennebaker (2010): Heilung durch Schreiben. Ein Arbeitsbuch zur Selbsthilfe. Verlag Hans Huber

216 Kitty Klein, Adriel Boals (2001): Expressive Writing Can Increase Working Memory Capacity. Journal of Experimental Psychology: General, Bd. 130, Nr. 3

217 Gerardo Ramirez, Sian L. Beilock (2011): Writing About Testing Worries Boosts Exam Performance in the Classroom. Science, Bd. 331, Nr. 211

218 Daeun Park et al. (2014): The Role of Expressive Writing in Math Anxiety. Journal of Experimental Psychology: Applied, Bd. 20, Nr. 2

219 Ronald Düker (2014): «Es gibt nicht nur eine Realität». Interview mit Haruki Murakami, DIE ZEIT, 09.01.2014

220 James C. Kaufman, Janel D. Sexton (2006): Why Doesn't The Writing Cure Help Poets? Review of General Psychology, Bd. 10, Nr. 3

221 Dirk Cysarz et al. (2004): Oscillations Heart Rate and Respiration Synchronize During Poetry Recitation. American Journal of Physiology – Heart and Circulatory Physiology, Bd. 287, Nr. 2

222 Stephen J. Lepore, Melanie A. Greenberg (2002): Mending Broken Hearts: Effects of Expressive Writing on Mood, Cognitive Processing, Social Adjustment and Health Following a Relationship Breakup. Psychology and Health, Bd. 17, Nr. 5

223 James W. Pennebaker, Cindy K. Chung (2011): Expressive Writing. Connections to Physical and Mental Health. In: H. S. Friedman (Hrsg.): Oxford Handbook of Health Psychology. Oxford University Press

224 Aneta Pavlenko (2003): The Privilege of Writing as an Immigrant Woman. In: Christine Pearson Casanave, Stephanie Vandrick (Hrsg.): Writing for Scholary Publication. Behind the Scenes in Language Education. Lawrence Erlbaum Associates Publishers

225 Simon S. Laurie (1890): Lectures on Language and Linguistic Method in the School. Zit. in: François Grosjean (2010): Bilingual. Life and Reality

226 François Grosjean (2010): Bilingual. Life and Reality. Harvard University Press
227 Einar Haugen (1972): The Stigmata of Bilingualism. Zit. in: François Grosjean (2010): Bilingual. Life and Reality
228 Elizabeth Peal, Wallace E. Lambert (1962): The Relation of Bilingualism to Intelligence. Psychological Monographs, Bd. 76, Nr. 27
229 François Grosjean (2010): Bilingual. Life and Reality. Harvard University Press
230 Ellen Bialystok (1986): Factors in the Growth of Linguistic Awareness. Child Development, Bd. 57, S. 498
231 Jason A. Telner et al. (2008): Is There a Bilingual Advantage when Driving and Speaking over a Cellular Telephone? Proceedings of the Human Factors and Ergonomics Society Annual Meeting, Bd. 52, Nr. 23
232 Ellen Bialystok et al. (2012): Bilingualism: Consequences for Mind and Brain. Trends in Cognitive Science, Bd. 16, Nr. 4
233 Laura-Ann Petitto (2009): New Discoveries from the Bilingual Brain and Mind Across the Life Span: Implications for education. Mind, Brain, and Education, Bd. 3, Nr. 4
234 Laura-Ann Petitto et al. (2012): The «Perceptual Wedge» Hypothesis as the Basis for Bilingual Babies' Phonetic Processing Advantage: New Insights from fNIRS Brain Imaging. Brain Language, Bd. 121, Nr. 2
235 Jennifer Krizman et al. (2012): Subcortical Encoding of Sound is Enhanced in Bilinguals and Relates to Executive Function Advantages. PNAS, Bd. 109, Nr. 20
236 Ellen Bialystok et al. (2004): Bilingualism, Aging, and Cognitive Control: Evidence from the Simon Task. Psychology and Aging, Bd. 19, Nr. 2
237 Gigi Luk et al. (2011): Lifelong Bilingualism Maintains White Matter Integrity in Older Adults. The Journal of Neuroscience, Bd. 31, Nr. 46
238 Andrea Mechelli et al. (2004): Structural Plasticity in the Bilingual Brain. Nature, Bd. 431, S. 757
239 Ellen Bialystok et al. (2007): Bilingualism as a Protection

Against the Onset of Symptoms of Dementia. Neuropsychologia, Bd. 45, S. 459

240 Fergus I. M. Craik et al. (2010): Delaying the Onset of Alzheimer's Disease. Bilingualism as a Form of Cognitive Reserve. Neurology, Bd. 75, S. 1726

241 Tom A. Schweizer et al. (2012): Bilingualism as a Contributor to Cognitive Reserve: Evidence from Brain Atrophy in Alzheimer's Disease. Cortex, Bd. 48, S. 991

242 Ágnes Melinda Kovács (2009): Early Bilingualism Enhances Mechanisms of False-Belief Reasoning. Developmental Science, Bd. 12, Nr. 1

243 Paula Rubio-Fernández, Sam Glucksberg (2012): Reasoning About Other People's Beliefs: Bilinguals Have an Advantage. Journal of Experimental Psychology, Bd. 38, Nr. 1

244 Jeffrey Kluger (2013): The Power of the Bilingual Brain. Time Magazine, 29. Juli 2013

245 Catherine de Lange (2012): Bilingual Brain Boost. Two Tongues, Two Minds. New Scientist, 8. Mai 2012

246 Laura-Ann Petitto (2009): New Discoveries from the Bilingual Brain and Mind Across the Life Span: Implications for Education. Mind, Brain, and Education, Bd. 3, Nr. 4

247 Jean-Marc Dewaele, Seiji Nakano (2012): Multilinguals Perception of Feeling Different When Switching Languages. Journal of Multilingual and Multicultural Development, Bd. 34, Nr. 2

248 Rosemary Wilson (2013): Another Language Is Another Soul. Language and Intercultural Communication, Bd. 13, Nr. 3

249 François Grosjean (2010): Bilingual. Life and Reality, Harvard University Press

250 Steven G. Kellman (2000): The Translingual Imagination. University of Nebraska Press. Zit. in: Aneta Pavlenko (2014): The Bilingual Mind. And What It Tells Us About Language and Thought. Cambridge University Press

251 Boaz Keysar et al. (2012): The Foreign-Language Effect: Thinking in a Foreign Tongue Reduces Decision Biases. Psychological Science, Bd. 23, Nr. 6

252 Albert Costa et al. (2014): Your Morals Depend on Language. PLoS ONE, Bd. 9, Nr. 4
253 François Grosjean (2010): Bilingual. Life and Reality. Harvard University Press
254 Aneta Pavlenko (2005): Emotions and Multilingualism. Cambridge University Press
255 Aneta Pavlenko (2006): Bilingual Minds. Emotional Experience, Expression and Representation. Channel View Publications
256 Viorica Marian, Margarita Kaushanskaya (2007): Language Context Guides Memory Content. Psychonomic Bulletin & Review, Bd. 14, Nr. 5
257 Susan Ervin-Tripp (1964): An Analysis of the Interaction of Language, Topic and Listener. American Anthropologist, Bd. 66, Nr. 6
258 Michael Ross et al. (2002): Language and the Bicultural Self. Personality and Social Psychology Bulletin, Bd. 28, Nr. 8
259 Viorica Marian, Margarita Kaushanskaya (2005): Autobiographical Memory and Language in Bicultural Bilinguals. Proceedings of the 4th International Symposium on Bilingualism. Cascadilla Press
260 Charlotte Burck (2011): Living in Several Languages: Language, Gender and Identities. European Journal of Women's Studies, Bd. 18, Nr. 4
261 Alexia Panayiotou (2004): Switching Codes, Switching Code: Bilinguals' Emotional Responses in English and Greek. Journal of Multilingual and Multicultural Development, Bd. 25, Nr. 2&3
262 David Luna et al. (2008): One Individual, Two Identities: Frame-Switching Among Biculturals. Journal of Consumer Research, Bd. 35, Nr. 2
263 G. Marina Veltkamp et al. (2013): Is Personality Modulated by Language? International Journal of Bilingualism, Bd. 17, Nr. 4
264 Ilija Trojanow, im Film «Mehrsprachigkeit» des Goethe-Instituts. Auf: https://www.youtube.com/watch?v=ni-exL KushE, angesehen am 21. April 2014

265 Jutta Limbach (2008): Mehrsprachigkeit. In: Die Macht der Sprache. Goethe-Institut
266 Jenny Friedrich-Freksa, Franka Ostertag (2007): Das schönste ABC der Welt. Kulturaustausch – Zeitschrift für internationale Perspektiven
267 Herta Müller (2008): Der König verneigt sich und tötet. Fischer Verlag
268 Christina Kotchemidova (2000): Looking for the God of Language. In: Language Crossings: Negotiating the Self in a Multicultural World. Teachers College, Columbia University

Das für dieses Buch verwendete FSC®-zertifizierte Papier
Schleipen Werkdruck liefert Cordier, Deutschland.